Anna Lena Spiegl

SOMMERROSEN

Anna Lena Spiegl

Sommerrosen

Paramon Verlag

Die Deutsche Nationalbibliothek verzeichnet diese Publikation in der Deutschen Nationalbibliografie; detaillierte bibliografische Daten sind im Internet über dnb.dnb.de abrufbar. Die Schweizerische Nationalbibliothek (SNB) verzeichnet aufgenommene Bücher unter Helveticat.ch und die Österreichische Nationalbibliothek (ÖNB) unter onb.ac.at.

Unsere Bücher werden in namhaften Bibliotheken aufgenommen, darunter an den Universitätsbibliotheken Harvard, Oxford und Princeton.

Anna Lena Spiegl:
Sommerrosen
ISBN: 978-3-03830-643-6

Buchsatz: Danny Lee Lewis, Berlin: dannyleelewis@gmail.com

Paramon® ist ein Imprint der
Europäische Verlagsgesellschaften GmbH
Erscheinungsort: Zug

Sie finden uns im Internet unter: www.paramon.at

Kapitel 1

Die Sonnenstrahlen malten zarte helle Streifen auf den Boden. Ein paar Staubkörnchen tanzten im Licht umher. Verschlafen blinzelnd öffnete Jessy die Augen und warf einen müden Blick auf den Wecker. Es war kurz vor neun Uhr. Für einen Sonntag eigentlich viel zu früh zum Aufstehen. Doch da Sommerferien waren, konnte sie sich auch am Wochenende mal etwas früher aus den Federn bewegen. Sie streckte sich ausgiebig und stieg aus dem Bett. Mit einem Gähnen griff sie nach ihrer Reithose, die auf dem Wäschekorb neben ihrem Bett lag. Dann schlüpfte sie in ein hellblaues T-Shirt und warf sich ihre ärmellose Reitweste über. Anschließend begab sie sich leise hinüber ins Bad, um ihren Vater nicht aufzuwecken. Er war gestern Nacht erst von einer Dienstreise zurückgekommen und musste einiges an Schlaf nachholen.

Er war Immobilienmakler und das sehr erfolgreich. Leider war er deshalb auch viel unterwegs. Jessy war deshalb oft allein mit ihrem Cousin Jürgen Zuhause, was in den seltensten Fällen harmonisch ablief. Aber alleine war die Arbeit auf dem Hof einfach zu viel. Sie besaßen ein großes Haus mit einer privaten Reitanlage.

Jessys Vater hatte Pferde schon immer geliebt. Daher wollte er, nach der Trennung von Jessys Mutter, seine Leidenschaft sozusagen zu einer Art Nebenjob machen. Er betrieb nun seit mehreren Jahren eine sehr erfolgreiche Sportpferdezucht. In dieser Zeit hatte er sich einen guten Namen gemacht. Die Anlage war ursprünglich für die Aufzucht der Fohlen errichtet worden. Als sich dann herausstellte, dass seine Tochter Jessy seine Pferdeliebe teilte und eine große Begabung für das Reiten besaß, hatte ihr Vater beschlossen, mehr Geld in das Training und die Ausbildung der Pferde zu investieren. Somit hatte sich das Anwesen mit der kleinen Anlage schließlich zu einem richtigen Gestüt entwickelt. Es gab insgesamt drei separate Stallungsbereiche, eine Reithalle, einen Außenplatz, eine große Springwiese und eine riesige Auswahl an Geländewegen, die an den Hof angrenzten. Damit war die Reitanlage zum Sammelpunkt für einige talentierte Reiter geworden, die ihre Pferde hier untergestellt hatten. Darunter waren auch Jessys beste Freundinnen Samantha und Anja. Sie kannten sich schon seit der fünften Klasse. Im kommenden Schuljahr gingen sie gemeinsam in die elfte Klasse des Richard-Strauß-Gymnasiums in einem kleinen Städtchen in Niederbayern.

Doch an einem so schönen Ferientag wie heute verschwendete Jessy keinen Gedanken an die Schule. Die Luft roch frisch und klar, als Jessy über den Hof hinüber zum Pferdestall ging. Schon von draußen konnte man ein leises Wiehern und ein dunkles Schnauben vernehmen. Lächelnd schob Jessy die Stalltür auf und begrüßte ihre beiden Schützlinge. Gleich in der zweiten Box stand ein wunderschöner silbergrauer Vollbluthengst, der aufgeregt mit dem Kopf schlug, als Jessy auf ihn zukam. Sein Name war Saphir. Er war das große Nachwuchstalent. Mit seinen sechs Jahren war er bereits eines der besten Springpferde am Hof. Saphir war eines der ersten selbstgezogenen Fohlen ihres Vaters gewesen. Zugeritten und ausgebildet hatte ihn Jessy. Selbstverständlich unter der Anleitung ihres Vaters. Da Saphir eine überragende Abstammung besaß, hatte ihr Vater ihn Kören lassen, sodass er für die Zucht zugelassen war. Deshalb durfte Saphir auch weiterhin Hengst bleiben und wurde nicht kastriert. Jessy war sehr stolz darauf einen Hengst zu besitzen. Doch ihr geheimer Liebling stand eine Box nebenan. Es war ein vierzehnjähriger Fuchswallach namens Monsun. Jessy hatte ihn bekommen, als sie acht Jahre alt gewesen war. Er war ihr erstes eigenes Pferd gewesen. Monsi, wie Jessy ihn liebevoll nannte, war ursprünglich eigentlich gar nicht für sie gedacht gewesen. Ihr Vater hatte den Fuchs sechsjährig in Tschechien gekauft. Anschließend hatte sich das Verhalten des Pferdes schlagartig geändert. Er war, unter dem Sattel, kaum zu bändigen gewesen und selbst erfahrene Berufsreiter hatten Jessys Vater davon abgeraten, das Pferd zu behalten. Jessy hatte sich zu diesem Zeitpunkt aber schon Hals über Kopf in den Wallach verliebt. Als kleines Mädchen hatte sie damals schon einen auffallend guten Draht zu schwierigen Pferden gehabt. Durch Jessys kindliche Unbedarftheit hatte Monsi gelernt, dass er keine Angst vor dem Reiter haben musste.

Inzwischen war er ein tolles Reitpferd geworden. Auch auf Turnieren hatte er bereits gezeigt, was er konnte. Doch für Jessy war viel mehr als das. Er war ihr Seelenpferd. Ihr Partner und ihr bester Freund. Sanft streichelte Jessy Monsi über den Nasenrücken.

»Na mein Bärchen, gut geschlafen?« Wie zur Bestätigung stupste der Wallach sie an und spitzte aufmerksam die Ohren.

Jessy lächelte und führte ihr Pferd aus der Box. Sie band ihn in der Stallgasse an und begann ihn ausgiebig zu putzen. Währenddessen schaute sie regelmäßig auf die Uhr. Es war schon fast halb zehn. Wo blieben nur Sam und Anja? Die beiden hatten versprochen, ihr bei den Vorbereitungen zu helfen. Dieses Wochenende stand das alljährliche Reitturnier an, das ihr Vater nun schon das vierte Jahr in Folge ausrichtete. Das Turnier war immer sehr gut besucht. Es brachte nicht nur dem Gestüt eine Menge Prestige ein. Auch die Stadt warb mit dem Event, da es zu der schönen Jahreszeit viele Kurgäste aus dem hiesigen Urlaubsort anlockte. Deswegen fanden sich auch immer genügend Sponsoren und Helfer, um das Turnier zu finanzieren und zu organisieren. Um die Verpflegung der Gäste wurde sich gekümmert und auch für das Aufbauen der Sitzplätze und Tribünen waren genug Leute da. Aber es waren noch eine Menge andere Dinge zu erledigen und sie hatten nicht mal mehr eine Woche Zeit. Aus diesem Grund wartete Jessy auch schon so ungeduldig auf ihre Mädels.

Es dauerte nicht lange, bis Jessy ein Auto auf den Hof fahren hörte. Einige Augenblicke später kamen die Beiden durch die Stalltür. Anja war ein sehr schlankes Mädchen mit rötlichen, langen Haaren und großen kastanienbraunen Augen. Sie war vom Wesen her eher etwas schüchtern. Sam dagegen war sehr selbstbewusst. Sie war mit ihren achtzehn Jahren die Ältere von den Dreien, aber dafür die Kleinste. Sie hatte lange dunkelblonde Haare und azurblaue Augen. Auch wenn ihr Aussehen an einen Engel erinnerte und Sam auch meist versuchte, sich eher vernünftig und erwachsen zu verhalten, ging manchmal doch ihr Temperament mit ihr durch. Trotz allem war Jessy der Wirbelwind unter den Dreien. Immer energiegeladen und einen frechen Spruch auf den Lippen. Dafür war sie allerdings oft dickköpfig und recht impulsiv – was sich auch heute wieder zeigte.

»Auch schon da, die werten Damen«, rief sie übertrieben dramatisch und fügte etwas schärfer hinzu: »Habt ihr mal auf die Uhr geguckt?«

Sam schaute sie mit gerunzelter Stirn an und sagte trocken: »Wer ist denn diejenige von uns, die sonst nie aus dem Bett kommt? Also brauchst du dich gar nicht so künstlich aufzuregen.«

»Ich reg mich nicht künstlich auf. Und falls es dir nicht aufgefallen ist, wir haben heute ziemlich viel zu tun. Ich hab' keine Lust, wie letztes Jahr, wieder alles auf den letzten Drücker zu machen. Wir sind eh schon wieder viel zu spät dran.«

»Jedes Jahr dasselbe. Sobald das Sommerturnier anrückt, drehst du durch«, seufzte Sam.

»Was heißt denn hier durchdrehen? Ich will einfach, dass alles rechtzeitig fertig ist«, entgegnete Jessy.

»Mach dir nicht immer Stress, wo gar keiner ist. Das schaffen wir schon. Außerdem hat dein Vater die Jungs doch mit eingespannt«, sagte Anja beschwichtigend.

»Genau. Als würden die irgendwas eigenständig auf die Reihe kriegen«, schnaubte Jessy.

Sam nickte zustimmend. »Da hat sie recht.«

»Also bleibt wieder mal alles an uns hängen?«, fragte Anja.

»So sieht´s aus. Aber erst mal kümmern wir uns um die Pferde. Ich würde sagen, bis Mittag sollten wir mit dem Reiten fertig sein. Dann geht's los.«

»Ok, geht klar«, stimmten Sam und Anja zu.

So gegen halb zwölf waren die Mädchen mit dem Training fertig. Jessy wollte keine Zeit

verlieren und übernahm sofort das Kommando. »Also«, begann sie, »das Aufstellen von den zwei Richterwagen machen Jürgen und mein Dad. Wir kümmern uns um die Hindernisstangen und die Hürdenständer. Außerdem müssen wir den Geländeparcours abreiten, das Dressurviereck aufstellen und wenn dann noch Zeit ist, die Playlist für die Musik zusammenstellen.«

»Alles klar. Das mit der Playlist können wir ja heute Abend zusammen machen«, schlug Sam vor.

»Gute Idee. Mit den Hindernisstangen fangen wir am Besten auch heute an. Die gehören nämlich neu gestrichen und brauchen genug Zeit, um zu trocknen«, erklärte Jessy.

»Dabei könnten uns die Jungs doch eigentlich helfen«, wandte Anja ein.

Jessy warf ihr einen verständnislosen Blick zu. »Was willst du denn die ganze Zeit mit den Jungs?«

Sam zog wohl wissend die Augenbrauen hoch und erwiderte: »Ich würde jetzt mal behaupten, dass sich da jemand ein wenig in Pascal verguckt hat.«

»Ach Quatsch, red doch keinen Blödsinn«, verneinte Anja sofort. Aber das leichte Erröten ihrer Wangen sprach Bände.

Sam und Jessy tauschten einen eindeutigen Blick.

»Ihr braucht gar nicht so zu gucken«, rief Anja, und das Rot auf ihrem Gesicht wurde noch einen Ton dunkler.

»Bei Pascal kann ich's sogar verstehen«, meinte Jessy. »Nur seine Wahl an Freunden lässt für meinen Geschmack sehr zu wünschen übrig.«

Sam musste ein Kichern unterdrücken und meinte amüsiert: »Du hast aber auch an jedem Kerl was auszusetzen.«

»Jetzt tu nicht so, als hätte ich Unrecht«, verteidigte sich Jessy.

»Das hab ich auch nicht gesagt, aber wenn jede so wählerisch wäre wie du, dann würde die Menschheit aussterben«, entgegnete Sam stirnrunzelnd.

»Nicht mein Problem. Gewisse Ansprüche wird man ja wohl noch haben dürfen«, meinte Jessy und verschränkte die Arme.

»Ich warte auf den Tag, an dem du dich mal verliebst.«

»Ich bin schon verliebt. In zwei ganz tolle Kerle«, gab Jessy zurück.

»Genau. Von denen hat einer weißgraue und der andere rotbraune Haare, oder?« mutmaßte Anja lachend.

Jessy grinste und Sam sagte kopfschüttelnd: »Wir werden alle als alte Jungfern sterben.«

Darauf begannen die Mädels zu lachen.

Drei Tage später, also am Mittwoch, machten die Mädchen dann einen Proberitt durch den Geländeparcours. Die Hindernisse waren nicht zu hoch. Die Länge der Strecke war optimal. Auch der Boden war nachgiebig und trocken.

Am Donnerstag beschäftigten sie sich damit, die letzten Hindernisstangen fertig anzustreichen und den Hof auf Vordermann zu bringen. An diesem Tag waren auch die anderen Mannschaftsmitglieder anwesend, um bei den Aufräumarbeiten zu helfen, sodass alles schnell erledigt war.

Bis Freitagmittag waren sie pünktlich fertig. Zum Schluss kam natürlich das Wichtigste – die Pferde.

»Anja, kannst du mir mal bitte den Schwamm geben?«

»Hey, hat von euch jemand meine Wurzelbürste gesehen?«

»Halt doch endlich still, Smaragd.«

»Wo ist denn der blöde Hufkratzer abgeblieben?«

»Mensch Robin. Warum musst du auch ausgerechnet ein Schimmel sein!«

»Man, warum hält das denn nicht?«

Sam mühte sich gerade damit ab, ihrem Rappwallach Smaragd die Mähne einzuflechten, während Anja verzweifelt versuchte, das Fell von Robin wieder weiß zu bekommen. Jessy hingegen war nun schon seit fast zehn Minuten damit beschäftigt, in dem heillosen Durcheinander ihre Bürste und den Hufkratzer zu finden.

»Also echt Jessy, bei deinem Chaos wundert's mich nicht, dass du nichts mehr findest«, erklärte Sam kopfschüttelnd.

»Das Genie überblickt das Chaos.«

»Offensichtlich nicht, sonst würdest du dein Zeug ja finden«, meinte Sammy stirnrunzelnd. Dabei achtete sie für einen Moment nicht auf ihren Rappen, der die Gunst der Stunde nutzte und sofort begann, an dem Knoten des Stricks herumzudoktern.

»Smaragd, lass das! Unmöglich der Kerl. Dich kann man keine Sekunde aus den Augen lassen«, mahnte Sam ihn lautstark.

»Rotzfrech diese jungen Burschen«, fügte Jessy hinzu.

»Apropos Burschen, wo sind denn die Jungs eigentlich abgeblieben?«, fragte Sam.

»Keine Ahnung. Ist mir aber ehrlich gesagt auch ziemlich egal. So haben wir wenigstens unsere Ruhe«, entgegnete Jessy schulterzuckend.

Sam warf einen verstohlenen Blick zu Anja, die ganz verbissen Robins linke Bauchseite bearbeitete.

»Du solltest ihn einfach mal um ein Date bitten«, sagte Sam ganz unvermittelt.

Anja hielt inne und seufzte. »Ich krieg doch kaum einen vernünftigen Satz raus, wenn er in der Nähe ist. Geschweige denn, dass ich schon mal mehr als ein paar Wörter mit ihm geredet hätte«, antwortete sie kleinlaut. »Abgesehen davon, wenn er mir eine Abfuhr gibt, dann verkriech ich mich in ein Loch und komm nie wieder raus. Und ich kann ihm nicht mal aus dem Weg gehen, weil wir uns beinahe jeden Tag im Stall sehen«, fügte sie zerknirscht hinzu.

»Du machst dir viel zu viele Gedanken. Pascal ist an sich ein netter Kerl. Ich glaub nicht, dass er zu einer Verabredung ›nein‹ sagen würde«, versuchte Jessy Anja zu ermutigen.

»Der Meinung bin ich auch. Immerhin ist er nicht Tay«, meinte Sam.

Anja seufzte erneut und erwiderte: »Das ist ja gleich das nächste Problem. Man trifft ihn ja, so gut wie nie ohne Tay an, weil die beiden immer zusammen in den Stall fahren.«

»Ja gut, das kann ich verstehen. Wenn der Trottel dabei ist, würde ich ihn auch nicht nach einem Date fragen wollen«, stimmte Jessy zu.

»Vielleicht ergibt sich beim Turnier eine Möglichkeit«, überlegte Sam.

»Bestimmt sogar. Und wenn nicht, dann lassen wir uns was einfallen«, meinte Jessy zuversichtlich.

Anja lächelte und sagte: »Ihr seid lieb. Was würde ich nur ohne euch machen?«

»Wahrscheinlich weniger herumtrödeln. Es ist schon halb vier und wir sind immer noch nicht fertig«, stellte Sam mit einem Blick auf die Uhr fest.

»Ok, dann sollten wir jetzt echt mal Gas geben.«

Der Freitagnachmittag verging wie im Flug. Am frühen Abend waren schließlich alle Pferde bereit für den morgigen Tag. Jessy war voller Vorfreude. Als sich ihre Mädels verabschiedet hatten, blieb sie noch im Stall.

Saphir war in der Stallgasse angebunden. Jessy gab seinem silberglänzenden Fell gerade noch den letzten Feinschliff. Plötzlich öffnete sich die Stalltür und Jürgen kam herein, gefolgt von zwei weiteren Jungs.

»Endlich kann man wieder in den Stall gehen, ohne ´nen Gehörsturz zu bekommen. Das Gegacker war ja nicht auszuhalten«, stellte Jürgen missgelaunt fest.

»Dafür bekommt man jetzt ´nen Sehschaden beim Anblick deiner Visage«, konterte Jessy trocken.

Einer der beiden anderen Jungs grinste und meinte lachend zu seinem Kumpel: »Der hat gesessen.«

Dieser fuhr sich grinsend mit der Hand durch seine dunkelblonden Haare und meinte an Jürgen gewandt: »So Unrecht hat sie damit nicht mal.«

Jürgen funkelte die beiden gereizt an. Er ging schließlich, ohne ein weiteres Wort, zu dem großen schwarzen Pferd in der linken hinteren Box.

Jessy warf den beiden Kerlen einen argwöhnischen Blick zu. Der Dunkelhaarige war der Schwarm ihrer Freundin Anja. Und der Typ mit den blonden Haaren war sein Kumpel Tay. Die zwei besuchten die gleiche Schule wie Jessy und ihre Mädels. Nur dass die Jungs eine Jahrgangsstufe über ihnen waren. Beide gingen in die Zwölfte und waren seit letztem Jahr Einsteller bei ihnen am Hof. Zu dieser Zeit hatte Jessys Vater den Einfall gehabt, eine Stallmannschaft aufzustellen. Seitdem hatten die Mädels die Jungs an der Backe.

Mit Pascal war ja auszukommen, aber Tay genoss, speziell bei Jessy, keine besondere Sympathie. Er war arrogant, selbstgefällig und die Tatsache, dass er wusste, dass er bei den Mädchen so gut ankam, machte ihn, in Jessys Augen, nur noch unerträglicher.

Einen Seufzer unterdrückend fuhr Jessy damit fort ihren Hengst zu putzen.

»Saphir sieht richtig klasse aus«, meinte Pascal anerkennend und betrachtete den Hengst von oben bis unten.

»Danke. Ich putz auch schon seit zwei Stunden an ihm rum«, erwiderte Jessy. Pascal war eigentlich in Ordnung. Er war nicht so herablassend und eingebildet wie Tay.

»Reitest du ihn morgen in der mittelschweren Klasse?«, fragte Pascal.

»Ja, wir werden's zumindest versuchen«, sagte sie und streichelte ihrem Pferd liebevoll den Hals.

»Interessant, dass du immer nur zu den Pferden so sanft bist«, stellte Tay amüsiert fest.

»So nett könntest du zu mir auch hin und wieder mal sein.«

Jessy warf ihm einen unterkühlten Blick zu und antwortete: »Wieso sollte ich?«

»Zum Beispiel, weil ich mich darüber freuen würde«, gab er augenzwinkernd zurück.

Jessy betrachtete ihn betont unbeeindruckt und entgegnete schlicht: »Kein Interesse.«

»Autsch«, sagte Pascal. Und fügte hinzu: »Wenn das mal kein Korb war.«

Tay verzog das Gesicht und erwiderte mit gespielter Enttäuschung: »Das war jetzt aber gemein von dir.« Doch er setzte sofort wieder sein schiefes Grinsen auf und kam ganz beiläufig ein paar Schritte näher an sie heran.

Als Antwort verdrehte Jessy nur die Augen und widmete sich weiter Saphir. *Einfach ignorieren*, dachte sie. Wenn er das Interesse verlor, würde er sie schon wieder in Ruhe lassen.

»Jetzt wirst du auch noch mit Ignoranz gestraft. Heute scheint nicht dein Tag zu sein«, stellte Pascal grinsend fest.

Tay warf ihm einen vielsagenden Blick zu und entgegnete: »Wart's ab. Sie weiß nur noch nicht, wie sehr sie mich mag.«

Nicht reagieren, einfach nicht reagieren, dachte Jessy verbissen. Sonst hörte er nie damit auf.

»Aber möglicherweise kann man der ganzen Sache ja ein wenig auf die Sprünge helfen«, meinte Tay und kam langsam zu Jessy herüber.

Als er direkt hinter ihr stand, hielt sie inne. Für Jessys Geschmack war er ihr etwas zu nah. Sie wandte sich langsam um und warf ihm einen stirnrunzelnden Blick zu. »Schon mal was von Privatsphäre gehört? Ich krieg Platzangst, wenn du mir so dicht auf die Pelle rückst«, entgegnete sie gereizt.

Tay legte grinsend den Kopf schief und meinte nur: »Magst du keinen Körperkontakt? Ich kann deine Meinung, was das betrifft, mit Sicherheit ändern.«

Jetzt wurde Jessys Blick spöttisch und sie antwortete gelangweilt: »Deine Sprüche kannst du dir gerne klemmen. Und jetzt geh mir aus der Optik.« Damit schob sie sich an ihm vorbei und griff sich die Futtereimer ihrer Pferde.

Doch aus der Fassung gebracht hatte sie Tay damit keineswegs. Pascal musste zwar ein schadenfrohes Lachen unterdrücken, aber Tay blieb nach wie vor gelassen. »Jetzt wird's langsam interessant«, murmelte er gut gelaunt. Er lehnte sich an Saphirs Boxentür und schaute Jessy dabei zu, wie sie ihren Pferden eine kleine Portion Müsli in die Eimer füllte.

Dann führte sie Saphir in seine Box. Als sie die Boxentür schließen wollte, stand ihr natürlich Tay im Weg. Sie seufzte leicht entnervt und betrachtete ihn erwartungsvoll.

Er erwiderte ihren Blick und sagte dann: »Mich würde ja brennend interessieren, ob du nur die Abweisende spielst oder ob du wirklich so desinteressiert bist. Vielleicht stehst du gar nicht auf Männer. Was wirklich bedauerlich wäre.«

Bevor Jessy antwortete, schloss sie einen Moment die Augen und atmete ruhig durch. »Jetzt pass mal auf. Ich spiele hier überhaupt nichts. Das muss ich auch gar nicht, weil jemand mit so einem überdimensionalen Ego wie du, mit Sicherheit der letzte Mensch auf der Welt wäre, für den ich mich jemals auch nur ansatzweise interessieren würde. Entschuldige bitte, wenn ich dir jetzt deine Illusion zerstören muss, aber es steht nun mal nicht jedes Mädchen auf diesem Planeten auf dich. Leb damit! Und jetzt wäre ich dir sehr verbunden, wenn du mich nicht weiter mit deiner Gesellschaft belästigen würdest. Ich hab jetzt weder die Zeit, noch sonst irgendeine Intention, mich weiter mit dir beschäftigen zu wollen.«

Nach ihrer Ansage war Tay für einen Moment tatsächlich verblüfft. Auch von den anderen kam, außer überraschtem Schweigen, keine Reaktion.

Einigermaßen zufrieden über die Wirkung ihrer Worte nutzte Jessy die Gelegenheit, um die Boxentür zu schließen, sich umzudrehen und Tay ohne ein weiteres Wort stehen zu lassen.

KAPITEL 2

AM NÄCHSTEN MORGEN WAR DER GROSSE TAG SCHLIESSLICH DA. Es war noch nicht mal sechs Uhr, als Jessy es nicht mehr im Bett aushielt. Sie hatte sich schon wochenlang auf diesen Tag gefreut. Innerhalb von zwanzig Minuten war sie fertig angezogen und hergerichtet.

Ihr Vater war bereits damit beschäftigt, den Tisch fürs Frühstück zu decken, als sie die Treppen herunterkam.

»Jessy? Du bist aber schon früh auf. Die ersten Prüfungen beginnen doch erst um neun«, sagte er verwundert.

»Ja ich weiß. Ich konnte nicht mehr schlafen.«

Er lächelte und meinte: »Aber ohne Frühstück lass ich dich nicht aus dem Haus.«

Jessy zog eine Grimasse und erwiderte: »Okay. Überredet.«

Als sie sich ein halbes Marmeladenbrötchen in den Mund gestopft hatte, sprang Jessy von ihrem Stuhl auf. Sie zog sich ihre Reitstiefel an, die sie schon vorsorglich neben der Küchentür bereitgestellt hatte.

Ihr Vater zog eine Augenbraue hoch und warf ihr einen vorwurfsvollen Blick zu.

»Was denn? Ich hab gefrühstückt«, verteidigte sich Jessy mit vollem Mund. Ehe er etwas darauf erwidern konnte, war sie schon durch die Küchentür nach draußen verschwunden.

Im Stall war natürlich noch nichts los. Die ersten Teilnehmer würden mit Sicherheit nicht vor halb acht ankommen. Also konnte Jessy die Ruhe vor dem großen Ansturm noch nutzen, um ihre Pferde ohne Hektik fertig zu machen.

Erst einmal begrüßte sie die zwei ausgiebig. Dann prüfte sie, ob die Mähnenzöpfe über Nacht auch gehalten hatten. Sie nahm den beiden die dünnen Decken ab, die sie ihnen gestern Abend noch rasch übergezogen hatte. Die Idee war nicht schlecht gewesen. Die Felle ihrer Pferde glänzten noch genauso wie gestern nach dem Waschen.

Anschließend ging Jessy hinüber zu ihrem Schrank, um noch einmal die Ausrüstung zu prüfen. Alles war sauber und ordentlich an seinem Platz. Als sie sich dann zufrieden umwandte, stand plötzlich Tay vor ihr.

»Guten Morgen«, sagte er mit einem charmanten Lächeln.

Jessy wich erschrocken zurück, um ihn im nächsten Moment empört anzufauchen: »Bist du verrückt, dich so von hinten anzuschleichen!«

»Hab ich dich erschreckt?«

»Wie kommst du denn auf die Idee?«, rief Jessy mit unüberhörbarem Sarkasmus in der Stimme.

»Entschuldige. Das war keine Absicht«, erklärte er lächelnd.

Jessy warf ihm einen verächtlichen Blick zu. »Was machst du überhaupt schon so früh hier?«, fragte sie immer noch dezent aufgebracht.

»Ich wollte dich allein im Stall erwischen«, gab er unverhohlen zurück.

Jessy zog fragend eine Augenbraue hoch und er fügte hinzu: »Du hast mir gestern gar keine Möglichkeit mehr gelassen, mich bezüglich unserer kleinen Auseinandersetzung zu äußern.«

»Tja, vielleicht interessiert es mich auch einfach nicht, was du zu sagen hast«, entgegnete sie gleichgültig.

»Ach komm schon! So desinteressiert bist du doch in Wahrheit gar nicht.«

Daraufhin runzelte Jessy nur die Stirn und antwortete: »Hast du eine Ahnung.«

Er grinste und meinte nur gelassen: »Mehr, als du vielleicht denkst. Abgesehen davon ist es ziemlich süß, wenn du dich so zierst.«

»Von mir aus«, erwiderte sie gelangweilt.

Tays Grinsen wurde noch breiter. Ein merkwürdiger Ausdruck trat dabei in seine Augen.

Jessy betrachtete ihn skeptisch. Sie wusste nicht, ob ihr das gefallen sollte. Eigentlich fühlte sie sich ziemlich unbehaglich, mit ihm allein zu sein.

»Ich glaube, ich sollte dich mal ein wenig aus der Reserve locken«, meinte er.

»Kannst es ja versuchen.« Jessy bereute die Aussage im selben Moment.

Er griff plötzlich nach ihren Handgelenken und zog sie mit sanfter Gewalt an sich heran. »Wie wär's dann mit einem Kuss?«

Die Frage kam so unvermittelt, dass Jessy im ersten Augenblick die Luft wegblieb. Doch sie fing sich schnell wieder und erwiderte kühl: »Nur über meine Leiche.« Aber jetzt war ihre Coolness nur gespielt, denn ihr Herz klopfte ihr bis zum Hals.

Tay grinste und meinte: »Du musst nicht gleich so drastisch werden.«

»Dann eben über deine, wenn du mich nicht sofort loslässt«, antwortete sie nun gereizter.

Noch immer amüsiert, gab Tay sie frei. Dann wandte er sich langsam um und begab sich zur Box seines Pferdes.

Jessy verstand zwar nicht, was er sich damit gerade bewiesen hatte, doch sie wurde irgendwie das Gefühl nicht los, dass die Sache noch nicht erledigt war.

Etwas später trafen dann Jessys Mädels ein. Auch Jürgen und Pascal kamen kurz darauf in den Stall.

»Na meine Damen, schon aufgeregt?«, fragte Pascal gut gelaunt.

»Kein bisschen. Du etwa?«, gab Sam entspannt zurück.

»Ein wenig. Aber im M-Springen hab ich heute eh kaum Chancen«, meinte Pascal achselzuckend.

»Wieso nicht?«, wollte Anja wissen.

»Blöde Frage, findest du nicht?«, schaltete sich Tay ein.

Die Überheblichkeit, die in seiner Stimme mitschwang, war nicht nur Jessy ein Dorn im Auge.

»Bloß, weil du die letzten drei Jahre gewonnen hast, heißt das ja wohl noch lange nicht, dass das auch heute wieder passiert«, entgegnete Sam stirnrunzelnd.

Tay grinste nur amüsiert und meinte: »Nun ja, ich denke mal, dass die Konkurrenz, genau wie in den Jahren davor, nicht besonders erwähnenswert sein wird.«

Sam funkelte ihn wütend an.

Doch Anja antwortete an ihrer Stelle: »Hoffentlich erstickst du mal an deiner Arroganz.«

Jessy warf ihr einen erstaunten Blick zu. Das war eigentlich gar nicht Anjas Art.

»So viel Bosheit hätte ich dir überhaupt nicht zugetraut«, entgegnete Tay spöttisch. »Warum seid ihr drei bloß immer so unfreundlich zu mir?«, fügte er mit gespielter Enttäuschung hinzu.

»Naja, normalerweise versuchen wir eigentlich dich zu ignorieren, aber seitdem du in der Stallmannschaft bist, funktioniert das leider nicht mehr so gut«, entgegnete Jessy ruhig.

»Sagtest du gestern nicht, dass du mit deinem Hengst auch im M-Springen starten willst?«, fragte Tay beiläufig.

»Ja und?«, meinte Jessy unbeeindruckt.

»Denkst du wirklich, dass der schon so weit ist?«

Bei seiner Frage stieg ein wenig die Hitze in Jessy hoch. »Denkst du wirklich, dass dich das auch nur das Geringste angeht?« gab sie zurück. Dabei versuchte sie ihre Gereiztheit bestmöglich zu unterdrücken. Er sollte bloß nicht merken, dass er bei ihr gerade einen Nerv getroffen hatte.

»Ich bin nur neugierig«, entgegnete er und hob verteidigend die Arme.

»Kümmer dich lieber um deinen eigenen Kram. Du wärst längst nicht so gut, wenn du nicht so ein teures Sportpferd unterm Hintern hättest. Jessy musste sich mit ihren Pferden alles selbst erarbeiten.« Das war von Sam gekommen.

»Es stehen genug Sportpferde drüben im anderen Stall. Warum nimmst du nicht eines von denen? Dann reiten wir wenigstens mal auf Augenhöhe«, meinte Tay, eine Spur zu überheblich, an Jessy gewandt.

So langsam kroch richtige Wut in ihr hoch. Aber sie riss sich zusammen und antwortete ruhig: »Nicht jeder will sich's so leicht machen, wie du. Und welches Pferd ich in der Prüfung reite, bleibt immer noch meine Sache.«

Damit schnappte sie sich Anja und Sam und verließ mit den beiden den Stall, um Smaragd und Coco zu holen.

»Was für ein Arsch«, schimpfte Jessy, als sie über den Hof gingen, um ihrer schlechten Laune Luft zu machen.

»Du solltest dich nicht ärgern. Das ist er gar nicht wert«, versuchte Anja sie zu besänftigen.

»Anja hat recht. Obwohl ich dich gut verstehen kann. Mich kotzt sein Getue auch extrem an«, gestand Sam. »Dem müsste mal jemand auf dem Turnier so richtig in den Hintern treten, damit er endlich merkt, dass er sich nicht alles erlauben kann«, fügte sie hinzu.

»Tja, aber so jemanden haben wir hier nun mal nicht«, stellte Jessy fest.

»Warum nimmst du eigentlich nicht wirklich eins von euren Turnierpferden? Einige davon sind doch sogar im großen Sport gelaufen. Dann würdest du Tay bestimmt platt machen«, schlug Sam vor.

»Ich bin mit keinem der Turnierpferde so eingespielt, wie mit Monsi oder Saphir. Außerdem sind unsere Turnierpferde keine Selbstläufer. Wenn ich Tay dann nicht schlage, wird das für sein Ego nur noch mehr Bestätigung sein. Überhaupt würde das alles entkräften, was ich vorhin gesagt habe. Ich will mir die Platzierung mit einem meiner eigenen Pferde holen. Dann weiß ich, dass ich sie mir verdient habe.«

Sam seufzte. »Ja, das stimmt auch wieder. Aber ich würde einfach gerne mal sehen, wie Tay sein dämliches Grinsen aus dem Gesicht fällt.«

»Das wollen wir alle«, stimmte Anja zu. Die Mädchen seufzten einstimmig.

Als sie im Stall ankamen und in die Boxen schauten, ließ Anja im ersten Moment ein verzweifeltes »Ohhhh, nein!« verlauten.

»Was ist?«, fragte Jessy gleich erschrocken.

»Ich hasse mein Leben!«, schrie Anja verzweifelt.

»Was ist denn passiert?«, fragte Sam verwirrt.

»Schaut mal«, jammerte Anja, die sich die Hände vors Gesicht schlug.

Als Sam und Jessy näher an Robins Box kamen, begriffen sie, was passiert war. Robin, der tags zuvor noch ausgesehen hatte, wie Pegasus persönlich, erinnerte nun eher an einen Marmorkuchen. Der Wallach hatte sich über Nacht wohl mit wachsender Begeisterung in seinem eigenen Mist gewälzt und war nun als Schimmel kaum noch erkennbar.

Im ersten Augenblick herrschte Stille, dann begannen Sam und Jessy schallend zu lachen.

»Ihr seid gemein«, schmollte Anja.

Einige Zeit später hatte sich die Lage wieder beruhigt. Sam und Anja hatten ihre beiden eigenen Pferde Smaragd und Coco in den Privatstall gebracht. Alle drei Mädels waren damit beschäftigt, sich und die Pferde fertig zu machen.

Sam widmete sich Smaragds rechter Halsseite, während Jessy versuchte, einen Fleck aus ihrer weißen Reithose zu bürsten.

»Man bin ich nervös. Hoffentlich vergesse ich meine Aufgaben nicht«, sagte Anja.

»Du lernst sie doch schon seit Wochen auswendig. Wahrscheinlich könntest du sie sogar im Schlaf reiten«, entgegnete Jessy.

»Aber nicht, wenn ich so aufgeregt bin.«

»Tu einfach so, als wärst du ganz alleine und niemand würde dir zuschauen. Das hilft mir immer«, schlug Jessy vor.

»Du bist ja auch gut«, meinte Anja zerknirscht.

»Jetzt fang nicht damit an. Du bist die Dressurreiterin von uns. Du wirst das super machen. Und jetzt halt die Klappe und geh Warmreiten!«

Sam, die keinen Zeitdruck hatte, weil sie nur in der Geländeprüfung gemeldet war, schnappte sich die Zügel von Anjas Fuchsstute und führte sie nach draußen. »Jetzt komm! Ich mach dir sogar den Handlanger«, rief Sam.

Anja atmete tief durch, zog sich ihre Handschuhe an und folgte Sam hinaus.

»Ich drück dir die Daumen. Und ich will ein Schleifchen sehen!« Gut gelaunt blieb Jessy im Stall zurück. Langsam musste sie Monsi für das Springen in der leichten Klasse fertig machen.

Also ging sie zu ihrem Schrank und holte die Putztasche heraus. Sie war so in sich gekehrt, dass sie furchtbar erschrak, als sie plötzlich Schritte hinter sich hörte. Mit einem Ruck fuhr sie herum und wieder war es Tay, der amüsiert grinsend vor ihr stand.

»Hab ich dir nicht schon mal gesagt, dass du das lassen sollst«, sagte Jessy verächtlich.

»Ich liebe es, wenn du das tust«, sagte er lachend.

Jessy verdrehte nur entnervt die Augen und fragte seufzend: »Was willst du?«

»Was ich will? Mein Pferd fertig machen«, erwiderte er spöttisch.

»Das M-Springen beginnt erst nach Mittag. Und ich glaube kaum, dass du deine Zeit in einem der weniger anspruchsvollen Springen verschwendest«, gab Jessy mit gerunzelter Stirn zurück.

Er lächelte und sagte: »Na schön, erwischt.«

»Also, was willst du dann?«

»Einen Kuss. Was sonst?«, antwortete er.

Die Selbstverständlichkeit, mit der er das sagte, brachte Jessys Blut schon wieder zum Kochen. »Dann frag jemanden, der sich bei dem Gedanken nicht übergeben möchte«, gab sie bissig zurück.

Tay grinste nur und sagte: »Du bist so hübsch, wenn du wütend bist.«

»Dann muss ich ja gerade wirklich hinreißend aussehen«, erwiderte sie gereizt.

»So viel Temperament. Dabei bist du eigentlich so niedlich«, meinte er lächelnd.

»Hör auf mit dem Süß- Holz-Geraspel. Das zieht bei mir nicht.«

»Bist du dir da wirklich so sicher?«, fragte er belustigt.

»Davon kannst du mal schwer ausgehen«, erwiderte Jessy.

»Klingt ja, als wärst du eine richtige Herausforderung.«

»Du solltest wirklich mal deine Taktik ändern«, entgegnete sie unbeeindruckt.

»Wenn du einen gut gemeinten Rat von mir willst, dann lass dich aus der Starterliste im M-Springen streichen.«

Der provokante Ausdruck in seinen Augen war Jessy nicht entgangen. Sie schluckte. Sie durfte sich nicht auf seine Spielchen einlassen. Er wollte sie nur aus der Reserve locken.

»Ich wiederhole mich wirklich nur ungern, aber wo ich mit welchem Pferd starte, hat dich nichts anzugehen.« Sie versuchte dabei, so ruhig wie möglich zu klingen.

»Tja, schlechte Selbsteinschätzung, würd ich sagen«, reizte er sie weiter. Dann fügte er hinzu: »Aber gut. Immerhin merkst du dann selber endlich, wo die Grenzen deines Pferdes liegen und wo ihr noch Ausbildungsdefizite habt.«

Jetzt reichte es Jessy endgültig. Sie richtete sich auf, kam auf Tay zu und als sie Luft holte, musste sie sich tierisch zusammenreißen, um ihn nicht anzuschreien. »Jetzt pass mal auf, du eingebildetes Großmaul! Saphir steckt deinen dämlichen Fuchs vom Vermögen und vom Potenzial her dreimal in die Tasche, und für sein Alter ist sein Ausbildungsstand absolut überdurchschnittlich. Also behalt deine unqualifizierten, hirnlosen und absolut bescheuerten

Aussagen gefälligst für dich oder erstick dran! Aber verschon mich mit diesem herablassenden Macho-Gehabe!«

Tay musste ein Grinsen unterdrücken und antwortete gespielt beeindruckt: »Ohh. Na, wenn das so ist, dann können wir dem Ganzen doch ruhig etwas mehr Wettbewerbscharakter verleihen.«

»Wie darf ich das verstehen?«

»Wenn dein Schimmel so gut ist, wie du behauptest, dann hast du doch bestimmt nichts gegen einen kleinen Wettkampf.«

Jessys Augen verengten sich zu Schlitzen. »Was für ein Wettkampf?«

»Wer von uns beiden das Springen gewinnt, zum Beispiel.«

»Und was springt dabei für den Sieger heraus?«, fragte sie skeptisch.

»Ein Kuss natürlich«, antwortete er mit einem frechen Grinsen.

»Nein, danke«, antwortete Jessy sofort.

»Na schön. Wie klingt das? Wenn du gewinnst, darfst du mir auch gerne eine Ohrfeige geben.«

»Verlockend. Aber ich verzichte trotzdem.«

»Dachte ich mir fast. So groß ist das Vertrauen zum Pferd dann wohl doch nicht«, meinte er achselzuckend.

Als Tay sich abwandte, um zur Tür zu gehen, sagte Jessy, ohne zu überlegen: »Also schön.«

Tays Grinsen wurde breiter, als er sich langsam umdrehte. Er wusste, wie ehrgeizig sie war. Genau darauf hatte er gewartet. Jetzt hatte er sie da, wo er sie haben wollte. »Also doch mehr Kampfgeist als gedacht«, sagte er.

»Ich weiß, was mein Pferd kann«, antwortete Jessy mit einem Seitenblick auf ihren Schimmel. »Also solltest du uns nicht unterschätzen.«

Tay schaute sie nachdenklich an und sagte dann: »Würde mir niemals einfallen. Also abgemacht?«

»Abgemacht«, antwortete Jessy.

Tay grinste und erwiderte im Umdrehen: »Na dann. Möge der Bessere gewinnen.«

Als die Stalltür ins Schloss fiel, schlug Jessy sich mit der flachen Hand auf die Stirn und ließ sich auf einen umgestülpten Eimer sinken. *Na toll*. Das war ja super gelaufen. Dahin war ihr Vorsatz, Saphirs erstes M-Springen ohne Druck und Erwartungen anzugehen. Aber jetzt war es zu spät, um zu kneifen. Außerdem hatte sie jetzt keine Zeit sich selbst zu bemitleiden. Sie musste Monsi für das L-Springen fertig machen.

Sie stand auf und machte sich an die Arbeit.

Auf dem Weg zum Abreitplatz dachte sie immer noch über den Wettkampf nach.

Was, wenn Tay wirklich gewinnen sollte? Dann würde sie sich einen Strick kaufen und sich erschießen. Oder sich hinter einen Zug werfen. Sie könnte sich auch aus dem Kellerfenster stürzen.

Bei diesen Gedanken musste sie beinahe lachen. Sie fühlte sich wie in einer schlechten Telenovela. Jessy seufzte und zog den Sattelgurt ihres Fuchses nach. Als sie sich schließlich in den Sattel schwang, waren alle ihre Gedanken über Tay plötzlich ganz weit weg und überhaupt nicht mehr wichtig. Jetzt konzentrierte sie sich nur noch auf ihr Pferd und die kommende Prüfung.

Kapitel 3

»Die Kopfnummer dreizehn, Jessica Roberts auf Monsun, bitte an den Start!« schallte es über den Abreitplatz. Bevor Jessy ihre Zügel aufnehmen konnte, tönte es bereits ein zweites Mal unüberhörbar aus dem Lautsprecher: »Jessica Roberts, bitte in den Parcours!«

»Ist ja schon gut!«, maulte Jessy genervt. Sie wusste, dass ihr Cousin Jürgen derjenige war, der die Teilnehmer aufrief. Also trieb sie ihren Fuchs vorwärts und trabte zum Turnierplatz hinüber.

Sie war viel entspannter, als sie gedacht hatte. Das wirkte sich sehr positiv auf ihren Fuchs aus. Nachdem Jessy die Richter gegrüßt hatte, fiel er in einen fleißigen, aber kontrollierten Galopp. Der Gong ertönte. Sie gingen den ersten Sprung an. Ein Steilsprung. Nicht besonders hoch, aber dennoch nicht zu unterschätzen. Ihr Fuchs setzte mit einem gewaltigen Satz darüber hinweg. Nun der zweite Sprung. Auch dieser war kein Problem für die beiden. Selbst die Kombination und der recht breite Wassergraben stellten keine wirkliche Schwierigkeit für Jessy und ihren quirligen Fuchs dar.

Doch beim Oxer wurde es etwas kniffliger. Monsi war etwas zu eng aus der Wendung gekommen. Sie kamen deshalb sehr dicht ans Hindernis. Aber Jessy reagierte sofort und schnalze mit der Zunge. Der Wallach begriff im selben Moment. Er drückte mit aller Kraft ab. Jessy hielt in der Schwebephase kurz die Luft an. Aber alle Stangen blieben liegen.

Durch diese knappe Angelegenheit war ihr Pferd allerdings ein wenig aus dem Konzept gekommen. Jetzt musste sie aufpassen, dass er ihr nicht zu stark wurde. Der Fuchs war nun so aufgeheizt, dass sie ihn nur noch schwer regulieren konnte. Die Tatsache, dass sie beim nächsten Steilsprung fast einen Meter zu früh absprangen, war nicht besonders hilfreich.

Monsi machte einen mächtigen Satz und flog wie ein Flugzeug über die rot-weißen Stangen. Kaum dass er gelandet war, ging die flotte Runde auch schon weiter.

Jessy sah keinen Sinn darin, zu versuchen, ihn zu bremsen. Sie kannte Monsi gut genug, um sagen zu können, dass es absolut nichts bringen würde. Bei ihm galt das Motto: ›Lieber tot als Zweiter!‹.

Schließlich kamen sie an den letzten Sprung. Die Mauer. Jessy verzog schon beim Anreiten unwillkürlich das Gesicht.

Sie war vor ein paar Jahren sehr heftig gestürzt und zwar genau an so einem Hindernis. Diese Erinnerung saß immer noch sehr tief. Jedes Mal, wenn Jessy auf eine Mauer zuritt, wurde ihr flau im Magen.

Sie biss die Zähne zusammen und warf Monsi einen prüfenden Blick zu. Unerschütterlich, mit angelegten Ohren und einem Affenzahn, schoss er auf das Hindernis zu. Sein Eifer steckte Jessy an und anstatt ihn zurückzunehmen, ließ sie ihn einfach laufen. Ein Fehler, den sie allerdings erst erkannte, als es schon zu spät war. Ihr Absprungspunkt war viel zu früh. Sie würden, wenn sie Pech hatten, mitten in den Sprung krachen. Auch Monsi hatte die Gefahr bemerkt und riss mit voller Kraft seine Vorderhufe in die Höhe. Jessy erleichterte ihm die Sache, so gut sie konnte, indem sie ihre Hand weit nach vorne streckte, um ihm mehr Platz zu lassen. Sie schafften es zwar über das Hindernis, aber in der Flugphase horte Jessy ein dumpfes Geräusch.

Als sie sich umwandte, sah sie zu ihrer Überraschung, dass fast die ganze Mauer noch stand. Betonung allerdings auf ›fast‹. Ein kleines Mauerteil lag einsam und verlassen auf der Erde. Das Raunen, das durch die Reihen der Zuschauer gegangen war, hatte es ihr aber ohnehin schon verraten.

Etwas durcheinander, aber doch sehr mit sich und ihrem Pferd zufrieden, verließ sie den Parcours und ritt zum Abreitplatz zurück.

Kaum war sie dort angekommen, rannten ihr Sammy und Anja entgegen.

»Jess, du warst klasse!«, rief Sam ihr zu. »Schade, der Fehler an der Mauer!«

»Danke. Ja, war etwas unglücklich. Wie ist es denn bei euch gelaufen?«, fragte Jessy, die schon gespannt auf Anjas Dressurergebnis war.

»Rate wer ein silbernes Schleifchen geholt hat!«, jubelte Sammy.

»Wow stark!«, freute sich Jessy und sprang gleich aus dem Sattel, um Anja zu umarmen.

Als diese sich aus Jessys Umklammerung befreit hatte, murmelte sie etwas verlegen: »Ich hab kaum was gemacht. Coco war einfach super.«

»Jetzt sag das nicht. Du bist die Prüfung geritten und das ziemlich gut, sonst wärst du nicht Zweite geworden«, meinte Jessy entschieden.

»Das würde ich aber auch mal sagen«, fügte Sam hinzu.

Als dann der letzte Reiter der L-Springprüfung den Parcours absolviert hatte, wurden die Besten zur Siegerehrung aufgerufen. Unter ihnen auch Jessy.

Sie war ziemlich aufgeregt, als die Platzierungen ausgerufen wurden. Zu ihrer großen Überraschung war sie doch glatt Dritte geworden. Nur zwei Reiter waren insgesamt fehlerfrei geblieben. Von den Übrigen hatte sie die beste Zeit.

Erleichtert und sehr stolz über ihre Leistung und über das weiße Schleifchen, das an Monsis Trense hing, kehrte sie wieder zum Stall zurück. Sam und Anja machten bereits die Pferde für den Geländeritt fertig.

»Hey, Mädels!«, rief Jessy gut gelaunt. »Wir haben eine Schleife.«

»Jetzt tu bloß nicht so, als ob dich das überraschen würde«, meinte Sam stirnrunzelnd.

»War doch klar, dass ihr platziert seid«, sagte Anja.

»So klar, wie ihr tut, war das auch wieder nicht. Außerdem heiße ich nicht ›Tay‹«, stellte Jessy ein wenig beleidigt fest.

»Apropos Tay«, begann Sam mit einem prüfenden Blick auf Jessy. »Stimmt das, was Pascal uns vorhin erzählt hat?«

»Was hat er denn erzählt?«, fragte Jessy ein wenig verdutzt.

»Dass du mit Tay eine Art Wettkampf laufen hast.«

»Ja und?«

»Du hast ihm aber nicht wirklich einen Kuss versprochen, wenn er gewinnt, oder? Das war nur ein Scherz von Pascal.« Jessy zögerte einen Moment: »Nun ja … Also, eigentlich … «

»Mann, Jessy! Hast du den Verstand verloren?!«, rief Anja verzweifelt.

»Bist du bescheuert?! Wie kann man auf so einen billigen Trick denn reinfallen?!«, brüllte Sam noch lauter. »Und dann ausgerechnet bei Tay. Das glaub ich jetzt nicht.«

»Ist ja gut. Beruhigt euch wieder. Ich hasse mich schon selber genug, weil ich mich provozieren hab lassen, aber … Hey! Moment mal! Woher weiß Pascal überhaupt was davon?«

Daraufhin schaute Sam Jessy stirnrunzelnd an und sagte: »Du hast doch nicht im Ernst geglaubt, dass Tay diese Angelegenheit für sich behält. So ziemlich jeder weiß über eure kleine Abmachung Bescheid.«

»Na großartig«, rief Jessy und ließ sich auf ihren Putzkoffer sinken.

»Aber jetzt mal im Ernst. Meinst du, du kannst ihn schlagen?«, fragte Sam.

»Kommt ganz auf Saphirs Tagesform an«, murmelte Jessy etwas zerknirscht.

»Jetzt mach dich nicht fertig. Du und Saphir, ihr seid das perfekte Team. Ihr schafft das schon«, versuchte Anja, sie aufzumuntern.

»Ich hoff's«, entgegnete Jessy und bemühte sich etwas selbstbewusster zu klingen. Aber im Moment fühlte sie sich gar nicht danach. Eigentlich wollte sie sich in der Sattelkammer einsperren und nie wieder rauskommen. Aber das war nun Mal auch keine Lösung. Zumindest keine, die langfristig funktionieren würde. Also erhob sie sich und sagte: »Jetzt machen wir mal die Pferde für die Geländeprüfung fertig.

KAPITEL 4

JESSY WAR MIT IHREN GEDANKEN GANZ WOANDERS, als sie hinüber in den Zuchtstall ging und die kastanienbraune Holsteiner Stute Mon Chéri aus ihrer Box führte.

Ihr Vater hatte ihr gestern Abend angeboten, die Stute in der Geländeprüfung zu reiten. Damit musste Monsi nicht zwei Prüfungen laufen und Saphir war für das M-Springen fit. Jessy und Mon Chéri kannten sich gut. Auf diesem Pferd hatte Jessy ihre ersten Turniere bestritten und auch ihr erstes Springen gewonnen. Mon Chéri war das zuverlässigste Pferd, das Jessy kannte. Sie liebte die braune Stute über alles.

Zärtlich streichelte Jessy den Kopf des Pferdes. »Na mein Mädchen. Heute gehen wir wieder an den Start«, sagte Jessy. Dabei spitzte die Stute sofort aufmerksam die Ohren.

Jessy brauchte nicht lange, um Mocery zu putzen und zu satteln. Dann führte sie die Stute aus dem Stall Richtung Abreitplatz. Sam und Anja warteten bereits auf sie.

»Da bist du ja endlich. Wir hatten schon gedacht, du lässt die Geländeprüfung sausen«, meinte Sam und fügte hinzu: »Dann hätten wir nämlich mehr Chancen, auch mal was zu gewinnen.«

»Ach, hör schon auf. Mon Chéri ist nicht gerade eine Rakete und außerdem geht's um den Spaß, nicht ums Gewinnen«, gab Jessy zurück.

»Das hast du schön gesagt«, hörte Jessy plötzlich eine Stimme hinter sich. Sie drehte sich um und sah Tay zusammen mit Pascal und Jürgen einige Meter von ihnen entfernt stehen.

Der Kommentar war natürlich von Tay gekommen, der nun auf sie zukam. »Mit der Einstellung wirst du im M-Springen aber niemanden beeindrucken«, meinte er schief grinsend.

Jessy schaute ihn finster an. Vor dem hatte man auch nie seine Ruhe. »Verzieh dich«, erwiderte sie nur genervt und wandte sich ihrem Pferd zu. Sie überprüfte die Gamaschen. Dann zog sie den Sattelgurt noch einmal fest, als Tay sich neben sie stellte und Mon Chéri den Hals streichelte.

»Du hättest die Stute im M reiten sollen. Dann wären deine Chancen zu gewinnen auf jeden Fall größer«, meinte er abschätzig.

»Ich kann mich nach wie vor nicht erinnern, dich nach deiner Meinung gefragt zu haben«, knurrte Jessy, die allmählich ernsthaft wütend wurde. Sie stellte sich vor ihn, schaute ihm direkt in die Augen und sagte mit ruhiger Stimme: »Pass lieber auf, dass dir deine Großkotzigkeit nicht irgendwann im Hals stecken bleibt.«

Tay schaute Jessy amüsiert an, während er entgegnete: »Ich kann's kaum erwarten dich in Aktion zu sehen.«

»Vielleicht gewöhnst du dich mal lieber an den Gedanken, zu verlieren«, entgegnete Jessy unbeeindruckt und schwang sich behände auf Mon Chéris Rücken.

»Damit hab ich, zugegebenermaßen, keine Erfahrung«, meinte Tay mit seinem überheblichen Grinsen.

Jessy betrachtete ihn stirnrunzelnd und erwiderte kopfschüttelnd: »Offensichtlich. Sowas nennt man auch Fehlentwicklung und die ist bei dir auffallend überdurchschnittlich ausgeprägt.«

Diese Aussage quittierten Jürgen und Pascal sofort mit einem einstimmigen »Autsch«.

Tays Augen wurden schmaler, aber seine Stimme klang noch immer eher amüsiert, als er sagte: »Schlagfertig. Du gefällst mir immer besser.« Mit einem durchtriebenen Lächeln fügte er noch hinzu: »Ich freu mich schon auf den Kuss nachher.«

Ohne sich umzusehen, trieb Jessy ihr Pferd vorwärts und rief: »Träum ruhig weiter!« Tay schaute ihr mit einem seltsamen Gesichtsausdruck nach.

»Jetzt hat sie's dir aber ganz schön gegeben«, meinte Pascal mit leicht schadenfroher Miene.

»Mal im Ernst, warum tust du dir das an?«, fragte Jürgen verständnislos. »Ich meine, bevor du dich mit Jessy rum ärgerst, such dir doch lieber ein Mädchen, das dir weniger Probleme macht ... «

»Ehrlich gesagt, hab ich die langweiligen Mädchen allmählich satt«, entgegnete Tay ruhig, ohne den Blick abzuwenden.

Jürgen zog fragend eine Augenbraue hoch.

»Das hat einfach keinen Reiz mehr. Ich glaube, Jessy ist seit Ewigkeiten das erste Mädchen, das mich wirklich neugierig macht«, fügte Tay hinzu.

»Wie meinst du das?«, wollte Jürgen wissen und betrachtete Tay skeptisch.

Tay schaute ihn mit seinem schiefen Grinsen an und antwortete: »Sie hat irgendwas besonderes an sich.«

»Ach und das wäre? Besonders dickköpfig. Besonders leicht reizbar. Besonders biestig vielleicht?«

»Ich finde, sie hat Charakter und mir gefällt ihre Widerspenstigkeit.«

»Charakter nennst du das? Ich glaube, du willst einfach nur das haben, was du nicht kriegen kannst. Und das liegt daran, dass sie dich einfach nicht ausstehen kann. Das bist du nicht gewöhnt«, meinte Jürgen achselzuckend.

»Da hast du recht. Jessy ist tatsächlich die Erste, die es mir so schwer macht.«

»Ich geb dir einen gut gemeinten Rat. Lass es besser sein. Du tust dir damit wirklich keinen Gefallen«, prophezeite Jürgen.

»Keine Sorge, ich weiß schon was ich tue. Und ich weiß genau, was ich will«, sagte Tay und warf einen Blick hinüber zum Abreitplatz wo Jessy gerade ihre Stute aufwärmte.

Sie bekam von dem Gespräch der Jungs nichts mit. Es interessierte sie im Grunde genommen auch gar nicht, worüber sich die drei unterhielten. Hauptsache es geschah weit weg von ihr.

Zehn Minuten später wurde Sam als Erste von den drei Mädels aufgerufen. Leider bekam man von dem Ritt nicht sehr viel zu sehen, da die Geländestrecke in den Wald führte und die Bäume einem die Sicht versperrten.

Gleich nach Sam war Anja dran, die mit Robin allerdings auch nicht gerade das schnellste Pferd unter dem Sattel hatte. Aber dafür war der kleine Schimmel ein sehr sicheres Geländepferd.

Jessy ging als eine der letzten Teilnehmerinnen an den Start. Gleich nachdem sie über die Startlinie waren, ging Jessy in den leichten Sitz und ließ ihre Stute das Tempo bestimmen. Eigentlich hatte sie kaum etwas zu tun. Ihr Pferd machte im Prinzip alles von selbst. Mon Chérie suchte sich die Distanz zum Sprung ganz von allein. Jessy musste nur ein gleichmäßiges Tempo halten.

Als sie das letzte Hindernis genommen hatten und fünfzig Meter später die Ziellinie überquerten, parierte Jessy die Stute zurück zum Schritt. Sie ließ das Pferd entspannt zum Abreitplatz marschieren.

Dort warteten ihre Mädels auf sie.

»Ihr zwei seht ja sehr erschöpft aus«, meinte Sam mit hochgezogener Augenbraue.

»Wir wollten es eben ein wenig entspannter angehen«, erwiderte Jessy und streichelte ihrem Pferd lobend den Hals.

»Weißt du, wenn du nur halbherzig reitest, macht es gar keinen Spaß, gegen dich zu gewinnen«, meinte Sam etwas vorwurfsvoll.

»Tut mir leid. Ich spar mir meine Energie im Moment lieber fürs M-Springen.«

»Naja gut. Verständlich. Würde ich an deiner Stelle wahrscheinlich genauso machen«, räumte Sammy ein.

Anja verzog das Gesicht und fragte vorsichtig: »Was machst du eigentlich, wenn du nicht gewinnst?«

Jessy schaute sie todernst an und antwortete: »Dann musst du mich erschießen.«

»Erschieß lieber Tay, dann haben wir wenigstens alle was davon.« Auf diesen Kommentar von Sammy prusteten alle drei los vor Lachen.

Als die Siegerehrung vorbei war, brachten Jessy, Sam und Anja ihre Pferde wieder zurück in den Stall.

Jessy und Anja waren irgendwo im Mittelfeld platziert gewesen, freuten sich aber trotzdem über ihre Schleifen. Auch Sam war bestens gelaunt. Sie hatte die Geländeprüfung schließlich gewonnen. Nur Smaragd war mit dem flatternden Schleifchen an seiner Trense nicht ganz so glücklich.

Nervös tänzelte der Rappe hin und her und versuchte das lästige Ding abzuschütteln.

»Na schau sich das einer an. Das erste Mal was gewonnen und dann ist es ihm auch wieder nicht recht. Typisch Mann«, rief Sam lachend, als sie den überdrehten Wallach in den Stall führte.

Anja und Jessy folgten ihr kichernd. Doch kaum, dass sie durch die Stalltür waren, verflog ihre gute Laune, denn Tay, Pascal und Jürgen waren ebenfalls vor Ort.

»Na was Männer betrifft, kennt ihr drei Emanzen euch ja bestens aus«, sagte Tay mit seinem typischen Grinsen. Sein sarkastischer Ton missfiel den Mädels ebenfalls.

»Schwierig. Bei uns laufen ja keine rum«, konterte Jessy.

Sam und Anja lachten gehässig und warfen Tay spöttische Blicke zu. Doch damit ließ sich sein Ego nicht im Geringsten erschüttern.

Entspannt kam er auf Jessy zu und sagte amüsiert: »Ich überzeug dich gern vom Gegenteil, mein Kätzchen.«

Jessy funkelte ihn wütend an und antwortete gereizt: »Nenn mich nicht ›Kätzchen‹!«

Tays Grinsen wurde breiter. Sein Blick fesselte den ihren. Plötzlich merkte Jessy, wie sie rot wurde. Ruckartig wandte sie sich ab und fummelte an Mon Chéris Sattelgurt herum. Sie war auf einmal total nervös.

Ihre unbeholfene Reaktion war Tay nicht entgangen. Er stellte sich hinter sie und fragte ruhig: »Soll ich dir helfen?«

Erschrocken fuhr Jessy herum. Sie schaute ihm direkt in die Augen. Ihr Herz schlug so laut, dass sie dachte, er würde es hören.

In diesem Moment kamen ihr glücklicherweise Sam und Anja zu Hilfe. »Tay, lass Jessy in Ruhe! Du gehst ihr auf die Nerven!« Sofort waren die beiden an Jessys Seite und schauten Tay drohend an.

»Schon gut. Regt euch ab. Ich wollte nur freundlich sein«, meinte Tay beschwichtigend und ging hinüber zur Box seines Pferdes.

Jessy hatte sich bereits wieder im Griff und warf Sam und Anja einen dankbaren Blick zu. Die Mädels halfen ihr Mon Chéri abzusatteln. Dann brachten sie die braune Stute wieder in den Zuchtstall hinüber.

Auf dem Weg zurück zum Privatstall sagte Jessy: »Geht ihr doch schon mal vor. Ich komme später nach.« Als die zwei sie fragend anschauten, fügte sie hinzu: »Ich will noch kurz mit meinem Vater reden. Vielleicht hat er ein paar Tipps für mich und Saphir.«

»Ach so. Ja, das ist bestimmt keine schlechte Idee«, meinte Anja.

Damit trennten sich ihre Wege. Eigentlich war das nur eine Ausrede von Jessy gewesen, um nicht zurück in den Stall gehen zu müssen. Tay hatte sie vorhin so durcheinander gebracht, dass ihr immer noch ein wenig komisch zumute war. Sie musste erst wieder einen klaren Kopf bekommen.

In Gedanken versunken, stapfte sie über den Hof. Als sie unaufmerksam um die Ecke des Zuchtstalles ging, prallte sie natürlich mit jemandem zusammen. Der Zusammenstoß war so heftig, dass Jessy rückwärts auf ihren Hintern fiel und erst einmal benommen sitzen blieb.

»Oh, entschuldige bitte. Das war meine Schuld«, hörte sie eine Stimme sagen.

Als sie aufblickte, stand ein junger Mann vor ihr. Er hatte dunkle Haare und graublaue Augen. So einzigartige Augen hatte Jessy noch nie gesehen. Er streckte ihr die Hand hin, um ihr hoch zu helfen.

»Sorry, ich hab nicht aufgepasst. Ich hoffe, du hast dir nicht weh getan?«, erkundigte er sich.

»Alles gut. Ich hätte ja auch besser aufpassen können«, erwiderte Jessy abwinkend. Er war ziemlich gutaussehend.

»Dann bin ich beruhigt«, sagte er lächelnd.

Jessy lächelte ebenfalls und entgegnete: »Du bist ein Teilnehmer?« Erst jetzt war ihr aufgefallen, dass er eine Reithose und Stiefel trug.

»Ja. Sieht man das?«, erwiderte er lachend.

Jessy grinste ebenfalls. Er war ihr sympathisch.

»Ich heiße Alex«, meinte er lächelnd.

»Jessy.«

»Jessy? Du bist aber nicht … «

Er zögerte und Jessy vervollständigte, ein wenig peinlich berührt: » … die Tochter des Veranstalters. Doch die bin ich.«

»Wow. Dann sollte ich mich wohl besser geehrt fühlen.«

»Auf jeden Fall«, erwiderte Jessy lachend.

»Na dann. Ich bin sicher, wir sehen uns noch«, verabschiedete er sich und verschwand mit einem Gruß in Richtung der Hängerstellplätze.

Jessy schaute ihm noch kurz hinterher, ehe sie sich auf den Weg zum Abreitplatz machte, um ihren Vater zu suchen.

Doch statt ihres Vaters lief ihr, zu Jessys tiefem Bedauern, natürlich Tay über den Weg. »Ich hab heute aber ein Glück. Du läufst mir doch nicht etwa nach?«, rief er gut gelaunt, als Jessy schon wortlos an ihm vorbeigehen wollte.

»Ich hab jetzt keine Zeit für dich«, erwiderte sie kühl und versuchte so desinteressiert, wie möglich zu wirken.

»Dabei wollte ich unbedingt mit dir reden«, antwortete er nun etwas ernster.

»Ich wüsste nicht, was wir beide zu bereden hätten«, entgegnete Jessy gereizt.

»Betrifft unsere kleine Abmachung. Dürfte dich also interessieren«, meinte er mit einem vielsagenden Blick.

Jessy schaute ihn skeptisch an. »Aber nur unter vier Augen«, fügte Tay hinzu.

Jetzt wurde ihr Blick noch skeptischer.

»Was? Traust du dich, ohne deine Wachhunde, nicht in meine Nähe?«, meinte er spöttisch.

Jessy schnaubte und sagte schließlich genervt: »Von mir aus. Aber nur, wenn du endlich aufhörst, mich 'Kätzchen' zu nennen!«

Tay grinste und deutete mit dem Kopf in Richtung der Ställe. »Ich muss noch kurz zur Meldestelle. Dann treffen wir uns gleich drüben im großen Stallgebäude.« Mit diesen Worten drehte er sich um und ließ Jessy auf dem Abreitplatz zurück.

KAPITEL 5

DA DIE SUCHE NACH IHREM VATER NICHT BESONDERS ERFOLGREICH VERLAUFEN WAR, BEWEGTE JESSY SICH ANSCHLIESSEND IN RICHTUNG STALL. Sie hatte irgendwie ein seltsames Gefühl in der Magengrube, als sie die Tür zum Stallgebäude öffnete.

Sie schaute sich um. Es war niemand da. Ein wenig unschlüssig ging sie zwischen den Boxen umher. Sie hatte keine Ahnung, was Tay nun schon wieder in den Sinn gekommen war. Sie wusste nur, dass sie davon vermutlich nicht sehr begeistert sein würde.

Im nächsten Moment wurde die Stalltür geöffnet und Tay kam herein. »Überpünktlich. Hast du mich denn so sehr vermisst?«, fragte er amüsiert.

»Bild dir bloß nichts ein. Ich will das Ganze nur schnell hinter mich bringen«, erklärte Jessy trocken.

»Na umso besser. Dann kommen wir gleich zur Sache.«

Irgendwie gefiel Jessy seine Formulierung nicht und sie ging intuitiv einen Schritt rückwärts, als er auf sie zukam.

»Immer noch so distanziert? Ich mach dich doch nicht etwa nervös?«, fragte er grinsend.

Jessy wollte widersprechen, aber sein durchdringender Blick machte sie tatsächlich so unsicher, dass sie keinen Ton herausbrachte. Sie wich noch einen weiteren Schritt zurück und merkte plötzlich, dass sie bereits mit dem Rücken zur Wand stand.

Um zu verhindern, dass sie zur Seite entwischen konnte, stützte Tay seine Arme links und rechts neben Jessy an der Wand ab, sodass sie quasi gefangen war. »So. Und was jetzt?«, fragte er neugierig.

Jessy drückte sich gegen die Wand und versuchte ihre Gedanken zu ordnen.

Tay grinste und fragte sanft: »Hat es dir etwa die Sprache verschlagen?«

Jessy schluckte. Ihre Kehle fühlte sich auf einmal trocken an. »Sag endlich, was du willst«, brachte sie mit Mühe heraus.

Tays Grinsen verschwand. Sein Gesicht wurde plötzlich ernst. »Vielleicht wäre es das Beste, wenn wir die Sache mit dem Wettkampf einfach sein lassen.«

Jessy schaute ihn überrascht an.

Bevor sie etwas darauf sagen konnte, fuhr er fort: »Dich scheint das Ganze zu stressen und eigentlich will ich dir keinen solchen Druck machen.«

Ehe sie darauf reagierte, betrachtete Jessy ihn prüfend. Woher kam dieser plötzliche Sinneswandel? Ihre Augen verengten sich zu Schlitzen. »Was willst du als Gegenleistung dafür, dass du den Wettkampf sausen lässt?«, fragte sie misstrauisch.

»Du denkst, ich erwarte eine Gegenleistung?«

Seine Verwunderung nahm Jessy ihm nicht ab. Sie antwortete mit gerunzelter Stirn: »Als würdest du irgendwas für jemand anderen als dich selber tun.«

Tay grinste und entgegnete: »Es enttäuscht mich fast ein wenig, dass du so schlecht von mir denkst. Aber ich hätte tatsächlich einen Vorschlag, der die Sache wesentlich einfacher machen würde.«

Jessy verschränkte die Arme und warf ihm einen wohl wissenden Blick zu, als sie fragte: »Welcher da wäre?«

»Küss mich sofort und der Wettkampf ist Geschichte.«

Mit einem kräftigen Schubs beförderte Jessy Tay von sich weg. Ihr Blick glich dem einer wütenden Kobra, als sie aufgebrachte fauchte: »Lieber beiß ich mir die Zunge ab, als dich freiwillig zu küssen!« Damit drehte sie sich um und flüchtete aus dem Stall.

Sie fand einen Zufluchtsort beim Zuchtstall. Dort war im Moment glücklicherweise niemand.

Etwas außer Atem ließ Jessy sich auf eines der Heubündel sinken. Ihre Gedanken fuhren Karussell. Sie war wütend und irgendwie enttäuscht. Wie hatte sie auch nur für eine Sekunde glauben können, dass Tay vielleicht doch irgendeinen positiven Charakterzug besaß? Eigentlich war sie mehr auf sich selbst wütend. Sie hätte es einfach besser wissen müssen.

Jessy wollte gerade wieder aufstehen, als sie Stimmen vor der Stalltür hörte. Fluchtartig sprang sie auf die Beine, während sich die Tür öffnete. Glücklicherweise war es ihr Vater. Er war allerdings in Begleitung.

»Das hier ist der Zuchtstall. Die Stuten hatten dieses Jahr eine Fohlenpause, also ist es im Moment ziemlich ruhig hier … Oh, Jessy«, sagte ihr Vater überrascht. »Ich hab dich schon gesucht. Ist Mon Chéri gut gelaufen?«, fragte er neugierig.

»Wie immer traumhaft, Paps«, antwortete Jessy.

»Sehr schön. Ich habe auch nichts anderes erwartet. Gut, dass du da bist. Ich würde dir gerne jemanden vorstellen.«

Erst jetzt erkannte Jessy den jungen Mann neben ihrem Vater. Es war Alex, mit dem sie vorhin zusammengestoßen war.

Er hob lächelnd den Kopf zum Gruß.

Jessy lächelte zurück und sagte: »Ich glaube, wir hatten bereits das Vergnügen.«

»Ihr kennt euch schon?«, fragte ihr Dad verwundert.

»Kann man so sagen. Unser Aufeinandertreffen war quasi kaum zu verhindern«, entgegnete Alex lachend.

»Na wunderbar«, meinte Jessys Vater erfreut. »Wenn das so ist, dann könnte Jessy dich ja weiter herumführen. Ich hab leider noch Einiges zu tun. Wärst du so lieb, Jessy?«

»Kein Problem, Paps«, erwiderte sie und warf Alex einen neugierigen Blick zu. Es war ungewöhnlich, dass ein Teilnehmer von ihrem Vater eine Extra-Führung durch das Gestüt bekam.

»Danke sehr, Schätzchen. Ich sehe dich später in der Prüfung«, verabschiedete sich ihr Vater und verschwand durch die Stalltür.

Jessy beäugte Alex noch immer prüfend.

»Hab ich was im Gesicht?«, fragte er etwas verwirrt.

»Ich versuche nur rauszufinden, was an dir so besonders ist, dass dir mein Vater persönlich das Gestüt zeigt. Eigentlich ist er für sowas immer viel zu beschäftigt.«

Alex lächelte und antwortete: »Ach so, das meinst du. Ist eigentlich ganz einfach. Dein Dad kennt meine Eltern. Ich bin gerade auf der Suche nach einem Platz für meine Pferde, weil ich zum neuen Schuljahr hier aufs Gymnasium gehe.«

»Ach wirklich? Das Musik-Gymnasium? Da geh ich auch hin«, entfuhr es Jessy. »Weißt du schon in welche Klasse du kommst?«

»Ja, in die Zwölf C,« antwortete Alex.

»Na, viel Spaß. Da hast du ja gleich den Jackpot gezogen«, entgegnete Jessy und schnitt eine Grimasse.

»Wieso das?«, fragte Alex lachend.

»Zwei aus der Stallmannschaft gehen in dieselbe Klasse.«

Als Alex sie daraufhin unsicher anschaute, fügte sie hinzu: »Frag lieber nicht. Du lernst sie noch früh genug kennen.«

»Alles klar. Jetzt hab ich ein bisschen Angst«, meinte er grinsend.

Jessy warf ihm einen unheilvollen Blick zu. Beide begannen zu lachen.

Anschließend führte Jessy Alex durch den Zuchtstall hinüber ins große Stallgebäude. Sie zeigte ihm die Reithalle, das Gutshaus und schließlich den Privatstall. Sie lachten viel und redeten über alles mögliche. Jessy verstand sich mit Alex wirklich gut.

»Und hier drin sind die Boxen für deine beiden Pferde«, erklärte Jessy, als sie durch die Stalltür gingen.

»Wow, die Boxen sind echt groß. Und deine Pferde sind auch hier drin?«, fragte Alex neugierig.

»Ja genau. Die zwei stehen gleich gegenüber.« Als Jessy sich den Boxen näherte, erschien sofort Saphirs Kopf im Boxenfenster.

Alex folgte Jessy und betrachtete den Schimmelhengst eingehend. »Wahnsinn. Ein ausnahmslos schöner Hengst. Scheint sehr viel Vollblut drin zu haben.«

»Gut geraten, Herr Professor«, gab Jessy lachend zurück.

»Was heißt hier geraten? Das ist alles über Jahre erworbenes Wissen«, erwiderte Alex grinsend. »Und der Fuchs hier ist dein Wildfang?«

»Ja. Das ist Monsi. Der Hengst heißt übrigens ›Saphir‹«, erklärte Jessy.

Vorsichtig kraulte Alex dem Schimmel die Stirn.

»Die Stelle hat er besonders gern«, sagte Jessy.

Alex schaute sie daraufhin wohl wissend an und erwiderte grinsend: »Siehst du. Jahrelange Erfahrung.«

Jessy warf ihm einen feixenden Blick zu. »Aber natürlich, Herr Professor.«

»Na toll. Ich glaube, ich hab mir gerade einen neuen Spitznamen gemacht.«

»Ja, hast du. Selbst schuld«, sagte Jessy grinsend.

In dem Moment wurde die Tür geöffnet und Tay kam zusammen mit Pascal in den Stall geschlendert.

Sofort fing er sich von Jessy einen scharfen Blick ein.

Er grinste sie frech an und kam ungeniert auf sie zu. »Na Kätzchen, hast du denn über meinen Vorschlag nachgedacht?«

»Wovon träumst du eigentlich nachts?«, meinte Jessy kopfschüttelnd.

Daraufhin kam er ihr noch etwas näher und sagte leise: »Das kann ich dir gerne bei unserem nächsten Vier-Augen-Gespräch mal zeigen.«

Jessy entgegnete mit finsterem Gesicht: »Kannst du nicht irgendwen anders belästigen?«

»Das ist weniger eine Frage des Könnens, sondern des Wollens«, gab er augenzwinkernd zurück.

Jessy verdrehte entnervt die Augen.

Tay grinste nur, als er sich abwandte und sagte: »Viel Glück fürs M nachher. Du wirst es brauchen.«

Kaum dass die beiden aus dem Stall verschwunden waren, warf Alex Jessy einen stirnrunzelnden Blick zu. »Kätzchen?«

Jessy seufzte und erklärte: »Lange Geschichte.«

»Ich hab Zeit«, antwortete Alex mit einem aufmunternden Lächeln.

Jessy überlegte kurz und entschied dann, ihm die Sache mit dem Wettkampf zu erzählen.

Als sie mit ihrer Erzählung fertig war, schwieg Alex einen Moment. Dann sagte er: »Also, nur noch mal zum Verständnis. Die Situation sieht so aus – wenn Tay das Springen gewinnt, musst du ihn küssen, richtig?«

Jessy nickte.

Alex fuhr fort: »Alles klar. Laut Abmachung, muss er das Springen aber gewinnen, um den Kuss zu bekommen. Das heißt, wenn jemand anderes gewinnt, ist die Abmachung hinfällig.«

»Das schon. Aber hier am Hof gibt es nun mal keinen, der Tay schlagen könnte. Von den auswärtigen Reitern glaube ich kaum, dass jemand mit so viel Talent dabei ist. Die kommen ja alle hier aus der Gegend und die besten Reiter sind eben bei uns am Hof«, erwiderte Jessy wenig hoffnungsvoll.

»Hm. Das könnte natürlich ein Problem sein. Aber du und Saphir seid doch gut. Warum bist du der Meinung, dass du ihn nicht schlagen kannst?«

»Ich weiß auch nicht. Saphirs Form ist nicht immer gleich. Außerdem hat er noch sehr wenig Turniererfahrung. Die vielen Leute könnten ihn nervös machen oder der Lärm lenkt ihn ab. Es gibt so vieles, was schief gehen könnte«, sagte Jessy niedergeschlagen.

»Nun mal nicht gleich den Teufel an die Wand. Vertrau dir und deinem Pferd. Ich bin sicher, Saphir wird dich nicht enttäuschen.«

Jessy lächelte. Seine Worte machten ihr wieder Mut. »Weißt du was? Genau so ist es«, sagte sie entschlossen. »Saphir hat mich noch nie hängen lassen. Und Tay wird noch sein blaues Wunder erleben.«

»Das ist die richtige Einstellung«, rief Alex lächelnd.

Kapitel 6

Trotz Alex' aufmunternder Worte war Jessy sehr nervös, als sie ihren Hengst aus dem Stall führte. Sam und Anja waren, kurz nachdem Alex gegangen war, im Stall aufgetaucht. Sie hatten ihr geholfen, Saphir fertig zu machen. Jetzt versuchten sie, Jessy zu beruhigen und ihr Selbstbewusstsein etwas aufzubauen. Aber so ganz wollte das nicht klappen.

Auf dem Abreitplatz angekommen, übergab Jessy ihr Pferd an Anja, um sich noch einmal in Ruhe den Parcours anzuschauen. Beim Springen in der leichten Klasse mit Monsi hatte sie das Abgehen des Parcours ausfallen lassen, da sie die Aufstellung und den Abstand zwischen den Hindernissen bereits gekannt hatte. Doch bei der Planung des M-Parcours war sie nicht dabei gewesen. Daraus hatte ihr Dad ein Mordsgeheimnis gemacht.

Auf dem Weg zum Springplatz achtete sie darauf, bloß nicht Tay über den Weg zu laufen. Ausnahmsweise war ihr das Glück diesmal hold.

Zu ihrer Freude traf sie dann zufällig auf Alex.

»Hey. Alles klar bei dir?«, rief er erfreut, als er sie sah.

»So einigermaßen«, antwortete Jessy mit einem halbherzigen Lächeln.

»Gehst du den Parcours ab?«, fragte Alex.

»Ja. Ich bin schon gespannt, was sich mein Vater dieses Jahr hat einfallen lassen.«

»Was dagegen, wenn ich dich begleite?«

»Kein bisschen. Wär mir sogar ganz recht, wenn du mitgehst. Dann hält sich Tay vielleicht von mir fern.«

»Ganz ehrlich ... Ich glaub nicht, dass der sich von mir davon abhalten lässt. Zumindest nach dem ersten Eindruck, den ich von ihm habe«, meinte Alex etwas zweifelnd.

»Hast wahrscheinlich recht. Aber einen Versuch ist es wert.«

»Alles klar. Dann los.«

Damit begaben sich die beiden zum Turnierplatz. Sie gingen die einzelnen Hindernisse des Parcours durch.

Ihr Vater hatte bei der Aufstellung wirklich alle Register gezogen. Die Kombinationen waren sehr schwer zu reiten. Man durfte sich nicht die geringste Unachtsamkeit erlauben. Bei jedem Sprung war eine kleine Schwierigkeit eingebaut. Nach dem Wassergraben beispielsweise kam direkt ein hoher Steilsprung – man musste also erst viel Schwung nehmen, dann aber sofort das Tempo herausnehmen. In der dreifachen Kombination war es ähnlich, da zwischen zwei Steilsprüngen ein breiter Oxer platziert war. Die zweifache Kombination war sehr eng gestellt, mit einem überbauten schmalen Wassergraben. Natürlich war auch die Mauer wieder vertreten. Ganz zum Schluss kam ein sehr leicht gebautes Gatter, das von den Pferden oft unterschätzt wurde und grundsätzlich eine hohe Fehlerquelle darstellte. Im Großen und Ganzen ein Monsterparcours in Jessys Augen.

Sie fühlte sich richtig unwohl, als sie zusammen mit Alex zurück auf den Abreitplatz ging.

»Jetzt mach nicht so ein Gesicht. Ich weiß, dass der Parcours schwer ist, aber ihr zwei kriegt das schon hin.«

»Danke. Ich werde auf jeden Fall mein Bestes geben«, antwortete Jessy. Sie versuchte dabei, ein wenig selbstbewusster zu klingen.

»Und Saphir mit Sicherheit auch. Ich drück euch die Daumen«, sagte Alex und verschwand in die entgegengesetzte Richtung.

Jessy marschierte mit etwas gemischten Gefühlen zu Anja und Sam zurück. Sie schilderte den Mädels in wenigen Worten die Lage.

»Ist der Parcours echt so schwer?«

»Schwerer als alles, was wir bisher geritten sind«, meinte Jessy und streichelte Saphir den Hals.

»Puh. Dann hoffen wir mal, dass Tay und Legolas auch ihre liebe Not damit haben werden«, sagte Sam.

»Dein Wort in Gottes Ohr«, erwiderte Jessy, ehe sie sich auf den Rücken ihres Hengstes schwang. Nun stellte sich heraus, ob sie eine Chance hatten oder nicht.

Etwa eine Viertelstunde wärmte Jessy ihren Hengst am langen Zügel auf. Es war wichtig, dass Saphir schön locker wurde. Deshalb ließ sie sich viel Zeit damit, ihn warm zu reiten. Sie baute sehr viele Biegungen und Zirkel ein. Anschließend galoppierte sie ihn einmal kurz rechter und einmal linker Hand an.

Langsam bekam Jessy etwas mehr Sicherheit. Saphir lief entspannt und machte einen motivierten Eindruck. Dann machte sie einen kleinen Probesprung. Ohne Mühe nahm ihr Schimmel das kleine Kreuz. Auch als Anja einen Steilsprung daraus machte und das Hindernis erhöhte, sprang Saphir spielend darüber hinweg.

»Sieht doch ganz gut aus, oder?«, rief Anja. Es war mehr eine Feststellung als eine Frage.

Jessy parierte den Hengst zum Schritt und ritt zu den Mädels hinüber.

»Ich denke, wir haben einen guten Tag erwischt«, meinte sie lächelnd. Sie strich ihrem Pferd lobend über den Hals.

Einen Augenblick später kam plötzlich ein großer heller Fuchs neben ihrem Pferd zum Stehen. Auf dem Rücken des Pferdes saß Tay, der Saphir mit einem neugierigen Blick musterte.

»Ich nehme an, du hast dir den Parcours schon angeschaut«, mutmaßte Tay gut gelaunt.

Jessy warf ihm einen stechenden Blick zu und erwiderte: »Ich geb dir drei Sekunden, um zu verschwinden. Ich kann dich gerade überhaupt nicht brauchen.«

Bevor Tay etwas darauf erwidern konnte, rief Pascal zu ihm herüber: »Hey Tay, du wirst gleich aufgerufen. Mach dich lieber schon mal bereit!«

»Bis gleich, Kätzchen. Ich hab ein Springen zu gewinnen«, sagte er mit provokanter Miene. Dann wendete er sein Pferd und ritt zum Parcourseingang hinüber.

Jessy schaute ihm wütend hinterher. Sie kam aber nicht umhin, Saphir an den Rand des Abreitplatzes zu lenken, sodass sie das Geschehen auf dem Turnierplatz gut im Blick hatte.

Ihr Herz hämmerte wie ein Presslufthammer, als Tay seine Runde begann. Nach den ersten paar Sprüngen konnte sie schon nicht mehr hinsehen.

Legolas nahm jedes Hindernis mit Leichtigkeit. Man sah wirklich, dass der Wallach mehr als genug Erfahrung mit solch schweren Springprüfungen hatte. Nichts brachte den Fuchs aus dem Konzept. Leider musste Jessy einräumen, dass auch Tay seine Sache sehr gut machte. Er und Legolas waren wirklich gut eingespielt. Bis zum letzten Sprung betete Jessy, dass doch wenigstens eine Stange fiel. Doch schon als Tay das Gatter ansteuerte, wusste Jessy, dass es eine fehlerfreie Runde werden würde.

Frustriert und demotiviert wendete sie Saphir ab. Sie ließ ihn am langen Zügel Schritt gehen.

Ihr Hengst bemerkte die schlechte Stimmung seiner Reiterin. Nach einiger Zeit ruckte er ein paar Mal mit dem Kopf, um ihr zu zeigen, dass ihn das Schrittgehen langweilte. Saphir war ein Pferd, das gefordert werden wollte und gerne arbeitete. Er gab immer sein Bestes. Manchmal war er nur ein bisschen übereifrig.

Entschlossen nahm Jessy die Zügel auf. Sie wollte sich nicht kampflos geschlagen geben. Der Wettkampf war erst vorbei, wenn der letzte Reiter durchs Ziel geritten war. Sie ließ Saphir angaloppieren und nahm noch einmal den Probesprung, der nun schon gut einen Meter fünfzehn hoch war. Sie merkte in der Schwebephase, dass zwischen ihrem Pferd und dem Sprung noch jede Menge Platz war. Sie hatten eine Chance. Und Jessy war fest entschlossen alles zu geben. Genauso wie Saphir alles geben würde. Das wusste sie.

Ein Teilnehmer nach dem anderen verließ den Parcours. Es war, außer Tay, bis jetzt noch niemandem gelungen, fehlerfrei über alle Hindernisse zu kommen. Am anfälligsten waren die Kombinationen und das Schlussgatter. Es war zum Verzweifeln.

Sam und Anja beobachteten die einzelnen Durchläufe genau, um Jessy Bericht zu erstatten, wo sie besonders aufpassen musste.

Tay unterdessen ließ seinen Fuchs entspannt am langen Zügel über den Abreitplatz marschieren und beäugte Jessy immer wieder neugierig. Inzwischen war es auch schon ziemlich warm geworden. Es war auch bereits Nachmittag und die Sonne brannte erbarmungslos auf Reiter und Pferde herunter.

Die Zeit, bis sie endlich dran war, kam Jessy wie eine Ewigkeit vor. Endlich wurde ihre Startnummer aufgerufen. Sie nahm ihre Zügel in die Hand und lenkte Saphir zum Eingang des Parcours.

Natürlich bekam sie, als Tochter des Veranstalters, gleich beim Einritt donnernden Beifall. Jessy hoffte inständig, dass Saphir von dem Lärm nicht nervös wurde. Sie streichelte ihm beruhigend den Hals. Der Hengst drehte seine Ohren in alle erdenklichen Richtungen und blähte aufgeregt die Nüstern. Es war zwar nicht Saphirs erstes Turnier, aber an so viele Leute war er nicht gewöhnt. Also ging Jessy die Sache sehr langsam an.

Die Richter hatten zum Glück viel Geduld mit ihr. Saphir durfte sich in Ruhe den Wassergraben anschauen. Auch an das Gatter ritt Jessy kurz heran, damit ihn das seltsame Aussehen des Hindernisses nicht verwirrte. Als sie der Meinung war, dass ihr Pferd jetzt bereit war, galoppierte sie an.

Der Schimmel sprang sofort in den richtigen Galopp und legte ein gutes Tempo vor, sodass Jessy ihn anfangs zurückhalten musste.

Als die Glocke ertönte, zum Zeichen, dass sie beginnen konnte, war Saphir nicht mehr zu halten.

Bevor Jessy auch nur ansatzweise eine Distanz zum ersten Sprung sah, preschte er mit einem so gewaltigen Satz los, dass sie beinahe den Halt verloren hätte. Noch bevor sie wieder richtig im Sattel saß, baute sich schon der erste Sprung in furchtbarer Größe vor ihr auf.

Jessy hatte keine Wahl. Ihr Sitz war schief und sie hatte nur noch einen Steigbügel. Also kniff sie die Augen zusammen und wartete schon auf das Geräusch einer fallenden Stange. Als sie die Augen allerdings wieder öffnete, waren sie bereits über das Hindernis hinweg und steuerten schon das Nächste an.

Diesmal war Jessy jedoch vorbereitet. Sie hatte beide Beine wieder am Pferd. Der Schimmel, durch den Antrieb seiner Reiterin ermutigt, schlug freudig mit dem Schweif und flog über den Oxer. Saphir hatte heute wirklich einen seiner besten Tage. Trotz des Drucks, der auf ihr lastete, genoss Jessy den Ritt. Als Nächstes kam die zweifache Kombination, die Saphir spielend nahm. Er hatte keinerlei Angst oder Respekt vor den Hindernissen. Nur in der dreifachen Kombination, als sie auf den überbauten Wassergraben zukamen, spannte der Hengst sich ein wenig an. So ein Hindernis kannte er nicht.

Jessy hatte schon Angst, er würde nur auf das Wasser schauen und das Hindernis darüber übersehen. Doch auf ihren Hengst war Verlass. Mit einem lauten, entschlossenen Schnauben sprang er mit locker zwanzig Zentimeter Spielraum über die weißen Stangen hinweg. Auch bei der Mauer ging Saphir auf Nummer sicher. Er ließ mehr als genug Abstand zwischen seinen Hufen und den hölzernen Mauerziegeln.

Dabei musste Jessy grinsen. Scheinbar hatte Monsi Saphir vorhin noch einen kleinen Tipp bezüglich der Mauer gegeben. Sie hatten den Parcours fast geschafft. Noch ein Steilsprung und dann das Gatter.

Jessy nahm das Tempo etwas zurück. Sie wollte kein Risiko eingehen. Der blaugelbe Steilsprung war kein Problem. Einige Meter vor dem Gatter schnalzte Jessy leise mit der Zunge, um Saphir gut auf den Sprung aufmerksam zu machen.

Ihr Hengst verstand sofort und machte einen mächtigen Satz über das Gatter. Als sie dann über den Sprung hinweg waren, brach im selben Moment ein lautstarkes Beifallskonzert über die beiden herein. Aus lauter Begeisterung legte Saphir einen Bocksprung ein, der Jessy beinahe aus dem Sattel katapultierte.

Beim Hinausreiten aus dem Parcours hing Jessy nur noch auf Halbmast am Hals des Schimmels. Sie war nicht einmal dazu gekommen, einen Blick auf die Anzeigetafel zu werfen.

Kaum dass sie und Saphir draußen waren, kam ihnen Jessys Vater entgegen.

»Super geritten, Schätzchen«, meinte er anerkennend.

»Ich hatte auch das beste Pferd«, erwiderte Jessy freudestrahlend.

»Nun ja, nicht ganz«, hörte sie eine Stimme hinter sich sagen. Tay ritt mit Legolas an ihre Seite und sein breites Grinsen verriet nichts Gutes. »Du warst wirklich gut. Aber bei aller Vorsicht, keinen Fehler zu machen, hast du deine Zeit ein wenig vernachlässigt. Du hättest ihn beim vorletzten Sprung nicht zurücknehmen sollen, dann hättet ihr uns vielleicht noch geschlagen«, entgegnete er mit einem selbstsicheren Lächeln.

»Tja, da muss ich Tay, was den reinen Wettkampfgedanken betrifft, recht geben. Aber es war richtig, dass du Saphir eingebremst hast. Es ist nicht gut, ein junges Pferd zu verheizen, indem man es durch einen M-Parcours jagt. Ich bin sehr stolz auf dich. Du bist wundervoll geritten«, sagte ihr Vater zufrieden.

Jessy biss die Zähne zusammen, als sie ihrem Vater lächelnd zunickte. Sie war froh, als er sich anschließend irgendwelchen anderen Leuten zuwandte, damit er ihre Enttäuschung nicht bemerkte. Jessy trieb Saphir vorwärts, um schnell von Tay wegzukommen. Doch er war ihr natürlich dicht auf den Fersen.

Zum Glück waren Sam und Anja sofort zur Stelle.

»Tay lass sie jetzt bloß in Ruhe oder ich schwör dir, ich schmeiß dich wortwörtlich von deinem hohen Ross«, warnte Sam ihn lautstark, als Jessy Saphir neben ihnen zum Stehen brachte.

»Ihr zwei seid wirklich schlimmer als Wachhunde. Auch gut. Dann hol ich mir meinen Preis eben später ab«, rief er schadenfroh.

»Das Springen ist noch nicht vorbei«, schrie Anja ihm hinterher. Doch daraufhin hörten sie nur noch ein spöttisches Lachen.

Sam und Anja schauten sich zerknirscht an.

Jessy stand niedergeschlagen bei Saphir und murmelte: »Du warst spitze, mein Kleiner. Es war meine Schuld, dass wir Tay nicht geschlagen haben.« Sie streichelte ihm sanft über die Stirn und gab ihm ein Leckerli. Sie wollte nicht, dass Saphir dachte, er hätte etwas falsch gemacht.

Mit viel Lob und Streicheleinheiten führte sie ihren Hengst auf dem Abreitplatz trocken. Doch so sehr sie sich auch bemühte, sie konnte ihre Enttäuschung nicht verbergen. Am liebsten hätte sie geheult.

Aufmunternd stupste Saphir sie an. Er hatte die niedergedrückte Stimmung natürlich bemerkt und versuchte wohl Jessy aufzumuntern.

Mit einem kleinen Lächeln strich sie ihm über den Mähnenschopf, als die nächste Durchsage plötzlich Jessys Aufmerksamkeit auf sich zog.

Kapitel 7

»Als letzter Teilnehmer des M-Springens bitte die Kopfnummer achtundvierzig, Alexander Schütz mit Wikinger in den Parcours!«, tönte es aus dem Lautsprecher.

Jessy stutzte. Das war doch nicht etwa?

Sofort zerrte sie Saphir hinüber zum Turnierplatz. Sie konnte ihren Augen kaum trauen, als sie Alex auf einem kräftigen, weißgestiefelten Fuchshengst in den Parcours reiten sah. Das Pferd sah aus wie gemalt . Alle vier Beine waren gleich hoch weiß. Den Kopf des Dunkelfuchses zierte eine breite Blesse, die zu einem Milchmaul auslief. Dadurch sah der Hengst aus, als hätte er seine Nase in weiße Farbe getaucht.

Ganz gelassen galoppierte Alex sein Pferd an und nahm den ersten Sprung ins Visier. Die Kommunikation zwischen Reiter und Pferd war so harmonisch, dass Jessy beinahe neidisch wurde. Es kam einem vor, als könne der Hengst die Gedanken von seinem Reiter lesen. Die Selbstverständlichkeit, mit der der Fuchs über die Hindernisse sprang, konnte nicht einmal Legolas überbieten. Alex' Hengst war trotz seiner kräftigen Statur viel schneller und wendiger als der große Fuchs von Tay.

Jessy biss sich auf die Unterlippe, als Alex auf das letzte Hindernis zuritt. Die Atmosphäre war zum Zerreißen gespannt, während der Fuchshengst absprang. Er streckte sich und flog geschmeidig über das Hindernis hinweg. Jessy jubelte, noch bevor das Pferd auf dem Boden aufgehuft hatte. Ein Blick auf die Anzeigetafel verriet, dass sie die Zeit von Tay klar unterboten hatten.

In diesem Moment wäre Jessy Alex am liebsten vor Freude um den Hals gefallen. Sie ließ Saphir einfach stehen und rannte zum Eingang des Platzes hinüber.

Alex sprang gerade aus dem Sattel, als sie ihn erreichte.

»Du bist echt der Wahnsinn!«, schrie sie überwältigt.

Er schaute sie ein wenig verlegen an und meinte: »Naja, ich wollte einfach nicht, dass du dich küssen lassen musst.«

Jessy lachte erleichtert und fragte: »Warum hast du mir nicht vorher gesagt, dass du auch mitreitest?«

»Du hast mich nicht gefragt«, antwortete er. Beide begannen zu lachen.

In dem Moment kam Jessy Tay in den Sinn. Sie fragte sich, ob er seine Niederlage wohl schon mitbekommen hatte. Diese Frage erübrigte sich, als Sam und Anja auf sie zugerannt kamen. Als sie Jessy zusammen mit Alex sahen, schauten sie zunächst etwas verwundert drein.

»Du kennst den Typ?«, fragte Sam ungläubig.

Jessy grinste und sagte: »Wenn ich vorstellen darf, das ist Alex. Alex, das sind meine Mädels. Sam und Anja.«

»Freut mich«, meinte Alex lächelnd.

»Und uns erst. Sag mal Jessy, wusstest du, dass er so gut ist?«, fragte Sammy immer noch aufgeregt.

»Ich wusste nicht mal, dass er als Teilnehmer in der Prüfung gemeldet war. Ich war selber total überrascht«, erklärte Jessy.

»Tja, da warst du wohl nicht die Einzige«, erwiderte Anja grinsend. »Du hättest mal Tays Gesicht sehen sollen. Er ist quasi aus allen Wolken gefallen, als er auf die Anzeigetafel geguckt hat.«

»Das hätte ich wirklich zu gern gesehen«, entgegnete Jessy schadenfroh. Erst jetzt fiel ihr ein, dass sie Saphir allein auf dem Abreitplatz stehen gelassen hatte. Sofort hetzte sie wortlos davon.

Die anderen folgten ihr, wenn auch etwas verwirrt. Glücklicherweise stand der Hengst noch genau da, wo Jessy ihn zurückgelassen hatte.

Er schaute sie erwartungsvoll an, als sie auf ihn zugelaufen kam.

»Braver Junge«, lobte Jessy ihn erleichtert und gab dem Schimmel gleich ein Leckerli zur Belohnung.

»Hast du ihn etwa allein hier stehen lassen?«, fragte Anja vorwurfsvoll und bewundernd zugleich.

Jessy nickte und streichelte Saphir den Hals. Neugierig hob der Hengst den Kopf, als Alex sich mit seinem Fuchs näherte.

»Oh je, zwei Hengste. Ob das gut geht«, meinte Sam zweifelnd.

»Keine Sorge. Wikinger ist sehr verträglich und Saphir auch, soweit ich gesehen habe«, erwiderte Alex beruhigend. Die beiden Pferde beschnupperten sich neugierig. Jessy hielt Saphir trotzdem vorsichtshalber am Zügel. Doch ihre Sorge war unbegründet. Die Situation blieb friedlich, auch wenn Wikinger einmal kurz die Ohren anlegte, um die Rangordnung klarzustellen. Da Saphir kein dominantes Pferd war und sich sogar von Jessys Wallach in die Schranken weisen ließ, ordnete er sich dem älteren Hengst bereitwillig unter. Somit war die Sache erledigt und beide Pferde entspannten sich.

»Wie cool«, sagte Sam.

»Wie ich gesagt habe. Kein Grund zur Sorge«, erwiderte Alex. Er warf Jessy dabei ein Lächeln zu.

Sie lächelte ebenfalls und streichelte liebevoll Saphirs Kopf.

Etwas später wurde schließlich die Siegerehrung ausgerufen. Die Teilnehmer fanden sich mit ihren Pferden auf dem Turnierplatz ein. Als die Schleifen anschließend verteilt wurden, konnte Jessy sich ein gehässiges Grinsen nicht verkneifen.

Tay hatte den Rückschlag offensichtlich noch nicht verkraftet. Das Pokerface, das er aufsetzte, ließ zwar nur Mutmaßungen zu, aber Jessy ging davon aus, dass er mehr als missgestimmt über seine Niederlage war.

Nach der Ehrenrunde ritt Jessy neben Alex aus dem Platz.

»Denkst du, dass er daraus etwas gelernt hat?«, fragte Alex nachdenklich.

»Schön wär's ja. Aber das bezweifle ich eher«, entgegnete Jessy stirnrunzelnd.

»Hmm. Vielleicht hat er auch nie gelernt, mit Rückschlägen umzugehen.«

»Dann hat ihm die Lektion auf jeden Fall nicht geschadet. Aber so, wie ich ihn kenne, wird er sich mit Sicherheit irgendwelche Ausreden zurechtlegen, um ja nicht zugeben zu müssen, dass er mal nicht der Beste war«, sagte Jessy.

»Gut möglich. Verleugnung ist immerhin die erste Phase des seelischen Schmerzes«, meinte Alex.

Jessy grinste und antwortete: »Bis zur Akzeptanz hat er noch ein bisschen was vor sich. Du würdest dich gut als Aushilfspsychologe machen.«

»Was heißt hier ›Aushilfspsychologe‹? Ich dachte, ich hätte meinen Professor schon?«, entgegnete Alex empört.

»Ja, in Pferdekunde. Wie gut du dich als Psychologe eignest, kann ich noch nicht beurteilen«, gab Jessy lachend zurück.

Alex grinste und antwortete: »Ich hab noch Termine frei, falls Bedarf besteht.«

Weiter ins Gespräch vertieft, brachten sie ihre Pferde in den Stall. Alex holte anschließend sein zweites Pferd, einen großen Schimmelwallach namens Cassini, aus dem Hänger und stellte ihn in die Box neben seinem Fuchs. Dann halfen Jessy, Sam und Anja Alex noch dabei, alle seine Sachen in einem der Schränke in der Sattelkammer unterzubringen.

Als es früher Abend wurde, legte sich allmählich der Rummel am Hof. Schließlich verabschiedeten sich auch die letzten Teilnehmer.

Die Hofgemeinschaft verbrachte noch einen gemütlichen Abend im großen Wohnzimmer des Gutshauses.

Es war sehr spät, als Jessy schließlich ins Bett ging. Sie lag noch lange wach und dachte über den Tag nach. Sie war sehr stolz auf die Leistung von Saphir. Auch, dass Alex jetzt zur Mannschaft gehörte, machte sie glücklich. Er würde mit Sicherheit ein toller Freund werden. Wenn sie so drüber nachdachte, vielleicht sogar ein wenig mehr.

Kapitel 8

Die Sonne schien. Der Staub wirbelte unter den galoppierenden Pferdehufen auf, und das Thermometer war auf fast sechsunddreißig Grad geklettert. Der ganze Tag war einfach perfekt.

Es war Sonntag. Sam, Anja und Jessy waren auf dem Weg zum Waldsee. Das war sozusagen ihr ganz privater »Top-Secret-Badeteich«. Es war der friedlichste und ruhigste Ort der Welt. Dort konnte man völlig ungestört ausspannen. Außerdem hatte man seine Ruhe vor diversen Störenfrieden. Der ganze Zirkus der vergangenen Woche hatte sie alle drei ganz schön geschlaucht. Deshalb waren sie gestern Abend auf die Idee gekommen, heute an den See zu reiten.

»Mensch, ist das schön«, rief Anja ausgelassen, als sie den Waldweg entlang galoppierten.

»Genau das hat mir die letzten paar Tage gefehlt!«

»Ja, mir auch!«, stimmte Sammy zu.

»Da vorne ist schon der Teich!«, rief Jessy, als sie an der Kreuzung abbogen.

Etwa fünfzig Meter vor ihnen erstreckte sich das türkisblaue Wasser. Der Teich war nicht besonders groß, doch dafür war das Wasser sehr klar und sauber. Gleich als sie ankamen, nahmen sie ihren Pferden die Sättel ab. Sie banden sie direkt am seichten Ufer an, damit sie sich ihre Fesseln im Wasser etwas abkühlen konnten.

Die Mädchen warfen ihre Reithosen und Stiefel unter einen der Bäume und stürzten sich ins Wasser. Sie hatten vorgesorgt und sich bereits Zuhause ihre Bikinis angezogen. Natürlich war sofort eine tosende Wasserschlacht im Gange. Über eine Viertelstunde tobten sie im Wasser, bis sie schließlich tropfnass und einigermaßen erschöpft zurück ans Ufer kamen.

Dort legten sie sich in den Schatten einer großen Weide.

»Ah, ist das schön. Mal wieder so richtig faul zu sein«, bemerkte Jessy schläfrig.

»Ich glaub, ich weiß schon gar nicht mehr, wie das geht«, erwiderte Anja.

»Dann wird's Zeit, dass du's wieder lernst«, gähnte Jessy und schloss die Augen.

Die Anderen folgten ihrem Beispiel. Schon nach kurzer Zeit verfielen sie alle in einen entspannten Halbschlaf. Auch die Pferde dösten ruhig vor sich hin, bis Smaragd plötzlich die Ohren spitzte und laut wieherte. Die Mädchen waren sofort hellwach.

»Smaragd, sag mal, musst du uns so erschrecken?«, schimpfte Sammy sofort ärgerlich.

»Warte mal«, meinte Jessy. »Vielleicht hat er was gesehen.«

»Ach, das war wahrscheinlich nur ein Feldhase oder eine Libelle. Was weiß ich? Der Schisser hat doch vor so gut wie allem … «

Doch Jessy unterbrach sie. »Psst! Sei mal still. Da vorne ist wirklich was.«

Die Mädchen verhielten sich mucksmäuschenstill. Auch die Pferde standen absolut regungslos da.

Eine Weile verharrten sie so, bis auf einmal etwas hinter den Bäumen hervortrat. Jessy traute ihren Augen nicht. Es war tatsächlich ein Pferd. Und was für eines. Das Fell des Tieres war goldbraun gefärbt. Mähne und Schweif erstrahlten in hellem Weiß. Die Stirn des Pferdes zierte ein weißer Stern, der nach unten zu einem schmalen Strich auslief. Anhand der Statur vermutete Jessy, dass es sich um einen Hengst handeln musste. Als er etwas näher trat, bestätigte sich Jessys Vermutung. Aber warum lief er hier frei rum?

Ihre Freundinnen stellten sich wohl die gleiche Frage. Sie schauten sie unschlüssig an.

Jessy zuckte die Schultern und beobachtete den Hengst weiter. Scheinbar war er dem Geruch ihrer Pferde gefolgt. Er näherte sich langsam, dabei stieß ein aufgeregtes Schnauben aus.

Saphir hob den Kopf und wieherte leise. In diesem Moment hoffte Jessy inständig, dass der andere Hengst ruhig bleiben würde und zwischen den beiden kein Rangordnungskampf ausbrach. Anscheinend war der Palomino noch recht unerfahren im Umgang mit anderen Pferden. Er platzierte sich ein wenig abseits ihrer Pferde und blähte die Nüstern.

Jetzt da der Hengst so ruhig dastand, hatte Jessy ein gutes Gefühl. Sie erhob sich langsam. Dann machte sie ein paar kleinere Schritte in seine Richtung.

Sofort hob der Hengst den Kopf. Jeder Muskel in seinem Körper war angespannt.

Jessy blieb stehen und fing an, ruhig mit ihm zu reden. »Hallo, du hübscher Kerl.« Ganz langsam ging sie in die Knie, griff in die Hosentasche ihrer Reithose, die am Boden lag und holte ein paar Pferdeleckerlis heraus. Vielleicht hatte sie ja Glück und er war bestechlich. Darauf bedacht, keine hastigen Bewegungen zu machen, ging sie behutsam Schritt für Schritt auf ihn zu.

Er lief nicht weg, doch Jessy wusste, dass eine falsche Bewegung ausreichte, um ihn zu erschrecken. Als sie fast auf einen Meter an den Palomino heran gekommen war, streckte sie die Hand aus und hielt ihm das Leckerli vor die Nase.

Der Hengst schnaubte unruhig und schnupperte vorsichtig an ihrer Hand. Mit seinen Lippenspitzen nahm er ihr das Pferdeleckerli von der Hand.

Jessy lächelte. Etwas zögernd streckte sie abermals die Hand aus und berührte ihn am Kopf. Er zuckte leicht zurück, blieb aber stehen. Dann griff sie hinüber zu Saphirs Trense, nahm sich den Führstrick und legte ihn dem Pferd vorsichtig um den Hals. Behutsam strich sie über sein Fell. Anschließend winkte sie Sam und Anja zu sich.

Doch als sich die zwei Mädchen nähern wollten, blähte der Hengst die Nüstern und wich einige Schritte zurück.

»Wartet! Ich glaube, das wird ihm zu viel«, sagte Jessy und versuchte, ihn wieder zu beruhigen. »Schon gut, mein Schöner. Keiner will dir was tun. Es ist alles in Ordnung.«

»Mann, Jess, du solltest Pferdeflüsterin werden«, meinte Sammy lachend.

»Und was machen wir jetzt mit ihm?«, fragte Anja etwas unschlüssig.

»Erst mal nehmen wir ihn mit. Wir können ihn ja schlecht hier draußen rumlaufen lassen«, erwiderte Jessy.

»Vorausgesetzt, er geht mit«, stellte Sam fest.

»Das werden wir gleich sehen.«

»Was meinst du, wo er hergekommen ist?«, fragte Anja.

»Keine Ahnung. Bestimmt ist er irgendwo ausgebüchst.«

»Ja, das glaube ich auch. Fragt sich nur von wo?«, überlegte Sam.

»Das klären wir später. Erstmal müssen wir ihn heil zum Hof bringen«, meinte Jessy. Sie legte dem Hengst vorsichtig Saphirs Halfter an und befestigte den Führstrick daran. Er war noch immer skeptisch, ließ es sich jedoch gefallen.

Die anderen packten währenddessen alle Sachen zusammen. Ihre Mädels ritten voraus. Sam nahm Saphir dabei als Handpferd. Jessy folgte ihnen mit dem Hengst am Führstrick. Anfangs war er etwas misstrauisch, doch nach einer Weile lief er einigermaßen ruhig neben ihr her. Jessy war sehr froh, dass er keine Schwierigkeiten machte. Sie hoffte nur, dass das auch so blieb.

Als sie am Gestüt ankamen, band Jessy den Hengst erst einmal draußen im Hof an einem der Anbindeplätze an. Sie stellte kurz sicher, dass er dort auch stehen blieb.

»Behaltet ihn ihm Auge«, rief sie ihren Mädels zu. Jessy wollte sofort mit ihrem Dad reden. Also machte sie sich auf den Weg ins Büro.

Sie öffnete vorsichtig die Tür und spähte hinein. Er saß gerade am Schreibtisch.

»Paps? Ich brauch dich. Es ist dringend.«

»Natürlich. Für meine Lieblingstochter hab ich doch immer Zeit. Was gibt's denn?«

»Am besten kommst du mit runter«, sagte Jessy.

»Warum machst du es denn so spannend?«, fragte er neugierig.

Doch bevor sie darauf antworten konnte, hörte man Lärm draußen im Hof und anschließendes Geschrei.

Einige Sekunden später kam Anja durch die Tür gehechtet. »Jessy, der Hengst dreht durch«, rief sie außer Atem.

»Schon unterwegs«, sagte Jessy, ohne auf die Frage ihres Vaters »Welcher Hengst denn?« zu reagieren.

In null Komma nichts war sie unten im Hof. Der Palomino hatte sich losgerissen. Er stand fast senkrecht auf den Hinterbeinen und schlug wild nach vorne aus.

»Er ist auf einmal völlig ausgerastet!«, schrie Sammy panisch, als sie Jessy kommen sah. Auch Jessy Vater war mittlerweile nach draußen gekommen, um zu sehen, was hier los war.

»Um Himmels Willen!«, rief er erschrocken.

Jessy überlegte gar nicht lange. Bevor ihr Dad sie aufhalten konnte, ging sie schnurstracks auf das Pferd zu. Sie stellte sich mit etwas Abstand vor ihn und hob beschwichtigend die Arme.

»Ho, mein Junge. Ganz ruhig!« versuchte sie, ihn zu beruhigen. Aber der Hengst war völlig in Panik. Jessy konnte das Weiße in seinen Augen sehen. Sie musste jetzt ruhig bleiben.

Wegen des Lärms waren auch die anderen nach draußen auf den Hof gekommen. Es waren Jürgen, Tay und Alex. Natürlich waren alle verwirrt und erschrocken, als sie den Hengst sahen.

»Jessy, komm da weg. Der erschlägt dich noch!«, rief Sam von der Stalltür aus.

Aber Jessy rührte sich keinen Zentimeter. Sie blieb genau da stehen, wo sie war. Wenn sie keine Angst hatte, dann würde sich auch das Pferd beruhigen.

»Hola, Junge. Beruhige dich. Ruhig …«, sagte Jessy sanft.

Noch immer stieg der Palomino. Doch auf einmal hörte er auf damit. Zitternd und schwitzend stand er da – den Blick fest auf Jessy geheftet. Langsam ging sie auf ihn zu. Noch immer hielt sie den Blickkontakt. Es schien, als würde sie das Pferd hypnotisieren. Vorsichtig berührte sie den Hengst am Hals.

Daraufhin senkte er leicht den Kopf. Behutsam griff sie das Halfter. Dabei sprach sie leise mit ihm. Sie strich ihm sachte über den Nasenrücken. Seine heftige Atmung normalisierte sich langsam und die Anspannung verschwand aus seinem Körper.

»Alles gut. Ich denke, er hat sich beruhigt«, sagte Jessy.

»Das war ja krass«, meinte Anja mit großen Augen.

Doch als sie und Sam auf Jessy zukamen, warf der Hengst sofort wild den Kopf hoch und schnaubte durchdringend.

»Kommt lieber nicht her«, sagte Jessy, die die Reaktion des Hengstes sofort richtig deutete.

»Ja, es ist wahrscheinlich besser, wenn wir alle erst mal von dem Tier wegbleiben«, meinte ihr Vater, der wie alle anderen einen großen Abstand zu dem Palomino einhielt.

»Sagt mal, wo habt ihr dieses Monster überhaupt her?«, fragte Jürgen argwöhnisch.

»Er ist kein Monster!«, empörte sich Jessy sofort, aber ihr Vater ging gleich dazwischen.

»Das klären wir nachher. Jetzt müssen wir erst einmal sehen, ob er an Boxen gewöhnt ist. Dann rufen wir den Tierarzt an. Er soll sich den Burschen mal ansehen. Jessy, der Hengst unterliegt jetzt erst mal deiner Verantwortung. Außer dir lässt er ja anscheinend keinen an sich ran.«

»Ist gut.« Jessy ließ den Palomino erst noch etwas zur Ruhe kommen, bevor sie ihn in den Stall führte. Ihr war eingefallen, dass er sich, als sie ihn am Teich eingefangen hatten, mit Saphir recht gut verstanden hatte. Also stellte sie ihn in die Box direkt neben ihrem Schimmel. Die beiden beschnupperten sich sofort neugierig.

Jessy war erleichtert, dass der Palomino protestlos in der Box blieb. Doch wenn sie sich auch nur ein paar Schritte von der Box entfernte oder gar Anstalten machte, den Stall zu verlassen, wurde er schon wieder unruhig.

»Schon okay, mein Hübscher. Alles ist gut«, redete Jessy beruhigend auf den Hengst ein.

»Warum sagst du zu mir nie 'mein Hübscher'?«, hörte sie plötzlich eine Stimme hinter sich. Es war natürlich Tay.

»Denk mal drüber nach«, entgegnete Jessy mit gerunzelter Stirn.

Tay legte nur den Kopf in den Nacken und lachte. »War recht beeindruckend – deine Vorstellung grade.«

»Danke. Aber so besonders war das auch wieder nicht«, gab Jessy nüchtern zurück.

»Das find ich schon.« Dieser Kommentar war nicht von Tay gekommen. Alex lehnte in der Stalltür. Er betrachtete den Palominohengst. »Ich fand das ziemlich mutig. Ich weiß nicht, ob ich mich einfach vor den Kerl da gestellt hätte«, fügte er lächelnd hinzu.

Jessy lächelte ebenfalls. Sie wurde auch ein bisschen rot. Wenn Alex ihr ein Kompliment machte, dann war das etwas ganz anderes.

Tay war allerdings nicht sonderlich begeistert von Alex' Erscheinen. Die Niederlage des gestrigen Tages saß wohl noch etwas zu tief. »Tja, das Kätzchen ist eben ein wahres Naturtalent, wenn es um schwierige Pferde geht«, sagte Tay und warf Jessy ein schiefes Lächeln zu.

»Das glaub ich sofort«, antwortete Alex. »Also wenn ich mal Bedarf nach einer professionellen Pferdezähmerin habe, dann weiß ich, an wen ich mich wenden muss. Wir sehen uns nachher.« Damit verabschiedete er sich und verließ den Stall wieder.

»Wow, ich dachte schon, der verschwindet nie«, meinte Tay kühl, als sich die Stalltür geschlossen hatte.

Jessy schaute ihn mit gerunzelter Stirn an.

Daraufhin sagte er mit einem seltsamen Gesichtsausdruck: »Du scheinst dich ja gut mit ihm zu verstehen.«

»Er ist ja auch supernett im Gegensatz zu manch anderen Leuten«, meinte Jessy mit einem schnippischen Unterton.

»Nett also«, gab Tay amüsiert zurück.

»Nein. Ich sagte ›supernett‹ und ziemlich gut aussehend«, feixte sie weiter.

»Liegt alles im Auge des Betrachters«, gab er entspannt zurück.

»Ach komm. Du bist doch bloß sauer wegen gestern, weil er einfach besser war als du«, entgegnete Jessy unverblümt.

»Wenn du damit das M-Springen meinst – das war mehr Glück als Verstand, wenn du mich fragst.«

»So redet ein schlechter Verlierer.«

»Na schön. Ich bin ein schlechter Verlierer.«

»Du bist auch ein schlechter Gewinner. Wenn's darum geht, andere fertig zu machen und anzugeben, dann bist du ganz vorne dabei«, entgegnete Jessy stirnrunzelnd.

»Du denkst ja wirklich schlecht von mir.« Bei diesen Worten kam er langsam auf Jessy zu. Seine Augen fixierten sie.

Jessy bekam ein flaues Gefühl im Magen.

Glücklicherweise schaltete sich sofort der Palomino ein. Denn als Tay etwas zu nahe kam, schlug der Hengst aufgebracht gegen die Boxentür. Erst als Jessy in die Box kam, wurde er wieder ruhig.

»Wenn es dich stört, dass ich so eine schlechte Meinung von dir habe, dann solltest du eventuell mal was an deinem Verhalten ändern«, meinte Jessy und streichelte den Kopf des Pferdes.

Tay legte grinsend den Kopf schief und entgegnete mit einem vielsagenden Blick: »Vielleicht muss ich das gar nicht.« Damit wandte er sich um und verließ den Stall.

Kapitel 9

Später kam der Tierarzt vorbei, um sich den Hengst anzusehen. Bei der Untersuchung musste der Palomino allerdings sediert werden, um sich und den Tierarzt nicht zu verletzen.

Nachdem der Tierarzt fertig war, konnte er ihnen immerhin versichern, dass der Hengst auf den ersten Blick keinerlei Krankheiten hatte und auch sonst kerngesund zu sein schien. Das Alter schätzte er auf drei oder vier Jahre, worüber Jessy sehr froh war. Bei einem jungen Pferd hatte man noch bessere Chancen in der Erziehung. Ihr Vater hatte bereits eine Fund-Anzeige aufgegeben, doch bis jetzt hatte sich niemand gemeldet.

Auch die nächsten Tage hörten sie nichts von irgendwelchen angeblichen Besitzern, die ein solches Pferd vermissten.

Eine Woche nach Veröffentlichung der Anzeige hatte Jessy die Hoffnung, dass sich niemand mehr melden würde.

Sie beschäftigte sich sehr intensiv mit dem Hengst, bewegte ihn täglich in der Halle und ging regelmäßig mit ihm spazieren. Jessy, Sam und Anja waren begeistert von ihm. Mittlerweile hatte er die beiden auch einigermaßen akzeptiert und duldete sie zumindest schon in seiner Nähe. Aber anfassen ließ er sich nach wie vor nur von Jessy. Sie hatte ihm inzwischen auch einen Namen gegeben. Jessy nannte ihn liebevoll »Hero«. Der Name erschien ihr irgendwie passend für den Palomino.

Leider sahen das nicht alle im Stall so. Vor allem Jürgen machte sich einen Spaß daraus, Jessy immer wieder zu provozieren. Er gab dem Pferd hässliche Spitznamen, wie »Monster«, »Teufel« und »Biest«.

Jessy konnte es nicht besonders leiden, wenn Jürgen den Hengst so nannte. Er war kein Ungeheuer, sondern nur misstrauisch und ängstlich, was bestimmt nicht die Schuld des Pferdes war. In ihren Augen war Hero sehr lieb und ausgesprochen sanftmütig. Auf Jürgens Meinung konnte Jessy getrost verzichten.

»Jessy, kommst du mal kurz?«, rief Jessys Vater am Abend etwa eineinhalb Wochen nach Auftauchen des Hengstes.

Jessy hockte gerade in ihrem Zimmer. »Ich komme schon!« Eine Minute später war sie die Treppen hinunter gesprungen und ins Esszimmer gelaufen.

»Was ist denn?«

»Ich hab gerade einen Anruf vom Besitzer des Pferdes bekommen.«

Bei diesen Worten krampfte sich Jessys Magen zusammen.

Ihr Vater sah es ihr deutlich an. Er fuhr fort: »Der Hengst ist ihm beim Transport ausgebüchst, deshalb hat es so lange gedauert, bis er sich gemeldet hat. Das Pferd muss ziemlich weit gelaufen sein.«

»Beim Transport?«

»Ja. Der Besitzer meinte, er und sein Mitfahrer hätten unterwegs ein Krachen aus dem Hänger gehört. Sie haben angehalten um nachzusehen und da sie die kleine Tür vorne am Hänger nicht öffnen wollten, aus Angst er könnte mit den Vorderbeinen nach ihnen schlagen, haben sie den Hänger hinten geöffnet. Allerdings haben sie zu spät gemerkt, dass sich der Hengst schon losgerissen hatte. Den Rest kannst du dir denken.«

Jessy senkte den Blick und fragte enttäuscht: »Wann kommt er ihn holen?« Sie hatte einen dicken Kloß im Hals.

»Tja, eigentlich will er ihn überhaupt nicht mehr holen. Ursprünglich sollte er nämlich an den Abdecker gehen. Deshalb der Transport.«

»An den Schlachter? Wieso? Er ist doch kerngesund?« rief Jessy irritiert.

»Aber völlig unberechenbar. Der Besitzer meinte, es wäre zu riskant ihn zu behalten, weil er eine Gefahr für sich und andere darstellt. Und damit, finde ich, hat er gar nicht so Unrecht«, meinte ihr Vater.

Jessy starrte ihn ungläubig an. »Aber das ist doch kein Grund ihn zu töten! Außerdem wird kein Pferd von selbst so!«

»Das weiß ich, Jessy. Aber ein verkorkstes Pferd wieder hinzukriegen ist sehr schwierig und in diesem Fall auch noch gefährlich. Er hat bereits mehrere Leute und andere Pferde verletzt. Der Besitzer lag wegen dem Hengst sogar mehrfach im Krankenhaus.«

»Das ist mir egal. Ich werde sicher nicht zulassen, dass er geschlachtet wird! Das ist einfach nicht fair!« Mit diesen Worten rannte Jessy aus dem Büro.

Sie lief nach unten und von dort hinaus in den Hof. Es war schon dunkel draußen. Zügig lief sie zum Stall hinüber.

Dort angekommen schlich sie in Heros Box, ohne das Licht anzumachen, da sie die anderen Pferde nicht wecken wollte. Sie streichelte den Kopf des Palominos und legte die Arme um seinen Hals. Ihr Gesicht vergrub sie in seiner Mähne. Jetzt konnte sie ihre Tränen nicht mehr zurückhalten.

Er durfte nicht sterben. Das hatte er nicht verdient. Er war nicht böse. Kein Pferd auf der Welt war von sich aus bösartig. So ein Tier wurde von Menschen geschaffen. Allein Menschen waren schuld, wenn ein Tier aus lauter Hilflosigkeit begann, um sich zu schlagen. Es war einfach gemein, ihn dafür zu verurteilen. Er konnte am wenigsten dafür, dass er so geworden war. Ihn deswegen zu töten, war grausam.

Jessy wusste nicht, wie lange sie so vor sich hin geweint hatte. Als sie plötzlich hörte, wie jemand die Stalltür öffnete. Sie dachte erst, es wäre ihr Vater. Sie wunderte sich schon, dass Hero so ruhig blieb.

Dann spürte sie eine Hand auf der Schulter. Langsam drehte sie sich um. Aber zu ihrem Erstaunen war es gar nicht ihr Dad. Es war zwar dunkel, aber die Silhouette verriet ihr, dass er es nicht war. Sie schaute etwas genauer hin. Das konnte eigentlich nur …

»Alex?«, vermutete sie mit leiser Stimme.

»Gut geraten«, erwiderte er.

»Was tust du denn noch hier?«

»Ich hatte meine Jacke an Cassinis Boxentür hängen lassen und bin nochmal hergefahren«, sagte er. Dann zögerte er kurz, ehe er fortfuhr: »Was machst du denn so spät hier im Dunkeln?«

Bei diesen Worten verflog Jessys kurzes Glücksgefühl. Die Tränen stiegen ihr wieder in die Augen. Sie schluchzte.

»Hey, was ist denn passiert?«, fragte er mitfühlend.

»Hero … soll … Er soll zum Schlachter!«, brach es aus Jessy heraus.

Vorsichtig nahm Alex sie in den Arm. Er wartete geduldig, bis sie sich wieder etwas beruhigt hatte.

Als sie sich schließlich von ihm löste, war es Jessy ein wenig peinlich. »Tut … tut mir leid«, stammelte sie leise.

»Wofür entschuldigst du dich denn? Jetzt erzähl mir mal ganz in Ruhe, was genau passiert ist.«

Jessy atmete tief durch und erzählte Alex von dem Gespräch mit ihrem Vater.

»Ich weiß nicht, ob Paps sich noch umstimmen lässt. Er hält ihn für gefährlich«, schloss Jessy ihre Schilderung.

Alex hatte die ganze Zeit über nachdenklich zugehört. »Hm, auf der einen Seite, kann ich schon verstehen, dass dein Vater sich Sorgen macht«, erwiderte Alex. Fügte dann aber hinzu: »Aber ich bin absolut bei dir, dass der Abdecker keine faire Lösung dem Pferd gegenüber ist. Denkst du nicht, dass dein Vater mit sich reden lässt?«

»Möglich. Ich war vorhin etwas zu emotional, um eine vernünftige Diskussion mit ihm zu führen«, gestand Jessy.

»Soll ich mal versuchen, mit ihm zu reden?«

»Das würdest du?«, fragte sie hoffnungsvoll.

»Ja klar. Ich kann durchaus überzeugend sein«, meinte er augenzwinkernd.

Jessy lächelte und fiel ihm um den Hals. »Danke«, flüsterte sie leise.

Noch am selben Abend sprach Alex mit Jessys Vater.

Sie wartete gespannt vor dem Büro, denn Alex wollte erst allein mit ihrem Vater reden. Was wahrscheinlich keine schlechte Idee war. Jessy konnte nämlich keine Garantie dafür abgeben, dass sie sich gefühlsmäßig unter Kontrolle hatte. Das Gespräch der beiden dauerte insgesamt fast eine halbe Stunde.

Schließlich hielt Jessy es kaum noch aus. Gerade als sie hinein stürmen wollte, öffnete sich die Tür. Alex zwinkerte ihr triumphierend zu. Daraufhin flackerte ein Hoffnungsschimmer in Jessy auf, als sie mit ihm das Büro betrat.

»Also schön, Jessy«, begann ihr Vater. »Dein Hengst bekommt seine Chance. Ich habe zwar kein gutes Gefühl dabei, aber ihr zwei scheint ja nicht locker zu lassen. Ich werde mit dem Besitzer sprechen und ihm den Schlachtpreis bezahlen. Du hast einen Monat Zeit, um mir zu zeigen, dass das Pferd weder für dich noch für andere eine Gefahr darstellt. Wenn ich nach den vier Wochen überzeugt bin, dann darf er erstmal hier bleiben.«

»Danke Paps. Ich verspreche dir, nach den vier Wochen erkennst du ihn nicht wieder«, versicherte Jessy.

»Das hoffe ich. Es würde mir auch nicht leicht fallen, ihn zum Abdecker zu schicken. Aber deine Sicherheit ist mir nun mal wichtiger.«

Jessy nickte und wollte schon das Zimmer verlassen, als ihr Vater noch sagte: »Ach und Jessy, tu mir bitte einen Gefallen – pass auf dich auf.«

»Schon klar, Paps. Mir passiert nichts«, antwortete Jessy im Hinausgehen.

Nachdem die Tür zugefallen war, blieb sie stehen. Sie warf Alex einen dankbaren Blick zu.

»Na, wie hab ich das hingekriegt?«, fragte er grinsend.

»Du bist echt ein Genie!«, rief Jessy und fiel ihm um den Hals. »Das kann ich ja nie wieder gut machen.«

»Mal langsam. Noch sind wir nicht über den Berg. Aber zumindest haben wir etwas mehr Zeit gewonnen.«

»Die werde ich nutzen, verlass dich drauf«, sagte Jessy entschlossen.

Am nächsten Tag verabredeten sich Alex und Jessy schon um acht Uhr morgens im Stall. Normalerweise hasste Jessy es früh aufzustehen, aber in diesem Fall war es ihr das wert. Sie wollten jede freie Minute dazu nutzen, um Hero an alles zu gewöhnen und langsam Vertrauen aufzubauen.

Der Vorbesitzer hatte ihrem Vater die Papiere des Pferdes geschickt. Er war wohl wirklich froh, den Hengst los zu sein. Obwohl er eine fabelhafte Abstammung hatte. Sein eingetragener Name lautete passenderweise »Hurricane«. Doch da für den Hengst nun ein neuer Lebensabschnitt begann und er mit diesem Namen bestimmt keine guten Erinnerungen verband, entschied Jessy, ihn weiterhin Hero zu nennen.

Mit dem Alter des Pferdes war Jessy nicht ganz so glücklich. Der Hengst war schon fünfjährig, damit also in einem ziemlichen Flegelalter. Doch davon wollte sie sich nicht entmutigen lassen.

Zu Anfang begannen Jessy und Alex mit den ganz banalen Dingen. Angefangen mit Anbinden, Putzen und Hufe geben. Jessy hatte beschlossen, den Palomino am Kappzaum zu trainieren. Ihre Jungpferde wurden anfangs nur mit dieser gebisslosen Zäumung gearbeitet.

Das hatte den Vorteil, dass sie, wenn nötig, sehr deutlich einwirken konnte, ohne das Pferd zu verletzen, wenn es einmal seine Grenzen austesten wollte. Die Gewöhnung an die Longe lief auch prima. Nur wenn andere Pferde in der Bahn waren, begann der Hengst Theater zu machen. Hero duldete von den übrigen Pferden nur Saphir in seiner Nähe.

Im Umgang machte er in der kurzen Zeit große Fortschritte. Alex und auch Jessys Mädels konnten inzwischen problemlos die

Box betreten. Was die anderen Stall-Mitglieder betraf, war der Hengst aber immer noch misstrauisch und teils aggressiv. Doch Jessy und Alex gaben nicht auf. Sie zogen das Training jeden Tag konsequent durch. Sie hielten die Einheiten kurz, vor allem wenn Hero gut mitarbeitete. Dafür holte Jessy ihn meist mehrere Male am Tag zum Trainieren.

Diese Taktik schien sich nach zwei Wochen auszuzahlen. Der Palomino wirkte bei weitem entspannter und gelassener. Außerdem hatte er bereits aufgehört, nach anderen Leuten zu beißen oder auszutreten.

Alle Anderen konnten sich der Box jetzt gefahrlos nähern. Mit Ausnahme von Jürgen. Er war aber selbst Schuld daran. Jürgen hackte auf dem Hengst herum wie und wo er nur konnte. Hero war ja nicht blöd. Er merkte ganz genau, dass Jürgen ihn nicht mochte und das gab er ihm hundertfach zurück.

Jessy störte es allerdings nicht mehr besonders, wenn sich Jürgen über den Hengst beschwerte. Sie mussten ja nicht Jürgen von Hero überzeugen, sondern ihren Vater. Auch er bemerkte die Fortschritte des Hengstes. Jessy war sich inzwischen ziemlich sicher, dass er den Gedanken Hero an den Schlachter zu verkaufen bereits verworfen hatte. Selbst wenn er es noch nicht offiziell gesagt hatte, aber sie sah es an seinem Gesichtsausdruck, wenn er sie und den Palomino beim Arbeiten beobachtete. Er wusste, dass Jessy das Pferd im Griff hatte. Mehr war ja auch nicht nötig. Die größte Gefahr war somit gebannt. Jessy war sich absolut sicher, dass aus Hero ein wunderbares Pferd werden würde. Ihr wunderbares Pferd.

Kapitel 10

»Du, Jessy, meinst du nicht, wir sollten es für heute gut sein lassen? Er hat sich diesmal wirklich anständig benommen«, meinte Alex.

»Ja. Heute war er echt brav«, schloss Jessy sich an.

Sie hatten die Longenarbeit das erste Mal auf den Außenplatz verlegt. Hero war entspannt und aufmerksam gewesen.

»Sehr gut, mein Hübscher«, lobte Jessy den Hengst und streichelte ihm den Hals. Zusammen mit Alex brachte sie ihn dann hoch in den Stall. Dort wartete ihr Vater bereits auf die beiden.

»Wirklich gute Arbeit, die ihr mit ihm geleistet habt. Ich hätte nicht gedacht, dass er sich in dieser kurzen Zeit so verändern würde. Er ist kaum wiederzuerkennen«, sagte er anerkennend.

»Das heißt also, er darf bleiben?«, fragte Jessy hoffnungsvoll.

»Nun ja, ich würde sagen, dass er die Probezeit erst einmal bestanden hat.« Doch bevor Jessy jubeln konnte, fügte er hinzu: »Das heißt aber nicht, dass das schon meine endgültige Entscheidung ist. Ich halte ihn immer noch für schwer einzuschätzen. Solange ich das Gefühl habe, er könnte zu einer Gefahr für dich oder andere werden, bleibt er erst einmal auf Bewährung.«

»Ich versteh schon. Aber trotzdem danke, dass du ihm eine Chance gibst«, sagte Jessy erleichtert und umarmte ihren Dad.

»Ich glaube, ich bin hier nicht derjenige, bei dem du dich bedanken solltest«, erwiderte er lächelnd.

Ohne lange zu überlegen, drehte sich Jessy um. Sie fiel auch Alex um den Hals. »Ohne dich hätte ich das nie geschafft«, murmelte sie.

»Hab ich gern gemacht. Mir ist der Kleine ja auch ans Herz gewachsen«, meinte er und strich Hero vorsichtig über den Hals.

»Ich glaube, ich gehe dann mal«, sagte Jessys Vater mit einem zufriedenen Lächeln. Damit verschwand er durch die Stalltür.

Alex warf Jessy daraufhin einen fragenden Blick zu.

»Keine Ahnung, was das gerade war«, gab Jessy gespielt ahnungslos zurück. Sie schaute etwas verlegen zur Seite.

Daraufhin schlug Hero mit dem Kopf, als ob er sagen wollte »Aber ich weiß es«. Jessy und Alex begannen im selben Augenblick zu lachen.

»Ich bin echt froh, dass das inzwischen so gut mit ihm läuft«, sagte Jessy, als sie sich wieder beruhigt hatte.

»Du hast auch wirklich ein sehr gutes Händchen für ihn. Die Ruhe, die du ausstrahlst, wenn du mit ihm arbeitest, gibt ihm denke ich einen Menge Sicherheit.«

»Danke. Ich geb mir auch die größte Mühe. Aber trotzdem hätte ich viele Dinge ohne deine Hilfe nicht mit ihm trainieren können.«

»Wie gesagt, gern geschehen«, antwortete Alex lächelnd.

»Ich hab trotzdem ein schlechtes Gewissen. Jetzt hast du mich ja quasi schon das zweite Mal gerettet«, gab Jessy lachend zurück.

Alex grinste. Dann meinte er: »Ja gut. Das stimmt natürlich. Ich darf mich dann wohl offiziell ›Held auf Teilzeit‹ nennen.«

Im selben Moment öffnete sich die Tür. Tay kam zusammen mit Pascal in den Stall.

»Seid ihr beide immer noch damit beschäftigt, dieses Höllentier zu zähmen?«, fragte Tay ein wenig spöttisch.

Jessy funkelte ihn wütend an, worauf er sich sofort korrigierte: »Oh Verzeihung, ich meinte natürlich dieses sanftmütige und missverstandene Tier.«

»Sei vorsichtig Tay. Irgendwann wird er es dir heimzahlen. Er merkt das sofort, wenn ihn jemand ärgert und er ist ziemlich nachtragend«, warnte Jessy ihn.

»Natürlich. Und Lesen und Rechnen kann er bestimmt auch, dein Wunderhengst«, erwiderte er amüsiert.

»Du und Jürgen, ihr könnt euch echt die Hände geben. Anscheinend ist Dummheit doch ansteckend«, meinte Jessy mit gerunzelter Stirn.

»Weißt du, es verletzt wirklich meine Gefühle, wenn du sowas sagst«, entgegnete Tay grinsend.

»Welche Gefühle? Ich bezweifle, dass du solche Regungen überhaupt besitzt.«

»Da kennst du mich aber schlecht«, sagte er mit einem vielsagenden Blick zu Jessy. Dabei fügte er hinzu: »Ich bin äußerst sensibel.«

Jessy schaute ihn spöttisch an und entgegnete: »Leider merkt man davon eher selten was.«

»Ich kann dir meine feinfühlige Seite gerne mal zeigen«, antwortete er mit seinem schiefen Grinsen.

»Danke, ich verzichte. Ich kann den Teil deiner Persönlichkeit, den ich kenne, schon nicht leiden. Da will ich von den anderen Facetten erst recht nichts wissen.«

»Jetzt wirst du aber gemein, Kätzchen«, sagte Tay lächelnd. Währenddessen kam er langsam in ihre Richtung.

»Ich bin lediglich ehrlich«, entgegnete Jessy unbeeindruckt.

»Das glaub ich nur nicht.«

»Dein Problem«, sagte sie, so kühl sie konnte.

Tay grinste nur und kam weiter auf sie zu. »Wie kommst du darauf, dass das ein Problem für mich ist«, sagte er ruhig, als er vor ihr stand.

Jessys Herz schlug immer lauter. Aber sie wich keinen Schritt zurück. Er brauchte gar nicht zu merken, wie nervös sie war. Trotzdem musste sie schlucken ehe sie erwiderte: »Dein übergroßes Ego nervt ganz schön.«

Tay lachte. Dann beugte er sich ein Stück zu ihr herunter. »Findest du?«, fragte er etwas zu nah an ihrem Ohr.

Bevor Jessy darauf reagieren konnte, schaltete sich Alex ein: »Wo wir gerade beim Thema waren – sensibel genug, um zu wissen, wann sich ein Mädchen von dir bedrängt fühlt, scheinst du ja schon mal nicht zu sein.«

Tay runzelte die Stirn. Er entgegnete amüsiert: »Da ist er ja wieder, der heldenhafte Ritter. Du weißt auch nie, wann du unerwünscht bist.«

»Da kenn ich noch jemanden.«

Die beiden blieben zwar äußerlich entspannt, aber zwischen ihren Blicken schienen Funken zu sprühen.

Jessy nutzte die Gelegenheit, um ein wenig Abstand zwischen sich und Tay zu bringen, bevor sie sagte: »Ich wollte eine Runde ins Gelände gehen. Kommst du mit, Alex?«

Ohne den Blick von Tay abzuwenden, antwortete er: »Gern. Ich mach Wikinger gleich fertig.«

Tay drehte sich mit einem Grinsen um. Mit gelassener Stimme meinte er: »Na dann. Viel Spaß.«

Er wollte Alex wohl eindeutig spüren lassen, dass er ihn nicht als ernsthafte Konkurrenz betrachtete.

Am nächsten Tag quälte Jessy sich um halb neun aus den Federn. Sie hatte nicht sehr gut geschlafen. Dementsprechend war sie auch gelaunt.

Sie zog sich an, putzte sich die Zähne, kämmte ihre Haare und schlurfte die Treppen hinunter in die Küche.

Dort traf sie zu ihrem tiefen Bedauern gleich auf Jürgen, der gerade mit der Stallarbeit fertig war.

»Auch schon wach?«

»Halt die Klappe!«, erwiderte Jessy nur genervt.

»Weißt du, eigentlich könntest du mir morgens im Stall beim Ausmisten helfen, statt bis in die Puppen zu schlafen«, entgegnete Jürgen mit gerunzelter Stirn.

»Es ist dein verdammter Job, die Boxen auszumisten und die Pferde zu füttern. Dafür wohnt ihr hier schließlich auch mietfrei. Also mach deine Arbeit und maul mich nicht morgens schon von der Seite an«, gab Jessy unbeeindruckt zurück.

Jürgen wollte sich gerade aufregen, als Jessys Vater in die Küche kam.

»Guten Morgen. Scheint ja wieder eine prächtige Stimmung zu herrschen«, meinte er, während er ein Seufzen unterdrückte.

Jürgen warf Jessy einen feindseligen Blick zu, bevor er genervt entgegnete: »Ich bin im Stall. Die Arbeit macht sich immerhin nicht von alleine.« Damit begab er sich nach draußen.

»Idiot!«, knurrte Jessy und biss energisch von ihrem Nutella-Brötchen ab.

»Streitet ihr beide etwa schon wieder?«, fragte ihr Dad, obwohl das mehr eine Feststellung war als eine Frage.

»Ich kann nichts dafür. Er regt mich eben auf«, antwortete Jessy.

Ihr Vater schüttelte den Kopf und meinte nur: »Wäre es möglich, dass ihr nur einen einzigen Tag mal miteinander auskommt.«

»Nicht mehr in diesem Leben«, sagte Jessy entschieden und sprang von ihrem Stuhl auf.

»Bist du schon fertig?«

»Ich muss in den Stall. Die Arbeit macht sich immerhin nicht von alleine«, äffte Jessy ihren Cousin nach und rauschte ab nach draußen.

Schon im Hof konnte sie Hero gegen seine Boxentüre hämmern hören. Er wurde immer ganz aufgeregt, wenn er sie kommen hörte.

Als sie die Stalltür öffnete, hörte man Saphirs leises Wiehern. Zuerst beruhigte Jessy Hero. Dann begrüßte sie Saphir und Monsi. Anschließend holte sie eine Schubkarre samt Mistgabel und machte sich ans Ausmisten.

Jessy mistete ihre Pferde eigentlich immer selbst aus. Bei Hero ging das auch gar nicht anders, denn Jürgen ließ er nicht zu sich in die Box. Nur an Tagen, an denen Jessy länger Schule hatte, nahm Jürgen ihr das Ausmisten bei Monsi und Saphir ab. Wenn auch nicht ganz freiwillig.

Nachdem Jessy die Boxen ausgemistet hatte, holte sie Putz- und Sattelzeug aus ihrem Schrank. Heute war ihr Fuchs als erster mit dem Training dran. Davon war Hero zwar nicht sehr begeistert, aber daran musste er sich nun mal gewöhnen.

Jessy hatte Monsi gerade fertig gesattelt, als Jürgen in den Stall kam. Sie gingen sich möglichst aus dem Weg. Jürgen ging nach hinten in die letzte Box auf der linken Seite. Er holte seinen großen Rappen, um ihn in der Stallgasse anzubinden. Hero legte sofort die Ohren an und schnaubte drohend. Auch der Schwarze legte die Ohren zurück.

»Kannst du vielleicht mal dafür sorgen, dass dein Monster Sultan nicht immer angiftet«, beschwerte sich Jürgen.

»Du zuerst«, antwortete Jessy auffordernd.

»Mein Pferd ist super erzogen im Gegensatz zu diesem etwas!«, entgegnete Jürgen mit einem abschätzigen Blick auf den Palomino.

Jessy verdrehte nur die Augen. Sie hatte überhaupt keine Lust jetzt mit ihm zu diskutieren. Stattdessen nahm sie ihren Fuchs am Zügel. Sie führte ihn wortlos aus dem Stall. Sollte Jürgen doch selber sehen, wie er mit der Situation zurecht kam.

Sie ging mit Monsi hinunter zum Reitplatz. Dort stieg sie auf und ließ den Wallach am langen Zügel auf den Hufschlag marschieren.

Sie wollte gerade antraben, als sie aus dem Stall ohrenbetäubenden Lärm vernahm. Sofort trieb sie Monsi an und galoppierte den Kiesweg zum Stall hinauf. Vor dem Stall sprang sie aus dem Sattel. Sie rannte durch die offene Stalltür.

Das Gebrüll war von Jürgen gekommen, der in dem Moment, als Jessy durch die Tür kam, von Heros Box weg stolperte. Seinen panischen Rappen hielt er am Halfter.

»Dieses Vieh ist absolut lebensgefährlich!«, schrie er wütend, als er Jessy sah.

Doch Jürgen war im Augenblick nur zweitrangig für Jessy. Hero war völlig außer Rand und Band. Er tobte in seiner Box, dass Jessy wirklich Angst bekam. Nicht vor ihm, sondern um ihn. Er hatte zwei Bretter seiner Boxentür völlig zertrümmert. Jessy befürchtete, dass sich der Hengst noch ernsthaft verletzte, wenn er sich nicht bald beruhigte.

»Was in Gottes Namen ist denn hier los?« Die Frage kam von Jessys Vater, der völlig entgeistert in der Stalltür stand.

»Dieses Biest läuft gerade Amok!«, brüllte Jürgen. Sein Tonfall machte den Hengst nur noch ungehaltener.

»Jürgen verschwinde!«, fauchte Jessy.

Als Jürgen zurückschreien wollte, rief Jessys Dad: »Tu was Jessy sagt, Jürgen. Sonst beruhigt er sich nie! Und nimm Sultan mit!«

Daraufhin packte Jürgen seinen Rappen am Halter und verschwand mit ihm aus dem Stall.

Jessy näherte sich der Box. Sie hob beschwichtigend die Arme. »Ho, mein Junge. Beruhig dich. Es ist alles gut.« Es dauerte nicht lange, bis der Hengst aufhörte, um sich zu schlagen. Beim Klang von Jessys Stimme entspannte er sich langsam wieder.

Als Jessy die Boxentür öffnen wollte, hielt ihr Vater sie jedoch zurück: »Nicht Jessy! Du weißt nicht, wie er reagiert.«

»Doch das weiß ich. Er wird mir nichts tun.« Bevor ihr Vater sie aufhalten konnte, schob sie die Boxentür auf. Sie streichelte den schweißnassen Hals des Palominos. Dabei redete sie sanft auf ihn ein.

Hero stand mit gesenktem Kopf neben Jessy und schnaubte. Ganz so, als wäre nichts gewesen. Jessys Vater schüttelte nur ungläubig den Kopf.

»Wie konnte das überhaupt passieren?«, fragte er.

»Das musst du Jürgen fragen. Ich war nicht im Stall. Aber so wie ich ihn kenne, hat er mit Sicherheit sein Bestes getan, um Hero aufzuregen. Ohne Grund wird er nicht so wild«, entgegnete Jessy mit scharfem Ton in der Stimme.

»Selbst wenn Jürgen ihn geärgert hat, ist das noch lange keine Entschuldigung dafür. Sieh dir an, was er mit der Boxentür gemacht hat. Wie kann ein einzelnes Pferd nur so viel Schaden anrichten?«

»Es war nicht seine Schuld«, verteidigte Jessy den Hengst.

»Dass es allein am Pferd liegt, behaupte ich auch gar nicht. Aber ich kann nicht jede Woche den Stall deswegen neu renovieren. Er muss lernen, sich zu beherrschen. Wenn er das nicht kann, dann … «

»Schon gut. Ich hab verstanden«, fiel Jessy ihm ins Wort. Sie konnte es nicht ertragen, wenn er aussprach, was dann passierte.

Ihr Vater nickte und verließ den Stall. Es war Jessy zumindest ein kleiner Trost, dass ihr Dad sich anschließend draußen im Hof Jürgen vorknöpfte.

Doch wirklich freuen konnte sie sich darüber auch nicht. Sie musste unbedingt einen Weg finden Hero ruhig zu halten, wenn sie nicht in der Nähe war. Aber sie hatte ehrlich gesagt keine Ahnung, wie sie das anstellen sollte.

Seufzend begab sich Jessy hinaus in den Hof, um ihren Fuchs zu holen, den sie in der Hektik einfach draußen stehen gelassen hatte. Monsi war lediglich ein paar Schritte gegangen, aber da es hier nichts Interessantes – also nichts Fressbares – gab, hatte der Wallach dann beschlossen auf seine Reiterin zu warten. Jessy streichelte ihn lobend am Hals und trat ein zweites Mal mit ihm den Weg hinunter zum Reitplatz an.

Kapitel 11

Es war bereits Mittag, als Alex in den Stall kam. Natürlich erzählte Jessy ihm von dem Zwischenfall.

»Oh je, das könnte natürlich ein Problem werden, wenn Jürgen Hero absichtlich reizt. Wir müssen es hinkriegen, dass er in diesen Situationen cool bleibt«, meinte Alex nachdenklich, nachdem Jessy mit ihrem Bericht fertig war.

»Ja, so weit war ich auch schon. Aber wie stellen wir das an?«

»Gute Frage. Wir sollten uns auf jeden Fall schnellstmöglich was einfallen lassen. Wäre besser, wenn sowas nicht nochmal passiert«, sagte er.

Jessy nickte.

»Auf jeden Fall werde ich mal versuchen mit Jürgen zu reden«, fügte Alex hinzu..

»Viel Glück dabei«, entgegnete Jessy mit gerunzelter Stirn.

»Es ist zumindest einen Versuch wert«, antwortete Alex schulterzuckend.

Jessy war zwar der Meinung, dass das eher Zeitverschwendung war, aber Alex hatte recht. Sie mussten jede Möglichkeit wahrnehmen.

Während Alex Jürgen aufsuchte, longierte Jessy den Palominohengst in der Reithalle. Hero war heute ein wenig unkonzentriert. Das konnte allerdings auch daran liegen, dass Jessy mit dem Kopf nicht ganz bei der Sache war.

Nach guten zwanzig Minuten brachte sie den Hengst wieder in den Stall. Sie holte anschließend Saphir aus seiner Box. Sie putzte und sattelte den Schimmel.

Jessy hatte gerade den Sattelgurt festgezogen, als Alex in den Stall kam.

»Und?«, fragte Jessy.

»Also Einsicht ist was anderes. Er gibt Hero die Schuld und sieht in seinem eigenen Verhalten nichts Falsches.«

»War ja klar. Dieser Vollidiot«, murmelte Jessy verbittert.

Alex seufzte. Dann meinte er: »Vielleicht hat er einfach nur Angst vor Hero.«

»Jürgen und Angst? Meinst du wirklich? Bei seiner großen Klappe.«

»Gerade deswegen. Er versucht es eben zu überspielen«, entgegnete Alex.

»Hm. Da könnte was dran sein«, überlegte Jessy.

»Lass dir die Sache mal durch den Kopf gehen«, meinte Alex.

»Ja, das mach ich. Ich wollte sowieso mit Saphir eine Runde ins Gelände gehen.«

»Ich würde dich ja begleiten, aber ich hab jetzt Springstunde. Vielleicht tut dir eine Runde Gelände ohne fremdes Gequatsche mal ganz gut.«

»Ja, dein Gequatsche ist. wirklich kaum auszuhalten«, erwiderte Jessy grinsend.

Alex knuffte sie spielerisch in die Seite und meinte: »Freches Ding.«

Jessy lachte. Sie führte Saphir aus dem Stall. Draußen im Hof stieg sie in den Sattel. Dann ließ sie ihren Hengst den Weg zum Reitplatz hinunter, an den Koppeln vorbei zur Sandstraße marschieren.

Sie hatten etwa zwei Kilometer auf dem Feldweg zurückgelegt. Jessy hatte den Schimmel die ganze Zeit im Schritt gehen lassen, um in Ruhe nachzudenken. Ab und zu schnaubte Saphir etwas aufgeregt. Jessy ging mit ihm nicht so oft allein ins Gelände, da der Hengst ohne den Schutz der anderen Pferde immer mal etwas nervös wurde. Aber es schadete ihm nicht, wenn er hin und wieder mal allein raus musste. Heute war ihr Hengst eigentlich recht entspannt. Lediglich sein Ohrenspiel war etwas unruhig, aber das beachtete Jessy nicht weiter. Sie dachte die ganze Zeit über ihren Palomino nach.

Als der Waldrand in Sicht kam, ließ Jessy Saphir antraben. Der gleichmäßige Rhythmus der Pferdehufe und die leichte Brise, die ihr durch die Haare wehte, waren wie Balsam für die Seele. Sie atmete die frische Luft ein. Sie ließ ihre Gedanken für einen kurzen Moment ruhen.

Erst als Jessy ihren Schimmel gerade durchparieren wollte, hörte sie Hufschläge hinter sich. Sie wandte sich um. In der wirbelnden Staubwolke, etwa zwanzig Meter hinter sich, konnte sie ein fuchsfarbenes Pferd erkennen, das sich ihr ziemlich schnell näherte. Im ersten Moment dachte Jessy, es wäre Wikinger, doch dafür war der Fuchs viel zu hell. Das ließ nur einen Schluss zu.

Oh nein. Nicht du. Sie nahm die Zügel ihres Hengstes auf und ließ ihn angaloppieren. Saphir hatte schon die ganze Zeit darauf gewartet. Er schlug begeistert mit dem Schweif. Jessy hoffte, zügig genug in den Wald zu kommen, sodass ihr Verfolger die Spur verlieren würde. Saphir war ziemlich schnell, daher hatten die beiden am Waldrand einen guten Vorsprung.

Doch leider hatte es tags zuvor geregnet. Der Waldboden war noch so weich, dass man die Hufabdrücke deutlich sehen konnte. Jessy fluchte innerlich. Sie parierte Saphir zum Trab zurück und versuchte querfeldein zu entwischen. Sie kannte diesen Teil des Waldes recht gut. Sie wusste also, wo sie abseits des Weges reiten konnte.

Damit lenkte sie ihren Hengst nach links in der Hoffnung, dass das Gelände für den großen Fuchs dort zu unwegsam war. Allerdings musste sie zwischen den vielen Bäumen sehr viel langsamer reiten.

Als sie das Waldstück schon fast durchquert hatten, hielt Jessy ihr Pferd kurz an. Sie horchte aufmerksam. Als sie schon dachte, sie hätte ihn abgehängt, hörte sie Zweige knacken. Er war noch immer hinter ihr her.

»Das darf doch nicht wahr sein«, knurrte Jessy. Wieder ließ sie Saphir antraben. Als sie nach kurzer Zeit den Weg erreichten, galoppierte sie ihren Hengst an. Jetzt war Jessy sich sicher, dass ihr hartnäckiger Verfolger sie nicht mehr einholen konnte. Bis er aus dem Waldstück heraus kam, waren sie und Saphir schon über alle Berge.

Doch gerade als sie sich noch einmal nach hinten umschauen wollte, stolperte Saphir. Der Schimmel fing sich zwar gleich wieder, aber schon nach ein paar Galoppsprüngen merkte Jessy, dass der Hengst nicht mehr taktrein lief. Sofort parierte sie Saphir durch. Besorgt sprang sie aus dem Sattel. Prüfend untersuchte sie seine Beine.

Jessys Vermutung bestätigte sich, als sie seinen linken Vorderhuf anhob. Er hatte sich ein Hufeisen heruntergetreten, was bei dem weichen Boden eigentlich kein Wunder war. Jessy schlug sich mit der flachen Hand auf die Stirn. Warum musste das ausgerechnet jetzt passieren?

Sie kontrollierte, ob Saphir sich verletzt hatte. Glücklicherweise zeigte der Hengst keine Anzeichen von Lahmheit. Trotzdem musste sie ihn langsam nach Hause reiten. Ohne Eisen wollte sie auf der Sandstraße auf keinen Fall galoppieren.

Seufzend stieg sie wieder in den Sattel. Saphir schien enttäuscht, dass der wilde Ritt schon vorbei war, denn er schlug sofort ungeduldig mit dem Kopf. Jessys kleine Hoffnung, dass ihr Verfolger einen anderen Weg genommen hatte, löste sich bereits nach ein paar Metern in Rauch auf, als sie dumpfe, sich nähernde Hufschläge hinter sich vernahm. Einige Augenblicke später kam der etwas verschwitzte Fuchs neben Saphir zum Stehen.

Jessy schaute weiter stur geradeaus, so als ob sie ihn gar nicht bemerken würde.

»Du gibst schon auf? Ziemlich ungewöhnlich für dich, Kätzchen.«

Jetzt warf Jessy dem Reiter des Fuchses einen bösartigen Blick zu und fauchte: »Wegen dir hat Saphir ein Hufeisen verloren.«

Tay grinste und meinte: »Wegen mir? Wer von uns hat denn einfach die Düse gemacht?«

»Du hättest mir ja nicht nachreiten müssen«, gab Jessy erbost zurück.

»Du hast mich herausgefordert. Selbst schuld, Kätzchen«, antwortete er frech.

»Herausgefordert? Ich wollte einfach meine Ruhe vor dir. Weiter nichts!«

»Bin ich dir denn so lästig?«, fragte er amüsiert.

Jessy betrachtete ihn mit hochgezogener Augenbraue. »Willst du darauf wirklich eine Antwort?«

Sein Grinsen wurde noch breiter. als er mit einem provokanten Blick sagte: »Eigentlich nicht. Ich weiß ja, dass du dir nur was vormachst.«

Jetzt war es Spott, der in Jessys Gesicht zu lesen war. »Aha. Und was mach ich mir deiner Meinung nach vor? Lass mich raten – ich weiß nur noch nicht, wie sehr ich dich mag. Oder wie war das?«

»So in etwa. Ich hatte das im Übrigen ernst gemeint«, erwiderte er. Dann fügte er lächelnd hinzu: »Im Grunde genommen, wolltest du mich küssen.«

Jessy verdrehte die Augen. Sie entgegnete gelangweilt: »Leg mal 'ne andere Platte auf. Ich hab im Moment wirklich genug Probleme.«

Auf einmal verschwand der freche Ausdruck in Tays Gesicht. Er fragte: »Was ist denn los?«

»Als ob ich dir das auf die Nase binden würde. Außerdem interessiert es dich doch eh nicht.«

»Würde ich sonst fragen?«

»Das wäre das erste Mal, dass du dir um jemand anderen Gedanken machst«, entgegnete Jessy trocken.

»Für dich mach ich gerne eine Ausnahme«, sagte Tay mit seinem charmanten Lächeln.

Jessy beäugte ihn etwas ungläubig. »Wenn du es schon unbedingt wissen willst. Es gibt Schwierigkeiten wegen Hero.«

»Was, dein Wunderpferd macht dir Probleme?«

Jessys Augen verengten sich bei seiner Bemerkung. »Nicht Hero ist das Problem, sondern die Leute, die ihn permanent provozieren. Dazu zähle ich dich übrigens ebenfalls«, entgegnete Jessy.

»Warum mich? Ich bin dem Ding noch nicht ein einziges Mal zu nahe gekommen«, verteidigte sich Tay.

»Das meinte ich auch nicht. Du redest genauso schlecht über ihn wie Jürgen. Ihr denkt anscheinend, dass er das nicht mitbekommt. Er versteht euch vielleicht nicht, das heißt aber nicht, dass er nicht spürt, dass ihr ihn ablehnt. Genau aus dem Grund ist er so aggressiv, wenn einer von euch in seiner Nähe ist. Er hat eben nie gelernt, anders auf Feindseligkeit zu reagieren. Er versucht nur, sich zu verteidigen.« Jessy hatte nun einen blöden Kommentar oder etwas in der Richtung von Tay erwartet, doch stattdessen schien er über ihre Worte nachzudenken.

»Hm, so habe ich die Sache ehrlich gesagt noch nie betrachtet«, sagte er dann.

Jessy war etwas überrascht. Eigentlich hatte sie mit allem gerechnet, nur nicht mit Einsicht.

»So? Den Satz hör ich ja zum ersten Mal«, meinte sie zynisch. Dann fügte sie etwas deprimiert hinzu: »Leider kommt das ein kleines bisschen spät.« Damit trabte sie Saphir an. Sie wollte weg von Tay, doch er ließ natürlich nicht locker.

»Jetzt hör mal, ich wusste ja nicht, dass es an uns liegt, dass dein Hengst sich immer so aufregt«, versuchte Tay Jessy zu beschwichtigen.

»Wie wär's dann einfach mal mit nachdenken und reflektieren?«, gab Jessy giftig zurück.

»Es tut mir Leid, ok?«

Jessy stoppte Saphir so plötzlich, dass Tay sie beinahe überholte.

Als er seinen Fuchs ebenfalls zum Stehen gebracht hatte, schrie Jessy wütend: »Nein, es ist nicht *ok*! Verstehst du das nicht? Mein Vater hat mir ein Ultimatum gestellt. Wenn ich es nicht schaffe,

Hero unter Kontrolle zu halten, dann … « Jessy brach ihren Satz ab und schluchzte. Sie konnte die Tränen in dem Moment kaum zurückhalten.

Tay schaute sie betroffen an.

Ehe er etwas sagen konnte, riss Jessy Saphir herum und jagte mit ihm die Sandstraße entlang. Sie wusste, dass der harte Boden für Saphir ohne das Hufeisen nicht gerade angenehm war, aber sie musste einfach weg.

Ihr war klar, dass Tay ihr nachreiten würde. Doch Legolas war nach ihrer Verfolgungsjagd ziemlich erschöpft gewesen. Er konnte mit dem Tempo von Saphir nicht mithalten. Damit kam Jessy eine ganze Weile vor Tay am Hof an.

Dort sprang sie aus dem Sattel. Sie betrachtete das Bein ihres Hengstes. Es sah nicht so aus, als ob ihre Flucht Spuren hinterlassen hätte. Im Gegenteil. Anscheinend hatte Saphir der Ausritt sogar richtig gut gefallen.

Er schlug mit dem Kopf und scharrte mit dem Vorderhuf, als ob er sagen wollte »Das machen wir gleich nochmal«. Jessy streichelte seinen Hals. Dann führte sie ihn in den Stall. Zum Glück war niemand da. Sie nahm Saphir Sattel und Trense ab. Anschließend stellte sie ihn in seine Box.

Dann ging sie zu Hero und kraulte dem Palomino sanft die Stirn. Das mochte er besonders gerne. Entspannt schloss der Hengst die Augen, während er den Kopf auf Jessys Schulter ablegte. Sein Atem ging ruhig. Er schien Jessys Berührungen mit jeder Faser seines Körpers zu genießen.

Plötzlich hob der Palomino ruckartig den Kopf und schnaubte unruhig. Kurz darauf öffnete sich die Stalltür. Tay erschien zusammen mit Legolas. Er schien ein wenig außer Atem.

»Du weißt schon, dass das eben nicht gerade ungefährlich war«, sagte er ein wenig vorwurfsvoll.

»Kümmer dich um deinen Kram«, murmelte Jessy mit einem Blick auf Hero. Der Hengst wirkte angespannt. Er schlug gereizt mit dem Schweif.

»Jessy ... «, begann Tay, doch sie unterbrach ihn.

»Lass mich ... einfach in Ruhe.«

Tay warf ihr einen besorgten Blick zu. So hatte er sie noch nie gesehen. Er brachte seinen Fuchs wortlos in die Box. Dort nahm er ihm das Sattelzeug ab. Dann kam er langsam auf die Box des Palominos zu.

Sie stand noch immer bei Hero und streichelte seinen Kopf.

»Ich sagte doch ich will allein sein.« Ihre Stimme zitterte. Der Palomino legte im selben Moment die Ohren zurück.

»Ganz ruhig. Ich will nur reden«, sagte Tay beschwichtigend. Dabei war allerdings nicht ganz klar, ob das nun an Jessy oder an den Hengst gerichtet war.

»Ich will aber nicht reden. Also verschwinde!«, rief Jessy nun deutlich gereizt. Wieder reagierte der Hengst in genau derselben Art und Weise. Er warf wütend den Kopf hoch und schlug gegen die Boxentür.

Tay wich einige Schritte zurück.

»Ho, mein Junge. Ist schon okay. Du musst dich nicht aufregen. Tay wollte sowieso gerade gehen.« Bei diesem Satz warf sie Tay einen sehr eindeutigen Blick zu.

Er wusste, dass es jetzt besser war, zu verschwinden. Jedoch mehr wegen des Hengstes.

Erst als Tay den Stall verlassen hatte, entspannte Jessy sich wieder. Zeitgleich wurde auch Hero ruhiger. Natürlich war Jessy aufgefallen, dass das Verhalten des Palominos sich ihrer Stimmung anpasste. Scheinbar orientierte er sich an ihr. Das konnte nun sowohl ein Vor- als auch ein Nachteil sein. Sie musste auf jeden Fall mit Alex darüber reden.

Jessy war noch eine Weile bei Hero geblieben, um sicherzugehen, dass er nun auch wirklich ruhig war.

Dann begab sie sich hinüber in den Zuchtstall. Normalerweise kümmerten sich ihr Vater und Jürgen darum, dass die Zuchtpferde bewegt wurden. Aber wenn sie Zeit hatte, half Jessy so oft es ging mit. Die Stuten standen im Sommer sowieso die meiste Zeit auf der Weide. Nur die Turnierpferde mussten regelmäßig gearbeitet werden. Genauso wie die beiden Zuchthengste.

Da die Stuten heute Ruhetag hatten, beschloss Jessy, einen der Hengste zu reiten. Santorin war der jüngere der beiden. Er schied für sie aber ohnehin sofort aus. Sie wusste selbst nicht warum, aber irgendwie stimmte die Chemie zwischen ihr und diesem Pferd nicht. Eigentlich kam sie gut mit schwierigen Pferden klar, aber Ausnahmen bestätigten ja bekanntlich die Regel. Santorin war völlig undurchschaubar. Man durfte ihm nie unbedacht den Rücken kehren. Er war genau die Art von Pferd, die Jessy nicht leiden konnte. Er hatte einfach einen unangenehmen Charakter und das, obwohl er nie irgendwie schlecht behandelt wurde. Ihr Vater hatte ihn selbst gezogen. Er war auch der Einzige, der den Hengst anständig händeln konnte. Jessy für ihren Teil mochte Santorin schlicht und ergreifend nicht.

Deshalb entschied sie sich auch für den älteren kastanienbraunen Hengst Kavalier. Er machte seinem Namen wirklich alle Ehre. Kavalier war bereits auf dem Weg zum Senior, mit seinen achtzehn Jahren. Trotzdem war er immer noch topfit. Jessy machte den Braunen fertig.

Sie führte ihn aus dem Stall über den Hof. Dort kam ihr Alex auf seinem Schimmelwallach Cassini entgegen.

»Du bist heute aber fleißig«, meinte er anerkennend.

»Naja, es gibt ja sonst nicht viel zu tun«, erwiderte Jessy lächelnd. »Bist du nachher noch im Stall?«

»Leider keine Zeit heute. Ich muss noch ein paar Dinge regeln, wegen der neuen Wohnung. Warum?«, wollte er wissen.

»Nein, nein. Kein Ding. Hab nur so gefragt. Mir ist heute was wegen Hero aufgefallen. Aber das kann auch bis morgen warten«, gab Jessy abwinkend zurück.

»Okay. Dann sehen wir uns morgen?«, fragte Alex.

»Klar. Bis morgen dann«, verabschiedete sie sich, ehe sie Kavalier mit sanfter Gewalt in Richtung Reithalle bugsierte.

Als sie den braunen Hengst etwa eine Stunde später wieder in den Stall brachte, war es bereits sechs Uhr abends. Jessy räumte Kavaliers Sattelzeug weg. Anschließend stellte sie den braunen Hengst in seine Box. Sie streichelte ihm noch einmal den Hals, bevor sie den Zuchtstall verließ.

Jessy ging auf direktem Weg hinüber zum Privatstall. Es wurde langsam Zeit für die Abendfütterung. Als sie die Stalltür öffnete, bemerkte sie Tay, der gerade dabei war, seinem Fuchs die Abschwitzdecke abzunehmen.

Sie seufzte innerlich, während sie wortlos zu Hero hinüber ging. Der Palomino verhielt sich zwar ruhig, aber trotzdem ließ der Hengst Tay nicht aus den Augen.

»Sieht ganz so aus, als hättest du dich wieder beruhigt«, sagte Tay.

»Täusch dich bloß nicht«, entgegnete Jessy kühl.

»Keine Sorge. Mach ich nicht.«

Jessy verdrehte die Augen. Dann machte sie sich daran, die Futterrationen für ihre Pferde herzurichten.

»Aber vielleicht erzählst du mir jetzt mal in Ruhe, was eigentlich los ist«, meinte Tay. Dabei kam er langsam auf Jessy zu. Er behielt währenddessen den Palominohengst gut im Blick.

»Was interessiert's dich?«, fragte Jessy unbeeindruckt, die Tays Näherkommen nicht bemerkte, weil sie gerade mit Monsis Futtereimer beschäftigt war.

Als er direkt hinter ihr stand, beugte er sich nach vorne. Er sagte leise: »Es interessiert mich eben.«

Jessy erschrak so sehr, dass ihr der Messbecher mit dem Futter aus der Hand fiel. Sie fuhr herum, um ihn anzufauchen. Doch er war ihr so nahe, dass ihr vor Schreck die Luft weg blieb.

Ein schiefes Grinsen zeichnete sich auf seinem Gesicht ab, als die erwartete wütende Reaktion von Jessy ausblieb. Er hatte bereits bemerkt, dass es Jessy aus dem Konzept brachte, wenn er ihr so nahe kam.

Jessy hatte sich einen Moment später aber schon wieder im Griff. Sie beförderte Tay mit einem etwas unsanften Schubs von sich weg. »Schon mal was von Privatsphäre gehört?«, rief sie gereizt.

»Süß, wie sehr du dich immer gleich aufregst. Gib doch einfach zu, dass ich dich nervös mache«, entgegnete er lächelnd.

»Hättest du wohl gern«, antwortete Jessy trocken. Damit widmete sie sich wieder den Futtereimern.

Tay grinste in sich hinein, sagte dann aber ein wenig ernster: »Jetzt erzähl schon was heute los war. Vielleicht kann ich dir ja helfen.«

Nun warf Jessy ihm einen höhnischen Blick über die Schulter zu. »Du und helfen? Dass ich nicht lache.«

»Ich mein's ernst.«

Langsam wandte Jessy sich um. Dann fragte sie mit kritisch hochgezogener Augenbraue: »Warum solltest du mir helfen?«

Daraufhin lächelte Tay sie betont charmant an und sagte: »Ich mag dich eben.«

Jessy schaute ihn nur weiterhin unbeeindruckt an. Was sollte das denn jetzt werden? »Du willst mir also helfen«, begann sie. »Schön. Dann überzeug Jürgen davon, Hero endlich in Ruhe zu lassen.«

»Kein Problem.Wenn's weiter nichts ist«, gab Tay gelassen zurück.

Jessy schaute ihn mit gerunzelter Stirn an. »Als ob Jürgen ausgerechnet auf dich hören würde.«

»Natürlich. Jürgen und ich kennen uns jetzt schon eine ganze Weile. Glaub mir, wenn ihn jemand überzeugen kann, dann ich«, entgegnete Tay selbstsicher.

Jessy hatte da zwar ihre Zweifel, aber sie hatte immerhin nichts zu verlieren. Also zuckte sie die Schultern und meinte: »Gut. Umso besser. Dann hoff ich mal, dass das auch stimmt.«

»Keine Sorge, Kätzchen, ich regel das schon für dich.«

Sein überaus gönnerhafter Ton gefiel Jessy nicht besonders, aber sie ignorierte das für den Moment. Denn wenn er es wirklich hinbekommen sollte, dass Jürgen die Sticheleien bleiben ließ, dann war ihr das tatsächlich eine große Hilfe. Doch irgendwie wurde Jessy das Gefühl nicht los, dass Tay ihr diese Gefälligkeit nicht umsonst erweisen würde.

»Da wäre allerdings noch was«, sagte er mit seinem schiefen Grinsen.

Sofort fühlte Jessy sich in ihrer Vermutung bestätigt. Sie warf ihm einen düsteren Blick zu. Gereizt verschränkte sie die Arme vor der Brust. »Und das wäre?«

»Jetzt schau doch nicht gleich so böse drein. Im Leben ist eben selten etwas umsonst. Wie wär's mit einer kleinen Belohnung für meine Mühe?«

Jessy zog wohlwissend eine Augenbraue hoch. Sie murmelte: »Wusste ich's doch. Das Wort »Selbstlos« ist für dich ein Fremdwort, was?«

Tay grinste nur. Dann meinte er: »Dafür kann ich sicherstellen, dass du und dein Hengst dauerhaft eure Ruhe vor Jürgen habt.«

Jessys Augen verengten sich. Sie funkelte ihn wütend an. »Das nennt man Erpressung.«

»Ich sehe das eher als Deal. Du willst etwas von mir. Dafür bekomme ich etwas von dir«, entgegnete er entspannt.

»Ich hasse dich so sehr«, knurrte sie leise.

Tay grinste nur frech. »Also? Was ist dein Angebot?«

Jessy kochte innerlich. Sie biss wütend die Zähne zusammen. Was bildete dieser Kerl sich eigentlich ein?

Bevor sie antworten konnte, kam Tay ihr wieder näher. Er meinte mit einem Augenzwinkern: »Ich hätte da ja einen Vorschlag.«

Sofort wich Jessy zurück. Sie entgegnete giftig: »Damit du es gleich weißt, einen Kuss oder etwas in der Art kannst du dir abschminken.«

»Dachte ich mir schon fast. Wie wärs für den Anfang mit einem Date?«

Jessy musste sich zusammenreißen, um ihm nicht etwas an den Kopf zu werfen. »Ein Date? Dein Ernst?« Sie schaute ihn mit gerunzelter Stirn an.

»Wieso überrascht dich das?« wollte er wissen.

»Weil ich nicht verstehe, warum du mit einem Mädchen, dass dich kein bisschen leiden kann, ausgehen willst.«

Tay betrachtete sie einen Augenblick, bevor er mit einem Lächeln antwortete: »Möglicherweise finde ich dieses Mädchen genau deshalb so interessant.«

Jessy zog daraufhin lediglich eine Augenbraue hoch. »Netter Versuch. Aber ich glaub dir kein Wort.«

Tay lachte. »Na schön. Wie wär's damit. Ich beweise dir, dass ich das mit der Hilfe ernst meine. Wenn ich es schaffe, dass es zwischen Jürgen und deinem Pferd ab sofort keine Zwischenfälle mehr gibt, dann gehst du mit mir aus.«

Jessy warf ihm einen misstrauischen Blick zu. Grundsätzlich hatte sie nichts zu verlieren. Sie hatte zwar keine Lust auf ein Date mit ihm, aber wenn das ihr Problem löste, war es ihr das durchaus wert.

»Der Deal steht aber nur, wenn Jürgen Hero in Zukunft auch wirklich in Ruhe lässt. Auch nach dem Date.«

»Das wird er. Dafür sorg ich schon«, erwiderte Tay. Da Jessy noch immer zögerte, fügte er mit aufrichtiger Stimme hinzu: »Versprochen.« Damit streckte er ihr die Hand hin.

Jessy schloss für einen Moment die Augen. Dann seufzte sie leise und schlug ein. »Ab sofort«, sagte Jessy mit Nachdruck.

Tay zwinkerte. Gut gelaunt wandte er sich zum Gehen.

»Du kannst dich ganz auf mich verlassen«, entgegnete er, ohne sich umzudrehen. Damit verschwand er durch die Stalltür.

Kapitel 12

Tay hielt sein Wort. Noch am selben Abend sprach er mit Jürgen. Auch wenn Jessy das Gespräch nicht mitbekam, war schon am nächsten Morgen klar, dass das Gespräch wohl erfolgreich gewesen war.

Beim Frühstück war ihr Cousin auffallend still gewesen und bei der anschließenden Morgenfütterung kam nicht ein einziges abfälliges Wort bezüglich des Palominos über Jürgens Lippen. Tay hatte wirklich ganze Arbeit geleistet.

Aber wenn Jessy genauer darüber nachdachte, war das eigentlich kein Wunder. An der Schule genoss Tay einen überaus einflussreichen Ruf. Er war der Sohn des Direktors und dazu noch ziemlich beliebt. Von daher war es nachvollziehbar, dass Jürgen mit ihm keinen Stress haben wollte. Außerdem waren die beiden seit Jahren befreundet, auch wenn es oft nicht den Anschein machte. Grundsätzlich war es Jessy auch vollkommen egal, wie Tay es angestellt hatte. Sie war nur froh, dass jetzt endlich Ruhe war.

Gegen elf Uhr mittags kam Jessy mit Hero aus der Reithalle zurück. Die Longenarbeit mit dem Hengst war heute fabelhaft verlaufen. Jessy hatte ihn noch nie so ausgeglichen gesehen.

Nachdem sie den Sattel und die Trense im Schrank verstaut hatte, brachte sie den Palomino nach draußen auf eines der Paddocks. Dort hatte sie ihn besser im Blick als auf der Koppel. Außerdem war sie schneller zur Stelle, falls etwas passierte. Im Gegenzug holte sie Saphir von der Weide. Sie brachte ihn in den Stall, um ihn für ihre Trainingsstunde zu satteln. Dummerweise fiel ihr erst beim Hufe auskratzen wieder ein, dass Saphir vorne ein Eisen verloren hatte. Das hatte sie völlig vergessen. Sie ohrfeigte sich selbst innerlich.

Gerade als sie ins Haus laufen wollte, um ihrem Vater Bescheid zu geben, stieß sie in der Stalltür beinahe mit Tay zusammen.

»Langsam. Warum denn so eilig, Kätzchen?«, fragte er gut gelaunt.

»Ich muss zu meinem Vater. Lässt du mich also bitte vorbei«, sagte Jessy ein wenig genervt, als Tay ihr den Weg nach draußen versperrte.

»Warte mal. Nicht so schnell. Ich hoffe doch sehr, dass unser Jürgen sich anständig verhalten hat«, wollte er wissen.

Jessy seufzte. »Ja, hat er. Aber es ist noch keine vierundzwanzig Stunden her, dass du mit ihm geredet hast. Woher soll ich wissen, dass das auch so bleibt?«

»Zweifelst du an meiner Glaubwürdigkeit?«

Jessy verschränkte die Arme. »Kann ja sein, dass du mit Jürgen auch einen Deal hast und ihr mich nur an der Nase herumführt, damit du deinen Willen bekommst.«

Tay warf ihr einen amüsierten Blick zu. Dann erwiderte er: »Ganz pfiffige Idee. Die hätte tatsächlich von mir sein können. Aber da muss ich dich enttäuschen. Von einem Deal mit Jürgen hätte ich keinen Vorteil, also warum das Risiko eingehen, dass du mir auf die Schliche kommst?«

»Hm. Klingt zwar nachvollziehbar, ist für mich aber schwer zu überprüfen. Also werde ich mir das Ganze erst noch eine Zeit lang anschauen«, gab Jessy entschieden zurück.

»Du bist wirklich ein harter Verhandlungspartner«, meinte Tay lächelnd. »Vergiss aber nicht, dass ich dir einen Vertrauensvorschuss gegeben habe. Immerhin hab ich auch keine Garantie dafür, dass du dich an dein Wort hältst.«

Jessy verschränkte die Arme und antwortete: »Ich halte meine Versprechen. Keine Sorge.«

»Das hoffe ich. Denn sonst ist unsere Abmachung nämlich dahin«, entgegnete Tay schulterzuckend.

Jessy funkelte ihn wütend an. »Wenn du glaubst, dass du mich damit … «, begann sie.

Doch bevor sie richtig loslegen konnte, kam ihr Vater in den Stall.

»Jessy, warum ist Saphir noch nicht fertig? Es ist kurz vor halb zwölf.«

»Oh Paps. Ich … entschuldige … « Ihr Vater war heute nicht in bester Stimmung. Es hatte am Morgen ein paar Probleme auf der Koppel mit den Jährlingen gegeben. Von daher war er etwas gestresst.

»Ja, dann auf! Beeil dich.«

Er wollte sich gerade umdrehen, da rief Jessy ihm hinterher: »Ähm, Paps, ich hab vergessen, dir was zu sagen.«

Ihr Vater hielt inne und fragte: »Was ist denn?«

»Saphir hat ein Hufeisen verloren. Ich war gestern im Gelände und … «, erklärte Jessy beklommen.

»Im Gelände. Und warum erfahr ich das erst heute? Als ob im Moment nicht schon genug los wäre.«

»Ich hab nicht aufgepasst und … «, begann Jessy, doch ihr Vater fiel ihr ins Wort.

»Und bist wieder wie eine Verrückte durchs Gelände gejagt. Ich kenn dich doch. Das ist auch genau der Grund, warum ich nicht dafür bin, dass du diesen Palomino behältst. Wenn du schon mit Saphir so verantwortungslos umgehst, dann will ich mir gar nicht erst vorstellen, was das dann mit diesem Hengst erst werden soll.«

Jessy biss sich auf die Lippe. Sie wollte etwas erwidern, doch Tay kam ihr zuvor.

»Entschuldigung Herr Roberts, aber das gestern mit Saphirs Hufeisen war wirklich nicht Jessys Schuld.«

Jessys Vater schaute ihn fragend an.

»Wir waren zusammen im Gelände. Vorne an der Kreuzung haben die Pferde gescheut und sind durchgegangen. Dabei muss Saphir sich das Hufeisen locker getreten haben«, erklärte Tay in Ruhe.

»Ihr beide seid zusammen ausgeritten?«, fragte Jessys Dad ein wenig ungläubig.

»Wir hatten zufällig den gleichen Weg zurück«, sagte Tay. Dabei zwinkerte er Jessy in einem unbeobachteten Moment kurz zu.

»Äh … Ja. Wir haben uns am Waldrand getroffen«, fügte Jessy hinzu. Das war ja auch nicht gelogen.

»Aha. Na schön, das erklärt aber immer noch nicht, warum ich davon erst heute erfahre«, meinte ihr Vater immer noch etwas missmutig.

»Das liegt daran, dass Jessy erst heute bemerkt hat, dass ein Eisen fehlt. Gestern nach dem Ausritt hatte er es noch dran. Ich vermute mal, dass er es heute morgen auf der Weide dann verloren hat«, sagte Tay. Er wirkte dabei so gelassen, dass sogar Jessy ihm geglaubt hätte.

»Auf der Weide, sagst du. Ja, das könnte natürlich sein. Tja, gut. Wenn es sich so abgespielt hat, dann muss ich mich bei dir entschuldigen, Jessy. Sowas kann natürlich passieren. Ich werde gleich mal den Schmied anrufen. Dann hat Saphir eben heute seinen Ruhetag.« Damit verließ Jessys Vater den Stall.

Als die Tür ins Schloss fiel, atmete Jessy erleichtert durch. Tay hatte sie gerade vor einem riesigen Donnerwetter bewahrt.

»Du bist echt ein guter Lügner. Aber danke«, sagte sie etwas verlegen.

Tay lächelte, ehe er sagte: »Kein Ding. Irgendwie war es ja wirklich meine Schuld, dass er das Eisen verloren hat.«

Jessy schmunzelte ein wenig. Erkannte sie da etwa Ansätze von Freundlichkeit?

»Vielleicht bekomm ich ja auch mal eine Vertrauensvorschuss von dir«, meinte er augenzwinkernd. Damit ging hinüber zur Box seines Pferdes.

Jessy betrachtete ihn kurz. War es möglich, dass Tay auch eine Seite an sich hatte, die nicht arrogant, narzisstisch und egozentrisch war? Jessy verdrängte den Gedanken sofort wieder. *Soweit kommt's noch.*

Kopfschüttelnd brachte sie Saphir zurück in seine Box.

An dem Tag, an dem ich dich leiden kann, friert die Hölle zu. Aber ein bisschen hatte sich ihre Meinung über ihn doch verändert. Trotzdem war sie sich nicht sicher, ob das ganze Getue nicht einfach nur eine Masche von ihm war, um sich ihr Vertrauen zu erschleichen. Sie würde auch in Zukunft vorsichtig bleiben. Solange sie ihn nicht zu nah an sich heran ließ, war alles gut.

Da das Training mit ihrem Schimmel ausfiel, holte Jessy ihren Fuchs von der Weide. Monsi war ohnehin schon ganz genervt von den ganzen Fliegen. Er wartete bereits ungeduldig am Koppelgatter.

»Ist gut, mein Dicker. Ich kann ja nicht zaubern«, sagte Jessy lächelnd, während sie ihm den Führstrick am Halfter befestigte.

Sie führte ihn hoch in den Stall und begann ihn zu putzen. Sie wollte gerade das Sattelzeug holen, als Alex den Stall betrat.

»Hey Jessy«, begrüßte er sie lächelnd.

»Hi, Alex.« Jessy freute sich, ihn zu sehen. Sie wollte unbedingt mit ihm über Heros Verhalten reden, das sie gestern beobachtet hatte. Doch ehe sie ihn darauf ansprechen konnte, kam ihr Vater nochmal in den Stall.

»Ach ja, Jessy. Ich hatte vorhin ganz vergessen, dir zu sagen, dass sich heute ein neues Mädchen bei uns vorstellen wird. Es wäre nett, wenn du ihr alles zeigen könntest. Ich habe nachher noch einen Termin und leider keine Zeit dafür.«

»Ok, kein Problem, Paps. Kommt sie schon mit Pferd?«

»Noch nicht. Ich möchte mich vorher erstmal mit ihr unterhalten. Dann sehen wir weiter.«

»Alles klar. Ich führ sie auf jeden Fall rum. Wann kommt sie denn?«

»So gegen drei Uhr dürfte sie hier sein.«

»Ok. Bis dahin bin ich fertig«, meinte sie.

»Danke Jessy. Bei mir wird es heute später, also sei so lieb und hilf Jürgen bei der Abendfütterung.«

»Wenn's sein muss.«

Er warf ihr einen stirnrunzelnden Blick zu. Dann verschwand er aus dem Stall.

Jessy seufzte.

Alex schaute sie mitfühlend an. »Dein Gesicht spricht Bände.«

Jessy schaute ihn gequält an und Alex lachte. Als sie beide ihre Pferde gesattelt hatten, gingen sie anschließend zusammen hinunter zum Reitplatz. Es waren einige Sprünge aufgebaut.

Jessy merkte ihrem Fuchs schon an, dass er heute keine Lust auf Dressur hatte. Sie streichelte ihm den Hals und lenkte ihn am langen Zügel neben Wikinger.

»Dein Vater scheint es mit der Ausmusterung ja ziemlich genau zu nehmen«, sagte Alex plötzlich.

»Ach, du meinst wegen der Neuen. Ja, Paps lässt nicht jeden ins Team. L-Niveau ist das Minimum. Die einzigen beiden mit Sonderstellung sind Sam und Anja.«

»Ich kann mir schon denken warum«, erwiderte Alex wohlwissend.

Jessy grinste. »Ein kleines Wörtchen hab ich eben auch mitzureden.«

»Bekommt ihr oft neue Leute in den Stall?«

»Eigentlich nicht. Meistens scheitert es daran, dass viele das reiterliche Niveau nicht haben. Paps ist bei seinem Auswahlverfahren schon sehr streng. Das spricht sich eben rum.«

»Und wie sieht das dann aus? Lässt er die Bewerber vorreiten oder so etwas in der Art?«

»So in etwa. Es ist wie eine Art Aufnahmeprüfung.«

»Warum musste ich die denn nicht machen?«

»Du hast das M-Springen gewonnen. Da war wirklich keine Zusatzprüfung mehr nötig. Immerhin hast du unseren Mannschafts-Besten klar geschlagen.«

»Also, wenn du damit Tay meinst, würd ich nicht sagen, dass *er* der Mannschaft-Beste ist«, sagte Alex lächelnd.

Jetzt wurde Jessy ein wenig rot. »Ich glaube du überschätzt mich ein wenig.«

»Und ich glaube, du unterschätzt dich ein wenig«, gab Alex zurück.

Jessy seufzte lächelnd. Sie entgegnete: »Lassen wir das. Ich wollte eigentlich mit dir über Hero reden.«

»Ok. Gibt's was Neues?«, fragte Alex neugierig.

»Mir ist gestern was aufgefallen. Ehrlich gesagt finde ich es ein bisschen seltsam«, erklärte Jessy unsicher.

»Jetzt bin ich aber gespannt«, entgegnete Alex neugierig.

»Naja, ich hatte gestern mal wieder eine kleine Auseinandersetzung mit Tay und ... Ich weiß nicht, wie ich das sagen soll, aber irgendwie ist es mir vorgekommen, als würde Hero darauf reagieren, wie ich mich verhalte. Wenn ich wütend oder unsicher bin, dann scheint sich das auf ihn zu übertragen. Kann aber sein, dass ich es mir nicht bloß eingebildet habe.«

»Nein, das glaub ich nicht«, meinte Alex. »Das klingt sogar ziemlich nachvollziehbar.«

Jessy schaute ihn fragend an.

Alex setzte kurz seine Denker-Miene auf und entgegnete dann: »Du bist seine einzige Bezugsperson. Er orientiert sich an dir. Sobald er merkt, dass du wütend wirst oder dich aufregst, geht er von einer Bedrohung aus. Pferde sind zwar eigentlich Fluchttiere, aber wenn sie nicht weglaufen können, dann müssen sie sich eben verteidigen. Vielleicht verteidigt Hero in dem Moment nicht bloß sich selbst, sondern auch dich.«

Jessy dachte einen Augenblick über Alex' Worte nach. »Das klingt logisch.«

»Natürlich. Wann hab ich denn schon mal etwas Unlogisches gesagt?«

»Verzeihung, Herr Professor. Ich fühle mich geehrt, bei der Geburt einer ihrer fachmännischen Hypothesen dabei gewesen zu sein«, meinte Jessy grinsend.

Daraufhin verfielen beide in Gelächter.

Dann sagte Jessy: »Wie lösen wir nun das Problem, jetzt wo wir die Ursache kennen?«

»Tja, das dürfte wohl nicht ganz so einfach werden. Auf jeden Fall solltest du möglichst versuchen, dich in seiner Nähe nicht aufzuregen.«

Jessy verschränkte die Arme, während sie entgegnete: »Kein Problem, solange du mir Tay und Jürgen vom Hals hältst.«

Alex grinste. Anschließend fügte er etwas ernster hinzu: »Außerdem müssen wir versuchen, ihm mehr Sicherheit zu geben, damit er von selbst lernt, bedrohliche und harmlose Situationen zu unterscheiden.«

»Okay, das sollte doch machbar sein, oder?«

»Ich denke, wir kriegen das hin«, antwortete Alex augenzwinkernd.

Jessy lächelte. »Ich bin echt froh, dass du mir hilfst«, sagte sie.

Als er zurück lächelte, wurde sie wieder verlegen.

»Ist doch klar, dass ich dir helfe. Ich kann es eben nicht leiden, wenn du Kummer hast.«

Jessys Herz machte einen Hüpfer bei diesem Satz. Als sich ihre Blicke trafen, wurde ihr gleichzeitig heiß und kalt.

Jessy wollte gerade etwas erwidern, als Monsi heftig den Kopf hochwarf und mit dem Vorderbein auf stampfte.

»Sieht aus, als würde sich da jemand langweilen«, stellte Alex stirnrunzelnd fest.

Jessy lächelte nachsichtig, ehe sie sagte: »Dann wollen wir mal anfangen zu arbeiten.«

Daraufhin nahm sie die Zügel auf und trabte ihren Fuchs an. Der Wallach war wie so oft ein wenig übermotiviert, sodass Jessy mehr damit beschäftigt war, ihn zu bremsen anstatt mit ihm zu arbeiten.

Zwischendurch sprang sie über das kleine Kreuz in der Mitte. Zweimal ritt sie den Steilsprung auf der Diagonalen an.

Da es an diesem Nachmittag ziemlich heiß war, wollte Jessy nicht zu lange reiten. Nach gut zwanzig Minuten war Monsis Hals schweißnass.

Also ließ sie ihn anschließend am langen Zügel Schritt gehen. Jessy strich ihrem Pferd noch einmal lobend über den Hals und stieg aus dem Sattel.

»Ich geh schon hoch, Monsi ist klatschnass und braucht ne Dusche«, rief Jessy Alex zu.

»Okay. Ich komm dann auch gleich«, gab er zurück.

Jessy machte sich mit ihrem Wallach auf den Weg hoch zum Stall. Nach dem Absatteln, führte ihn nach draußen auf den Waschplatz.

Schon beim Anblick des Wasserschlauchs weiteten sich die Nüstern des Fuchses und seine Augen wurden immer größer.

»Jetzt komm schon, du Heulsuse. Beim Abduschen ist noch kein Pferd gestorben«, sagte Jessy mit leisem Tadel in der Stimme. Monsi hasste es, wenn er gewaschen wurde. Doch diese Tatsache ignorierte Jessy wie immer.

Sie drehte den Wasserhahn auf und bearbeitete ihr Pferd erbarmungslos mit dem Wasserstrahl. Als das Wasser seine Hinterhand berührte, wurde der Fuchs sofort einen halben Meter kürzer. Er klemmte den Schweif zwischen die Hinterbeine und machte einen Buckel, wie eine Katze.

»Man kann sich auch anstellen. So kalt ist das Wasser auch wieder nicht.« Jessy schüttelte nur den Kopf.

Gerade als sie das Wasser wieder abdrehte, fuhr ein dunkelblauer, ziemlich teuer aussehender Wagen in den Hof. Als er zum Stehen gekommen war, stieg ein Mädchen auf der Beifahrerseite aus. Sie war nicht besonders groß und etwa in Jessys Alter. Sie war sehr schlank mit halblangen blonden Haaren, die sie zu einem Pferdeschwanz zusammengebunden hatte.

Sie sah sich kurz um, als ihr Blick an Jessy hängen blieb. Jessy schaute auf die Uhr. Eigentlich sollte die Neue um drei ankommen. Es war aber erst halb zwei.

Das Mädchen kam auf Jessy zu und sagte: »Hallo, ich suche Herrn Roberts. Ist der zufällig hier?«

»Hi, ich bin Jessy. Der hat heute einen wichtigen Termin. Du bist bestimmt hier, um dir den Stall anzuschauen.«

»Ja. Er hat gesagt, ich könne mir die Anlage heute ansehen und er würde mir alles zeigen«, entgegnete das Mädchen. »Ich heiße Tanja Schlierer. Wie war dein Name noch gleich?«

»Jessy. Tja, ihm ist leider etwas dazwischen gekommen. Aber er hat mich gebeten, ihn zu vertreten und dich herumzuführen«, erklärte Jessy freundlich.

»Aha. Gehörst du hier zur Mannschaft?«, fragte das Mädchen etwas skeptisch.

Der Unterton in ihrer Stimme kam Jessy etwas merkwürdig vor. »Ja. Du wirst hier niemanden finden, der nicht in der Mannschaft reitet.«

»Ihr habt hier also keine Stallhilfe oder so was?«

»Nein, wir machen alles selbst. Für das Füttern und Ausmisten ist mein Cousin zuständig. Der gehört ebenfalls zum Team.«

Daraufhin sagte das Mädchen nichts weiter. Sie wirkte auf den ersten Blick ein wenig überheblich. Aber wahrscheinlich bildete Jessy sich das nur ein.

»Wenn du gleich mitkommst, dann zeig ich dir den Stall, in dem die Pferde der Teammitglieder untergebracht sind.« Auch wenn sie noch keine besondere Sympathie für dieses Mädchen hegte, versuchte Jessy trotzdem nett zu bleiben.

Tanja ging neben Jessy her. Dann fragte sie mit einem Blick auf Monsi: »Ist das eins eurer Turnierpferde?«

»Ja, er gehört mir. Sein Name ist Monsun.«

»Aha.« Ihre Antwort quittierte Tanja mit einem unbeeindruckten Blick. Anschließend folgte sie Jessy durch die Stalltür.

Allmählich wurde diese Tanja ihr etwas unsympathisch. *Nur die Ruhe, vielleicht ist sie nur schüchtern.*

»Hast du mehrere Pferde?«, fragte Jessy, als sie die Boxentür ihres Fuchses schloss.

»Nur eins«, entgegnete Tanja knapp, die sich gerade im Stall umschaute.

Jessy hatte keine Lust ihr jedes Pferd einzeln vorzustellen. Deshalb sagte sie: »Schau dich ruhig um.«

Während Jessy ihr Zeug vom Putzplatz weg räumte, betrachtete Tanja nach und nach die Pferde. Da im Stall zur Zeit zwei Boxen frei waren fragte Tanja: »In welche der Boxen kommt dann mein Pferd?«

»Du kannst dir gerne eine aussuchen. Entweder die hier neben Monsi oder die neben Cassini, dem Schimmel da.«

Tanja betrachtete prüfend die beiden Boxen.

Jessy hoffte insgeheim, dass sie nicht die Box neben ihrem Fuchs nahm. Da sie nichts sagte, ging Jessy davon aus, dass sie sich wohl noch nicht entschieden hatte. Also nahm sie ihren Putzkoffer und räumte ihn in ihren Schrank. Als sie sich umdrehte, stand Tanja gerade gefährlich nahe an Heros Box.

»Vorsicht an den solltest du besser nicht zu nah ran gehen!«

Doch die Warnung kam zu spät, denn schon schoss Heros Kopf aus dem Boxenfenster und schnappte nach Tanja. Glücklicherweise erwischte er nur ihren Westenärmel.

Tanja schrie auf. Vor Schreck stolperte sie zurück. Sie verlor das Gleichgewicht und fiel hin.

»Ist dir was passiert?!«, rief Jessy erschrocken und half ihr auf die Beine.

»Was ist das denn für ein Mistvieh?! Warum hast du mir nicht gesagt, dass ihr so ein bissiges Pferd hier drin habt!«, fuhr Tanja Jessy an.

Gereizt ging Jessy zur Boxentür des Palominos. Sie deutete auf das Schild mit der Aufschrift: ›Vorsicht! Bitte Abstand halten!‹

»Brauchst du eine Brille?«, entgegnete Jessy leicht angesäuert.

»Das ist ja wohl eine Frechheit! Erst werde ich fast in Stücke gerissen und dann muss ich mir auch noch einen dummen Spruch geben lassen! Dieses blöde Vieh hat mir meine Jacke zerrissen. Ich verlange, dass sie mir von dem Besitzer dieses Monsters ersetzt wird.«

»Sorry, aber wenn du kein Schild lesen kannst, dann ist hier niemand verpflichtet, dir deinen Fetzen zu ersetzen. Im Übrigen gehört dieses Vieh mir!«

Jetzt war bei Jessy das Maß endgültig voll. Diese verzogene Göre plusterte sich wegen ihrer Klamotten auf, obwohl sie froh sein konnte, dass der Hengst sie nicht ernsthaft verletzt hatte.

Tanja warf Jessy einen vernichtenden Blick zu, ehe sie entgegnete: »Das wird dir noch leidtun. Ich werde mich bei Herrn Roberts beschweren und dafür sorgen, dass du und dieses Drecksvieh noch richtig Probleme bekommt.«

»Dann mach das! Ich bin gespannt, wem er eher glauben wird. Dir oder seiner Tochter«, konterte Jessy unverblümt.

Jetzt fiel Tanja kurz ihr überheblicher Ausdruck aus dem Gesicht.

Zufrieden drehte Jessy sich um. »Vielleicht solltest du dir lieber einen anderen Stall suchen. Ich glaube kaum, dass mein Vater jemanden wie dich hier haben will«, meinte sie mit ruhiger Stimme.

Tanja hatte sich überraschend schnell gesammelt und sagte mit einem herablassenden Lächeln: »Das werden wir noch sehen.« Dann drehte sie sich um. Sie wollte gerade den Stall verlassen, als Alex mit seinem Pferd durch die Stalltür kam.

»Oh, hallo«, rief Tanja ein wenig überrascht. Jessy traute ihren Augen nicht, wie schnell sie ein herzliches Lächeln auf ihr Gesicht zauberte.

»Hi«, antwortete Alex etwas verwirrt.

»Ich bin die Neue. Hi, mein Name ist Tanja«, sagte sie lächelnd.

»Ich bin Alex. Schön dich kennen zu lernen«, erwiderte er.

Im selben Moment spürte Jessy einen Stich, der sich gefährlich nach Eifersucht anfühlte. Es passte ihr gar nicht, wie Tanja Alex anschaute.

»Wow, ist das dein Pferd? Der ist aber schick«, meinte sie bewundernd.

»Danke, das ist Wikinger. Der Schimmel gehört auch zu mir.«

»Was wirklich? Wahnsinn, dann sind wir ja Boxennachbarn. Jessy war so nett und meinte, ich dürfe mir die Box aussuchen«, erklärte Tanja.

Jessy dachte im ersten Moment, sie hätte sich verhört. So ein hinterhältiges Stück.

»Sag mal, Alex, hättest du vielleicht Zeit mich etwas herumzuführen? Jessy ist so beschäftigt. Ich möchte ihr nicht die Zeit stehlen.«

Sie wirkte so unschuldig und zuvorkommend, als sie das sagte, dass Jessy wütend die Zähne zusammenbeißen musste. Sie konnte nicht einmal widersprechen, sonst musste sie ihr wirklich noch den Rest des Hofs zeigen. Das wollte sie sich wirklich nicht antun. Aber sie wollte auch nicht, dass Alex sie herumführte.

»Klar, ich kann dir gern alles zeige. Wenn das für dich okay ist, Jessy?« Dabei warf Alex einen Blick in Jessys Richtung.

»Ja, danke.« Mehr brachte sie nicht heraus. Am liebsten hätte sie Tanja an Ort und Stelle den Kopf abgerissen.

Alex nickte. Er stellte Wikinger in seine Box. Nachdem er den Hengst abgesattelt hatte, verließ er mit Tanja zusammen den Stall.

Kapitel 13

»Denkst du wirklich, dass das was bringen wird?«, fragte Pascal zweifelnd. Er saß auf dem Beifahrersitz von Tays schwarzem Sportwagen. Die beiden waren gerade auf dem Weg zum Stall.

»Was meinst du genau?«, wollte Tay wissen.

»Was versprichst du dir von einem Date? Sie verbringt inzwischen mehr Zeit mit Alex als mit ihren Freundinnen. Da kannst du doch nicht ernsthaft glauben, dass da nichts läuft?«

»Es läuft nichts zwischen den beiden«, entgegnete Tay gelassen.

Das Gesicht seines Freundes wurde immer skeptischer. »Und warum bist du dir da so sicher?«

»Männliche Intuition.«

Jetzt konnte Pascal ein Seufzen nicht mehr unterdrücken. »Ich geb's auf. Du machst ja ohnehin was du willst.«

Bei diesen Worten schlich ein kurzes Lächeln über Tays Gesicht. Ein paar Minuten später waren sie am Gestüt angekommen. Tay parkte seinen Wagen im Hof.

Gerade als sie aus dem Auto stiegen, kam Alex zusammen mit Tanja aus dem Hauptstall. Pascal bemerkte die beiden als Erster, da Tay noch etwas im Handschuhfach suchte.

»Hey, wer ist das denn? Anscheinend haben wir eine Neue. Sieh mal, Tay.«

Ohne aufzublicken antwortete Tay: »Interessiert mich nicht.«

»Dich dürfte aber interessieren, mit wem sie unterwegs ist«, bemerkte Pascal in einem vielsagenden Ton.

Das erregte nun doch seine Aufmerksamkeit. Er warf einen kurzen Blick über die Schulter. »Na, sieh mal an. Das ist find ich jetzt wirklich interessant«, meinte er mit einem Grinsen zu Pascal.

Dieser meinte: »Ob Jessy davon recht begeistert sein wird?«

»Ich würde sagen, das sollten wir gleich mal herausfinden.«

Sie warteten noch einen kurzen Moment, bis Tanja und Alex in Richtung Reitplatz verschwunden waren. Dann steuerten sie zielstrebig den Privatstall an. Als er von drinnen Stimmen hörte, blieb Tay vor der Tür stehen. Er legte den Finger auf die Lippen.

Es waren die Stimmen von zwei Mädchen zu hören. Eine davon war ganz eindeutig die von Jessy.

»Diese blöde Kuh! Du hättest mal sehen müssen, wie sie sich aufgeführt hat! Und dann tut sie vor Alex so, als wären wir die besten Freundinnen, nur damit ich dann als zickige Stutenbeißerin dastehe!«

»Jetzt beruhig dich doch, Jess. Hero wird auch schon ganz unruhig«, versuchte Anja auf Jessy einzureden.

»Genau sowas hat mir gerade noch gefehlt. Als ob ich nicht schon genug andere Probleme hätte.« Wütend trat Jessy gegen einen Eimer, der laut scheppernd gegen Saphirs Boxentür flog, sodass der Schimmel erschrocken den Kopf in die Höhe riss.

»Jessy, du machst noch alle Pferde wahnsinnig.«

»Diese Tante da draußen macht *mich* wahnsinnig!«

»Ich kann echt verstehen, dass du sie nicht leiden kannst. Das, was du mir eben erzählt hast, ist wirklich das Letzte. Aber den Stall zu demolieren wird dir jetzt auch nicht helfen«, sagte Anja beschwichtigend.

Jessy seufzte tief. »Ja, ich weiß. Ich hab nur einfach so eine Wut.«

»Kann es vielleicht sein, dass du eifersüchtig bist, weil sie sich so an Alex ranschmeißt?«, fragte Anja vorsichtig.

»Schon möglich«, räumte Jessy kleinlaut ein. »Aber das ändert nichts daran, dass sie eine falsche Schlange ist.«

Anja nickte zustimmend. Sie hatte diese Tanja zwar noch nicht persönlich kennengelernt, aber ihr reichte, was Jessy ihr vorhin erzählt hatte.

»Was willst du jetzt machen?«, wollte Anja wissen.

»Hoffen, dass mein Vater sie nicht in die Mannschaft aufnimmt.«

»Wirst du es ihm erzählen?«

»Ich werde ihm zumindest sagen, dass ich nicht glücklich damit bin, wenn sie mit ins Team kommt.«

»Dann hoffen wir mal, er sieht das genauso.«

Damit gingen die Mädchen hinaus in den Hof. Dass sie dabei beinahe mit Tay und Pascal in der Stalltür zusammenstießen, verbesserte Jessys Laune kein Stück. Ohne ein Wort ging sie an den beiden vorbei. Sie war beinahe überrascht, als Tay sie ausnahmsweise mal kommentarlos ziehen ließ.

Jessy ging hinüber zum Zuchtstall, während Anja ihre Fuchsstute Coco aus dem Hauptstall holte. Jessy suchte sich die silbergraue Apfelschimmelstute Caprima zum Reiten aus.

Die Stute war das erfolgreichste Turnierpferd im Stall. Sie hatte sogar einige internationale Auftritte gehabt, bevor sie in die Zucht kam. Die Stute war erst seit zwei Jahren hier am Hof, ging aber immer noch regelmäßig auf Turniere, wenn sie nicht gerade trächtig war. Jessy hatte mit ihr schon ein paar L-Springen geritten und auch gewonnen. Caprima war traumhaft zu reiten. Sie hatte zwar ein ganzes Stück mehr Temperament als die braune Stute Mon Chéri, aber sie war trotzdem klar im Kopf. Vom Wesen her war sie unglaublich lieb und verschmust. Schon allein deshalb hatte Jessy sich für Caprima entschieden. Ein anstrengendes Pferd war wirklich nicht das, was Jessy gerade brauchte.

Sie führte die Stute hinüber in den Privatstall, um sie dort zu putzen. Anja hatte Coco bereits vor Monsis Box angebunden.

Jessy stellte Caprima vor Saphirs Box, worauf der Hengst sofort neugierig den Kopf herausstreckte. Interessiert beschnüffelte er die Stute. Caprima musste nur einmal kurz quietschen, um ihn zu verscheuchen. Jessy warf ihrem Schimmelhengst einen stirnrunzelnden Blick zu.

Auch Anja schüttelte leicht den Kopf. »Ob er jemals begreifen wird, dass er ein Hengst ist?«, fragte Anja nachdenklich.

»Bitte nicht. Wir haben genug männliche Exemplare hier, die sich wie die letzten Testosteron-Junkies aufführen«, entgegnete Jessy trocken.

Anja grinste. Dabei warf sie einen Blick zu Tay und Pascal, die ebenfalls gerade ihre Pferde fertig machten.

Eigentlich hatte Jessy jetzt irgendeinen dummen Spruch von Tay erwartet. Als dieser ausblieb, war sie direkt verwundert.

Anja schaute sie ebenfalls achselzuckend an.

Auch gut, dachte Jessy. Sie machte sich in Ruhe daran, Caprima zu putzen. Nachdem sie die Stute aufgezäumt und gesattelt hatte, ging sie zusammen mit Anja hinunter zum Reitplatz. Beide ritten ihr Pferde warm. Anschließend begannen sie mit dem Training. Tay und Pascal waren anscheinend ins Gelände geritten, da sie am Reitplatz nicht auftauchten.

Jessy machte gerade ein paar Sprünge mit Caprima, als Tanja und Alex aus Richtung der Reithalle kamen.

Alex winkte Jessy zu. Sie brachte Caprima daraufhin am Zaun neben den beiden zum Stehen. Dabei musste sie sich gehörig zusammenreißen, um ihre Abneigung gegen Tanja nicht allzu offen zu zeigen.

»Hey, Jessy. Tanja wollte wissen, ob sie ihr Pferd morgen schon herbringen darf. Dein Vater ist ja nicht da, deshalb wollte sie dich fragen.«

»Es wäre echt total super, wenn ich ihn morgen schon mitnehmen könnte. Natürlich nur, wenn das für dich in Ordnung ist«, fügte Tanja mit einem liebenswerten Lächeln hinzu.

Es kostete Jessy unbeschreibliche Willenskraft, jetzt nichts Unüberlegtes zu sagen. »Eigentlich kann ich das nicht entscheiden«, meinte sie.

»Denkst du, er hat was dagegen? Tanja hat mir erzählt, er hätte ihr die Zusage für eine dreiwöchige Probezeit schon gegeben. Das dürfte doch dann eigentlich kein Problem sein«, entgegnete Alex.

Jetzt saß Jessy in der Zwickmühle. Wenn ihr Vater der Probezeit zugestimmt hatte, konnte sie nichts dagegen machen. Sie seufzte. Dann antwortete sie: »Dann ist es am besten, du bringst ihn so gegen halb zehn vormittags. Um die Zeit ist Paps auf jeden Fall da.«

»Vielen Dank, Jessy«, erwiderte Tanja lächelnd.

Doch der hinterhältige Ausdruck in ihrem Blick war Jessy nicht entgangen. Wortlos wendete sie ihre Stute ab. Sie konnte das blöde Gesicht dieser Kuh nicht länger ertragen.

Als Tanja sich anschließend von Alex verabschiedete und zum Innenhof hinauf ging, war Jessy immer noch stocksauer. Sie wusste, dass sie so nicht arbeiten konnte. Also ritt die Schimmelstute am langen Zügel ab.

Alex stand immer noch am Zaun. Als Jessy vom Pferd stieg und sich auf den Weg zum Stall machte, begleitete er sie.

»Du scheinst bei Tanja ganz schön Eindruck gemacht zu haben«, sagte Alex.

Jessy schaute ihn überrascht an. »Wieso das?«

»Sie hat die ganze Zeit von dir geredet. Dass sie dich bewundert und total cool findet.«

»Ach, hat sie das?«, erwiderte Jessy kurz angebunden.

»Ja. Allerdings glaubt sie, dass du sie nicht besonders magst. Ich hab ihr zwar gesagt, dass ich mir das nicht vorstellen kann, aber sie lässt es sich nicht ausreden.«

»Vielleicht mag ich sie ja wirklich nicht besonders«, entgegnete Jessy kühl.

Nun war es Alex, der sie überrascht anschaute. »Wegen der Sache mit Hero?«, vermutete er.

›Du weißt davon?«

»Ja. Das hat sie mir erzählt. Es tut ihr auch Leid, dass sie so reagiert hat. Sie hat sich eben erschreckt. Nimm ihr das nicht übel.«

»Doch ich nehm ihr das übel. Von Leid tun kann da wirklich keine Rede sein. Sie ist hinterlistig, falsch und obendrein noch eine verzogene, eingebildete Kuh, die einfach nur übertrieben freundlich tut, damit nicht jeder merkt, was für ein verlogenes Biest sie ist!« Jetzt war es raus. Jessy bereute beim Anblick von Alex' schockiertem Gesicht sofort, dass sie es überhaupt gesagt hatte.

»Wow, so kenn ich dich gar nicht. Du bist doch sonst nicht so nachtragend. Ich meine, immerhin kennst du sie kaum.«

»Das darf auch gerne so bleiben. Was ich bis jetzt gesehen habe, reicht mir!«, gab Jessy entschieden zurück.

»Also ich hatte nicht den Eindruck, dass sie sich verstellt hat. Warum sollte sie das auch machen?«, gab Alex etwas irritiert zurück.

»Um mich als die Böse dastehen zu lassen. Funktioniert ja offensichtlich«, entgegnete Jessy, vielleicht eine Spur zu giftig.

»Weißt du, auch wenn du sie nicht magst, kann man ja trotzdem versuchen, miteinander auszukommen. Du musst ihr deswegen nicht gleich so boshafte Absichten unterstellen«, antwortete Alex.

»Ich sag dir was. Sie spielt dir was vor. Ob du es glaubst oder nicht. Wenn du anderer Meinung bist, dann mach deine Erfahrungen doch selbst.«

»Ganz wie du meinst«, sagte Alex tonlos.

Sie waren gerade vor dem Stall angekommen. Jessy stieß wütend die Stalltür auf.

Alex folgte ihr nicht, sondern ging wortlos zu seinem Auto.

Sie war viel zu wütend, um ihm nachzugehen. Sie wusste, dass sie recht hatte und das machte das Ganze umso schlimmer. Als sein Auto aus dem Hof gefahren war, knallte sie die Gamaschen, die sie Caprima gerade abgenommen hatte, wütend in den Putzkoffer.

Wieder war Saphir derjenige, der darunter leiden musste. Er hatte gerade aus seinem Boxenfenster geschaut und sich, als er vor Schreck in die Höhe fuhr, kräftig den Kopf an der oberen Stange seines Boxenfensters gestoßen.

»Entschuldige, Saphir«, sagte Jessy tröstend. Versöhnend streichelte sie seine Nase. Gerade in diesem Moment kam Anja mit Coco herein.

»Wo ist denn Alex? Er war doch gerade noch bei dir«, fragte Anja ein wenig verwundert.

»Wir hatten eine Meinungsverschiedenheit«, erklärte Jessy kurz.

»Worüber denn?«

»Er glaubt mir nicht, dass diese Tanja ein Miststück ist.«

»Hast du ihm das so gesagt?«

»Ist doch egal. Er ist fest davon überzeugt, dass sie ganz lieb und nett ist und keinem was Böses will. Männer werden einfach zu Idioten, sobald eine Tussi ihnen schöne Augen macht.«

Anja seufzte. »So hätte ich Alex gar nicht eingeschätzt.«

»Ich auch nicht«, entgegnete Jessy enttäuscht. Jetzt wich ihre Wut langsam. Dafür machte sich Niedergeschlagenheit breit. Wortlos nahm sie Caprimas Führstrick. Sie brachte die Stute hinüber zum Zuchtstall.

Später verabschiedete sie sich von Anja, die gegen vier Uhr von ihrer Mutter abgeholt wurde. Anschließend richtete sie die Futterrationen für ihre Pferde her.

Da es sonst eigentlich nichts mehr zu tun gab, ging Jessy hinüber ins Wohnhaus. Sie beschloss, heute einmal Abendessen zu machen. Kochen war eigentlich nicht ihre Stärke, aber ein paar Gerichte brachte sogar Jessy zustande. Sie entschied sich für ein einfaches Reisgericht. Ihr Vater würde sich bestimmt freuen, wenn ausnahmsweise mal nicht er das Essen machen musste. Vor allem, da er ohnehin ziemlich spät nach Hause kommen würde.

Als sie fertig war mit Kochen, verputzte sie ihre Portion und stellte den Rest in den Ofen. Dann warf sie einen Blick auf die Uhr. Es war kurz vor sechs Uhr. Zeit für die Abendfütterung.

Also begab Jessy sich wieder nach draußen und suchte ihren Cousin. Er hatte im Hauptstall schon mit der Fütterung angefangen. Wortlos ging Jessy ihm zur Hand. Beide waren froh, ihre

Ruhe vor dem Anderen zu haben. So arbeiteten sie schweigend vor sich hin.

Zusammen brauchten sie etwa eine dreiviertel Stunde, um alle Pferde zu versorgen. Nach getaner Arbeit gingen sie ins Haus.

Auf dem Weg die Treppen hinauf rief Jessy zu Jürgen in die Küche: »Ich hab gekocht. Steht im Ofen.«

»Und du bist sicher, dass man das essen kann?« kam von unten zurück.

»Idiot«, rief Jessy und verzog sich in ihr Zimmer. Da es sinnlos war, auf ihren Vater zu warten, beschloss sie, um halb elf ins Bett zu gehen. Er hatte gesagt, es würde heute spät werden. Das hieß, er kam wahrscheinlich nicht vor Mitternacht nach Hause. Abgesehen davon war Jessy bereits ziemlich müde, was ihr heute sehr entgegenkam. Sie legte sich ins Bett. Kurz nachdem sie sich in ihr Kissen gekuschelt hatte, war sie auch schon eingeschlafen.

Kapitel 14

Am nächsten Tag fuhr gegen halb zehn ein Hänger auf den Hof. Jessy hatte den ganzen Morgen überlegt, ob sie mit ihrem Vater über Tanja reden sollte. Aber sie beschloss, es vorerst zu lassen. Sie wollte erst einmal abwarten, ob Tanja die Probezeit überhaupt bestehen würde. Noch war nichts entschieden.

Auch wenn Jessy sich, als sie den Hänger sah, einredete, dass ihr das Pferd dieser Tanja völlig egal war, lugte sie doch neugierig durch die Stalltür. Es war ein großer brauner Wallach, der aus dem Hänger geführt wurde. Er hatte eine breite Blesse und zwei weiße Fesseln. Eine vorne rechts. Die andere hinten links.

Im Großen und Ganzen fand Jessy ihn nicht besonders schön. Ihr persönlich war er zu großrahmig und viel zu unhandlich. Er hatte einen leichten Rammskopf. Sein ganzer Körperbau wirkte ein wenig unförmig. Vor allem verstand Jessy nicht, warum ein so zierliches Mädchen wie Tanja sich einen solchen Koloss zulegte. Entweder das Pferd war überragend gut oder einfach nur verdammt brav, wobei Jessy eher zu Letzterem tendierte.

Ihr Vater beaufsichtigte das Ausladen des Braunen. Anschließend unterhielt er sich mit Tanja.

Wie Jessy schon vermutet hatte, gebrauchte Tanja bei ihrem Dad dieselbe Zuckerpüppchen-Taktik wie schon bei Alex. Genervt wandte sie sich wieder ihrem Fuchs zu, den sie in der Stallgasse angebunden hatte.

Es dauerte nicht lange, da kam ihr Vater zusammen mit Tanja und ihrem Riesen durch die Stalltür.

Tanja führte den Wallach in die Box neben Cassini. Sie klopfte ihm den Hals, während sie sagte: »Ich hoffe dir gefällt deine neue Box. Hier werden wir für eine Weile bleiben.«

»Na, das wollen wir doch hoffen«, entgegnete Jessys Vater lachend.

Jessy biss die Zähne so fest zusammen, dass ihr der Kiefer weh tat. *Warum sind hier alle nur so blind?*

Als ihr Vater anschließend den Stall verließ, bemühte sich Jessy, jeden Kontakt mit Tanja zu meiden. Sie wusste genau, dass sie sich womöglich nicht zurückhalten konnte, ihr etwas an den Kopf zu werfen. Das war tatsächlich wörtlich gemeint.

Natürlich bemerkte Hero Jessys angespannte Körperhaltung. Er begann sofort unruhig in seiner Box auf und ab zu marschieren. Schließlich schlug er mit dem Vorderbein gegen seine Boxentür.

»Also dieses Ding hat wirklich überhaupt keine Erziehung«, sagte Tanja provokant, während sie in der Boxentür ihres Pferdes stand.

Jessy merkte schon, worauf das hinauslaufen würde. Doch den Gefallen wollte sie Tanja nicht tun. Als diese bemerkte, dass ihr Versuch Jessy zu provozieren fehlgeschlagen war, ging sie hinaus zum Auto um ihre übrigen Sachen zu holen und sich außerdem weiter bei Jessys Dad einzuschleimen.

Als Jessy gerade damit fertig war Monsi zu putzen, kam Tay zusammen mit Pascal durch die Stalltür.

»Morgen Kätzchen«, begrüßte Tay sie gut gelaunt.

Jessy knurrte nur vor sich hin.

»Schlechte Laune?«, fragte er neugierig, als er sich gegen Monsis Schulter lehnte.

»Möglich«, entgegnete Jessy verbissen.

Bevor Tay antworten konnte, kam Tanja mit einigen Sachen im Arm durch die Tür.

Eigentlich war Jessy davon ausgegangen, dass Tanja genau in Tays Beuteschema passte. Sie war schlank, blond und hatte mindestens Körbchengröße C. Ihr Gesicht war Jessys Meinung nach zwar nicht das Hübscheste, aber das war natürlich Geschmackssache.

»Ich glaube wir kennen uns noch nicht«, sagte Tanja an Tay und Pascal gewandt. Sie legte die Sachen vor die Box ihres Pferdes. »Ich bin Tanja«, stellte sie sich vor. Dabei streckte sie Tay, der ihr am nächsten stand, mit einem einladenden Lächeln die Hand hin.

Zu Jessys Überraschung betrachtete er sie nur kurz unbeeindruckt. Dann entgegnete er, ohne ihre Hand zu nehmen: »Tay.«

Pascal war etwas weniger unhöflich und antwortete: »Hi, ich bin Pascal«

Ein wenig unschlüssig ließ Tanja die Hand sinken, als von Tay keine weitere Reaktion kam.

Auch Pascal kümmerte sich nicht weiter um sie. Er verschwand wortlos in der Sattelkammer.

»Welches der Pferde ist denn deins?«, fragte Tanja, um die Unterhaltung weiter fortzuführen.

Tay deutete mit dem Kopf auf die Box von Legolas.

»Oh, der steht ja direkt neben meinem«, sagte sie erfreut. Sie fügte mit einem koketten Lächeln hinzu: »Den hab ich gestern schon bewundert.« Es war wirklich unübersehbar, dass Tanja versuchte Tay genauso für sich einzunehmen, wie sie es mit Alex gemacht hatte. Aber sie merkte bereits, dass sie mit reiner Freundlichkeit bei Tay nicht besonders weit kam. Nun versuchte sie eine andere Taktik. Sie begann damit, ihm Honig ums Maul zu schmieren.

»Du reitest bestimmt unglaublich gut, bei so einem durchtrainierten Pferd«, meinte sie. Dabei schaute ihn mit ihrem eklig zuckersüßen Lächeln an.

»Schon möglich«, entgegnete Tay gelassen. Daraufhin wandte er sich wieder Jessy zu.

Doch Tanja ließ einfach nicht locker und redete weiter. »Vielleicht könnten wir ja mal zusammen trainieren. Du könntest mir bestimmt ein paar Tipps geben … «

Nun ließ Tay ein leises Seufzen hören. Sichtlich entnervt abermals von ihr gestört zu werden, wandte er sich wieder in ihre Richtung und erwiderte geduldig: »Hör mal, Süße, ich steh nicht so auf blond und falls du es nicht bemerkt haben solltest – ich unterhalte mich gerade.« Damit wandte er sich wieder ab.

Jessy musste sich im selben Moment ein Grinsen verbeißen. Das war eine volle Breitseite.

Tanja lief dunkelrot an. Sie schaute zuerst Tay, dann Jessy wütend an, um anschließend wutentbrannt und peinlich berührt den Stall zu verlassen.

Nun schaute Jessy Tay mit hochgezogener Augenbraue an. »Was war das denn?«

»Sie ist nun mal nicht mein Typ. Ich steh mehr auf dunkelhaarige Mädchen«, meinte er mit seinem schiefen Grinsen.

Jessy betrachtete ihn spöttisch. Aber sie musste zugeben, dass sie ihn durch diese Aktion ein ganzes Stück sympathischer fand. Zumindest gab es nun jemanden, den sie noch weniger leiden konnte als Tay. Immerhin war er nicht auf Tanjas vorgespielte Art hereingefallen.

»Willst du dich bei mir gerade beliebt machen oder was?«, fragte sie neugierig.

»Funktioniert's denn?«

»Also wenn du mich mit sowas beeindrucken willst, dann musst du dir schon ein bisschen mehr Mühe geben. Obwohl ich zugeben muss, dass das eben schon kein schlechter Anfang war.«

Tay grinste sie an. Dann meinte er: »Ich hab da durchaus noch Luft nach oben.«

»Das glaub ich dir aufs Wort«, erwiderte Jessy, als sie sich wieder ihrem Pferd zuwandte.

»Was ist denn nun mit unserem Date?«, fragte er.

»Willst du es wirklich sofort wieder versauen?«, entgegnete Jessy genervt.

Tay lachte und sagte grinsend: »Ich kann warten. Aber aus der Nummer kommst du nicht mehr raus.«

Jessy seufzte. Er war wirklich unverbesserlich.

Am Nachmittag kam der Schmied. Saphir bekam ein neues Hufeisen, sodass Jessy ihn heute bereits wieder reiten konnte. Von Tanja sah sie den Rest des Tages glücklicherweise nichts mehr.

Jessy machte mit Sam und Anja einen langen Ausritt.

Danach verschanzte sich gegen halb fünf mit Hero in der Reithalle. Eigentlich hatte sie vorgehabt Alex zu bitten, ihr zu helfen, aber nach ihrer gestrigen Meinungsverschiedenheit hielt sie das für keine gute Idee. Also arbeitete sie alleine mit ihrem Palomino. Zurzeit war das Training mit ihm ausgesprochen angenehm. Gebiss und Sattel hatte er inzwischen gut akzeptiert. Er reagierte sehr fein auf Jessys Körpersprache, deshalb war sie zuversichtlich, dass sie den nächsten Schritt langsam in Angriff nehmen konnte.

Als sie den Hengst etwas später wieder hoch in den Stall brachte, war nur Jürgen da. Er sattelte gerade seinen Rappen Sultan. Jessy fing den misstrauischen Blick auf, den er Hero zuwarf, aber er hielt seinen Mund. Zufrieden stellte sie den Palomino in die Box. Dort nahm sie ihm Sattel und Zaumzeug ab. Sie wollte ihn nicht in der Stallgasse anbinden, da er sich sonst womöglich wegen Jürgens Wallach aufregte.

Mit anderen Pferden musste man bei Hero noch immer vorsichtig sein. Liebevoll streichelte Jessy seine Stirn, bevor sie die Boxentür schloss. Sie machte sich gleich daran, die Futterportionen für ihre Pferde vorzubereiten.

Jürgen war auffallend schweigsam, was Jessy im Grunde genommen nicht störte. Aber es war ungewöhnlich für ihn. Normalerweise fand er immer irgendetwas, woran er herumnörgeln konnte.

»Sag mal, wie läuft's eigentlich mit dem Hengst?«, fragte er plötzlich.

Jessy wandte sich um. Sie schaute ihn halb überrascht, halb ungläubig an. »Seit wann interessiert dich das?«, entgegnete sie skeptisch.

»Ich frag ja nur«, meinte Jürgen etwas beklommen.

Jessy runzelte die Stirn und sagte: »Du bist heute echt komisch.«

Jürgen schaute sie etwas unbeholfen an, sagte weiter aber nichts mehr darauf. Er zäumte Sultan auf und zog den Rappwallach anschließend ohne ein weiteres Wort nach draußen.

Jessy warf ihm einen irritierten Blick nach.

Dann begab sie sich hinüber ins Haus. Sie sprang unter die Dusche, machte sich anschließend eine Kleinigkeit zu essen und verzog sich in ihr Zimmer.

Sie telefonierte noch eine halbe Stunde mit Anja, um über Tanja zu schimpfen. So gegen halb elf ging sie schließlich ins Bett.

KAPITEL 15

ZWEI TAGE SPÄTER wurden Tanjas Reitkünste dann das erste Mal auf die Probe gestellt.

Jessy arbeitete gerade mit Saphir, als ihr Vater zusammen mit Tanja und ihrem Wallach, der den Namen ›Calando‹ trug, zum Reitplatz kam. Auch Alex und Jürgen waren dabei.

Tanja stieg auf ihr Pferd. Sie begann anschließend mit dem Warmreiten. Jessy beobachtete sie ganz genau. Bis jetzt konnte sie noch nichts Negatives entdecken, außer dass Tanja etwas steif wirkte. Vielleicht war sie aber auch nur nervös, was Jessy ihr nicht einmal verdenken konnte. Es schauten immerhin einige Leute zu. Jessy trieb Saphir zum Galopp an und sprang zweimal die Kombination.

»Sehr gut, Jessy. Lass die Hand überm Sprung ruhig ein wenig mehr dran«, rief ihr Vater.

Jessy parierte ihren Schimmel zum Schritt durch. Als sie ihn wieder antrabte, sah sie aus dem Augenwinkel Tay und Pascal den Weg vom Stall herunterkommen.

Jessys Vater wartete noch etwa fünf Minuten. Dann meinte er: »In Ordnung Tanja, du kannst jetzt anfangen. Reite ihn einfach so wie immer. Mach zwischendurch ein paar Sprünge. Keine Panik. Ich will mir nur ein erstes Bild von euch beiden machen. Ihr müsst also keine Wunder vollbringen.«

»Ist gut«, antwortete Tanja und fügte hinzu: »Ich muss gestehen, ich bin wirklich etwas nervös.«

»Das kriegt ihr schon hin«, rief Alex aufmunternd.

Sofort krampfte sich Jessys Magen zusammen.

»Danke Alex«, gab Tanja mit ihrem strahlenden Barbie-Lächeln zurück.

Am liebsten hätte Jessy sie in dem Moment vom Pferd geschubst. Wütend nahm sie die Zügel auf. Sie trieb Saphir vorwärts. Sie stob an Tanjas Wallach vorbei und steuerte mit ihrem Hengst den etwas höheren Oxer an, der an der langen Seite aufgebaut war. Sie kam nicht ganz passend, aber Saphir drückte trotzdem ab. Er machte einen gewaltigen Satz, sodass sie nicht ansatzweise Gefahr liefen, eine Stange zu berühren.

Mach uns das erst mal nach. Jessy ließ sich die Zügel entspannt aus der Hand kauen, während sie die Vorstellung beobachtete. Nach einiger Zeit musste sie allerdings zugeben, dass Tanja ihren Braunen recht schön im Griff hatte. Sie machte ihre Sache gar nicht mal schlecht.

Ein paar Mal nahm sie das kleine Kreuz in der Mitte des Platzes. Anschließend ritt sie den Steilsprung aus dem oberen Eck an. Natürlich kam sie passend. Ihr Wallach sprang problemlos darüber hinweg, wenn auch nicht in der schönsten Manier. Jetzt bestätigte sich Jessys Vermutung, dass Tanja dieses Pferd nur hatte, weil es wahnsinnig brav war. Der Wallach machte zuverlässig alles, was man von ihm wollte. In Jessys Augen ein totaler Selbstläufer. Tanja hatte kaum etwas zu tun. Sie musste ihr Pferd nur machen lassen.

Unbeeindruckt lenkte Jessy Saphir zum Tor des Reitplatzes. Dort sprang sie aus dem Sattel. Sie zog die Steigbügel hoch, als sie noch einen kurzen Blick zu ihrem Vater warf, der Tanja aufmerksam beobachtete.

Alex öffnete ihr das Gatter, was Jessy nur mit einem reservierten »Danke« quittierte. Sie brachte Saphir in den Stall, um ihn abzusatteln. Anschließend führte sie ihn auf die Weide. Beim Zurückgehen machte sie einen kleinen Umweg über den Reitplatz.

Als Jessy dort ankam, stieg Tanja gerade aus dem Sattel. Sie klopfte ihrem Braunen kräftig den Hals.

»Ihr zwei habt eure Sache wirklich gut gemacht. Da seh ich auf jeden Fall Potenzial«, meinte Jessy Dad lächelnd.

»Vielen Dank. Und das obwohl ich so aufgeregt war«, entgegnete Tanja verlegen.

In Jessy brodelte es. *Das darf doch alles nicht wahr sein!*

Als ihr Vater sich zum Gehen wandte, überlegte Jessy, ob sie nicht gleich mit ihm reden sollte. Aber jetzt waren zu viele Leute dabei. Sie musste ihn wohl oder übel in seinem Büro abfangen. Aber einstweilen begab sich Jessy mit den Anderen hoch zum Stall.

Während Tanja ihr Pferd absattelte, plauderte sie die ganze Zeit mit Alex.

»Du sag mal, Alex, könntest du mir morgen vielleicht ein paar eurer Geländestrecken zeigen?«, fragte sie dann.

Jessy wurde beinahe übel bei dem Gedanken, dass Tanja allein mit Alex im Gelände unterwegs war.

»Naja, ich kann dir schon ein paar Wege zeigen. Allerdings bin ich ja selbst noch nicht so lange hier. Daher kenne ich bei weitem noch nicht alle«, erwiderte Alex.

»Das macht doch nichts. Ich freu mich schon auf den Ausritt«, sagte Tanja lächelnd.

Jessy war so damit beschäftigt, sich zusammenzureißen, dass sie gar nicht merkte, wie sie beobachtet wurde.

Tay ließ keinen Blick von ihr. Natürlich merkte er deutlich, wie wütend Jessy war und auch warum. Entspannt schlenderte er zu ihr herüber.

Sie sah ihn aus dem Augenwinkel kommen, aber im Moment richtete sich ihre gesamte Wut gegen Tanja und zum Teil auch gegen Alex. Merkte er wirklich nicht, wie dieses Püppchen ihn umgarnte?

»Sag mal, Jessy, du hast nächste Woche nicht zufällig Zeit?«, fragte Tay mit einem bestechenden Lächeln.

Auf die Frage war Jessy ein wenig unvorbereitet. »Was soll das werden?«, wollte sie wissen. Misstrauisch betrachtete sie ihn.

»Ich hab zwei Kinokarten für den neuen Film, der nächste Woche anläuft. Ich würde mich freuen, wenn du mich begleiten würdest.«

Jetzt wusste Jessy, worauf die Sache hinauslief.

Da sie zögerte, fügte Tay mit einem vielsagenden Blick hinzu: »Ich wäre wirklich untröstlich, wenn du ›nein‹ sagen würdest.«

Er erpresste sie schon wieder. Jessy war für einen kurzen Moment versucht, tatsächlich ›nein‹ zu sagen. Aber dann würde ihre Vereinbarung ins Wasser fallen. Noch mehr Probleme konnte sich Jessy gerade wirklich nicht leisten. Sie hatte Tay das Date versprochen und er hatte sein Wort immerhin gehalten.

Sie bemerkte, dass Alex und Tanja ihre Unterhaltung beobachteten. Sie versuchte sich einzureden, dass es ihr vollkommen egal war, was Alex darüber denken würde.

»Na schön. Von mir aus«, antwortete Jessy. Sie konnte in dem Moment kurz einen Blick auf Alex erhaschen, dem beinahe die Gesichtszüge entglitten.

»Super. Ich kann's kaum erwarten«, erwiderte Tay mit einem schiefen Grinsen. Dann wandte er sich mit einem triumphierenden Gesichtsausdruck Pascal zu, der ebenfalls etwas überrascht auf Jessys Antwort reagiert hatte.

Jessy, für ihren Teil, hatte etwas gemischte Gefühle. Ihr wäre es lieber gewesen, wenn Alex das Ganze nicht mitbekommen hätte. Sie wollte nicht, dass er jetzt etwas hinein interpretierte. Am liebsten hätte sie sofort mit ihm geredet, aber solange diese blöde Tanja ihm am Rockzipfel hing, ging das nicht. Sie würde einfach morgen versuchen, ihn alleine zu erwischen und ihn dann über die ganze Sache aufklären.

Kapitel 16

Am nächsten Tag hatte Jessy ihren Vater bereits am Morgen gebeten, heute mit ihr und Hero zusammen in die Halle zu kommen. Sie hatte vor, ihn zu überraschen.

Ihr Vater wusste noch nicht, dass sie sich schon ein paar Mal heimlich auf dem Rücken des Hengstes gesetzt hatte. Alex hatte sie dabei ein paar Runden an der Longe im Schritt gehen lassen. Jessy hatte sichergehen wollen, dass auch wirklich alles glatt lief, wenn ihr Dad dabei war.

Das einzige Problem war nur, dass sie nicht genau wusste, ob Alex sich bereit erklären würde, ihr zu helfen. Nachdem was in den letzten paar Tagen abgelaufen war, konnte es gut möglich sein, dass er ihr eine Abfuhr gab, wenn sie ihn um Hilfe bitten würde. Aber sie wollte es trotzdem versuchen.

Gegen halb eins kam Alex in den Stall. Jessy wartete bereits ungeduldig. Als sie ihn mit einem etwas unschlüssigen »Hi«, begrüßte, warf er ihr kurz einen merkwürdigen Blick zu.

»Hi«, antwortete er kurz. Dann wandte er sich seinen Pferden zu.

Jessy atmete einmal tief durch, ehe sie sagte: »Ich brauch deine Hilfe.«

Alex stutzte. »Was ist los?«, fragte er etwas aufgeschlossener.

»Ich möchte Hero heute reiten, wenn Paps dabei ist. Ich brauch dich als Longenführer.«

Als Alex den Kopf schräg legte, sah es so aus, als würde er erst überlegen. Doch dann erwiderte er wie selbstverständlich: »Sicher helf ich dir.«

»Danke«, murmelte Jessy erleichtert. »Übrigens«, fügte sie hinzu: »Das Date mit Tay ist keine freiwillige Sache, falls du das gestern gedacht hast.«

Jetzt warf Alex ihr einen skeptischen Blick zu. »Was meinst du mit ›keine freiwillige Sache‹?«

»Wir hatten einen Deal. Er hat mir versprochen, Jürgen davon abzuhalten, Hero weiter zu ärgern. Im Gegenzug musste ich ihm versprechen mit ihm auszugehen«, erklärte Jessy etwas gequält.

Alex seufzte. »Der Kerl macht wirklich nichts umsonst«, meinte er kopfschüttelnd.

»Es war die einzige Möglichkeit, endlich Ruhe vor Jürgen zu haben.«

»Ich weiß ja nicht. Da hätten wir bestimmt auch eine andere Lösung gefunden.«

Plötzlich öffnete sich die Stalltür und Tanja kam herein. »Hallo«, flötete sie übertrieben freundlich.

Jessy antwortete nur mit einem unterkühlten »Hi.«

»Hallo Tanja«, begrüßte Alex sie.

»Na, bereit für unseren Ausritt?«, fragte sie enthusiastisch.

»Sorry, den müssen wir leider auf später verschieben. Ich hab Jessy versprochen ihr mit Hero zu helfen. Das ist wirklich wichtig«, erklärte Alex.

Tanja ließ es sich zwar nur einen kurzen Moment anmerken, aber Jessy sah die Eifersucht in ihrem Blick nur zu deutlich.

»Ähm … ja, schade … «, entgegnete sie etwas unsicher.

»Der Ausritt ist ja nicht abgesagt, sondern nur verschoben«, sagte Alex lächelnd.

Aber Jessy wusste, dass das nicht der Grund für Tanjas Unmut war. Es ging ihr nur darum, dass Alex sie wegen Jessy versetzte und das passte ihr nicht.

Trotzdem rang Tanja sich ein Lächeln ab, als sie erwiderte: »Ach, kein Problem. Ist doch klar, dass so etwas wichtiger ist als ein Ausritt. Dann warte ich eben solange bis ihr fertig seid.«

»Das ist nett von dir. Es wird auch nicht allzu lange dauern«, meinte Alex. Er schaute Jessy mit einem bestätigenden Blick an.

Mit gerunzelter Stirn wandte Jessy sich Hero zu, der von seinem Boxenfenster aus schon die ganze Zeit die Szene, die sich ihm bot, beobachtete. Als Jessy ihn heraus holte und ihn an Tanja vorbei führte, legte der Hengst warnend die Ohren an.

»Warum ist er denn immer so aggressiv?«, fragte Tanja beinahe ein wenig verzweifelt. »Ich hab ihm doch gar nichts getan.«

»Denk dir nichts. Hero ist sehr eigen und braucht eben seine Zeit, um sich an Fremde zu gewöhnen, das ist alles«, erklärte Alex.

»Das stimmt nicht. Hero mag eben gewisse Leute einfach nicht. Sowas nennt man Menschenkenntnis!« Jessy hatte sich den Kommentar einfach nicht verkneifen können. Den letzten Satz bereute sie allerdings schon wieder, als sie sich einen strafenden Blick von Alex einfing.

Tanja nutzte natürlich die Gelegenheit, um die Verletzte zu spielen. Sie senkte den Kopf, während sie Alex hilfesuchend anschaute.

»Nimm sie nicht so ernst. Jessy meint es meistens nicht so«, versuchte er, Tanja zu trösten.

Doch tut sie. Jetzt hatte Jessy sich schon wieder in eine blöde Situation manövriert. Nun sah es so aus, als ob sie hier die Böse war. Wütend über sich und die Welt holte Jessy ihr Putzzeug. Sie begann damit, den Palomino zu striegeln.

Zwanzig Minuten später war sie mit dem Hengst und Alex unten in der Halle. Auch ihr Vater war bereits da.

Er beobachtete aufmerksam, wie Jessy dem Hengst die Longe am Kappzaum befestigte. Anschließend ließ sie ihn ruhig im Schritt an der Longe losmarschieren. Sie führte ihrem Dad vor, wie gut Hero auf die Kommandos reagierte. Dann holte sie ihn wieder zu sich in die Zirkelmitte.

»Das macht er alles schon recht gut«, lobte ihr Vater. Auch wenn er dem ganzen immer noch mit einer gesunden Skepsis gegenüberstand.

»Das war noch längst nicht alles«, sagte Jessy. Sie schnallte sich ihre Reitkappe fest. Als sie das misstrauische Gesicht ihres Vaters sah, meinte sie gelassen: »Keine Sorge, Paps. Ich hab alles im Griff.«

»Das hoffe ich«, erwiderte ihr Dad. Allerdings wirkte er durch Jessys Aussage keinen Deut beruhigter.

Das Aufsteigen hatte sie mit dem Hengst schon oft geübt. Da er diese Prozedur kannte, blieb er auch ruhig stehen, als Jessy einen Fuß in den Bügel setzte. Erst legte sie sich nur über den Sattel. Schließlich schwang sie vorsichtig das rechte Bein über den Rücken des Pferdes. Sie konnte deutlich sehen, wie ihr Vater die Luft anhielt. Es war selten, dass sie ihn so angespannt sah.

»Bereit?«, fragte Alex, nachdem er Hero sein Belohnungsfutter gegeben hatte.

»Bereit«, erwiderte Jessy. Sie saß nur als Beifahrer im Sattel.

Alex führte ihn ein Stück, bis Jessy sagte: »Häng die Longe aus.«

Er nickte zögernd, tat aber was sie wollte. Ihr Dad sah in dem Moment aus, als würde er gleich in Ohnmacht fallen. Selbst Alex wirkte ein wenig nervös. Nur Jessy und Hero waren völlig ruhig.

Sie gab dem Hengst sanften Schenkeldruck. Er verstand sofort und bewegte sich in behutsamen Schritten vorwärts. Jessy ließ ihn einmal ganze Bahn gehen. Dann lenkte sie ihn Richtung Mitte. Dort stieg sie ohne Hast aus dem Sattel. Dann lobte sie ihn ausgiebig.

»Das hast du klasse gemacht, mein Hübscher«, sagte Jessy. Sie kraulte ihm die Stirn. Hero genoss das Lob. Jessy war extrem stolz auf ihn.

»Also ich muss wirklich sagen, dass ich in meinem ganzen Leben noch nie so eine Angst um dich hatte«, meinte ihr Vater, als er von der Tribüne herunterkam.

»Du übertreibst, Paps«, entgegnete Jessy gelassen.

»Nein, ganz und gar nicht. Aber ich muss schon zugeben, dass ich mit allem gerechnet hatte, aber nicht damit, dass der Bursche sich so anständig verhält«, räumte ihr Dad ein.

Jessy grinste übers ganze Gesicht.

»Doch damit eins ganz klar ist. So ganz trau ich ihm immer noch nicht. Es stellt sich erst heraus, wie brav er ist, wenn du wirklich anfängst, mit ihm unter dem Sattel zu arbeiten. Abgesehen davon muss er im Umgang genauso verlässlich sein«, fügte ihr Vater ernst hinzu.

»Das weiß ich, Paps. Aber du wirst sehen, dass wir das auch noch hinkriegen«, meinte Jessy selbstsicher. Sie streichelte dem Pferd über den kräftigen Hals.

»Übernimm dich nur nicht. Und geh kein unnötiges Risiko ein, hörst du?!«, mahnte er sie noch einmal.

»Ich doch nicht.«

Bei diesem Satz zog er ungläubig eine Augenbraue hoch. Damit verließ er die Reithalle.

»Noch besser hätte es gar nicht laufen können«, freute Jessy sich.

»Ja, heute habt ihr sogar mich überrascht«, meinte Alex. Er betrachtete den Palomino, der Jessys Westentasche neugierig nach Leckerlis absuchte.

»Danke dir«, erwiderte Jessy, während sie dem Hengst liebevoll über den Nasenrücken strich. Dann schaute sie zu Alex und fügte hinzu: »Und dir natürlich auch.«

»Gern geschehen. Wir sollten ihn rauf bringen. Heute hat er sich seinen Feierabend wirklich mehr als verdient.«

Später am Nachmittag war Jessys gute Laune allerdings schon wieder verflogen. Sie hockte im Stall auf ihrem Eimer, während sie mit finsterem Blick ins Leere starrte.

Monsi, der angebunden in der Stallgasse stand, scharrte ungeduldig mit dem Huf. Sie ließ ihn bereits seit zehn Minuten warten. Für so etwas hatte der Fuchs keine Geduld. Doch Jessy ignorierte seine Aufforderung. Sie überlegte weiter, was sie jetzt tun sollte.

Der Grund für ihre schlechte Laune war natürlich Tanja. Sie war nun schon seit einer dreiviertel Stunde mit Alex im Gelände unterwegs. Für Jessys Geschmack war das eindeutig zu lang. Nun überlegte sie, ob sie den beiden nicht nachreiten sollte. Da Alex noch nicht sehr viele Strecken kannte, war es keine Kunst, die zwei aufzuspüren. Es war nur so, dass Jessy vielleicht gar nicht wissen wollte, warum sie so lange wegblieben. Bei dem bloßen Gedanken daran drehte sich ihr der Magen um. Diese blöde Tanja!

Jessy erhob sich seufzend von ihrem Eimer, nur um unschlüssig in der Stallgasse auf und ab zu marschieren.

Als sie bereits das dreizehnte Mal an Saphirs Box vorbeikam, öffnete sich die Stalltür. Es war Tay, der herein kam. Er war allein. Es war eigentlich untypisch ihn ohne Pascal zu sehen.

»Hallo Kätzchen«, begrüßte er sie. Dann schaute er sich um und fragte neugierig: »Sag mal, wo ist denn Alex? Er ist doch sonst immer bei dir.« Tay gab sich nicht einmal Mühe, den unterschwelligen Ton in seiner Frage zu verbergen. Aber er erzielte damit die gewünschte Wirkung.

Frustriert ließ Jessy sich wieder auf ihren Eimer sinken.

Als sie keine Antwort gab, entgegnete Tay: »Sag bloß, er ist mit dem Blondchen unterwegs.«

»Warum fragst du mich, wenn du's eh schon weißt«, erwiderte Jessy gereizt.

»Vollidiot«, murmelte Tay schadenfroh.

Jessy warf ihm einen etwas verwirrten Blick zu.

»Also ich wüsste sofort, wem von euch beiden ich den Vorzug geben würde. Aber scheinbar ist ihm blond lieber«, fügte Tay schulterzuckend hinzu.

Jessy senkte den Blick. Wollte Tay ihr nur einreden, dass Alex auf Tanja stand oder war sie einfach zu blind, um die Wahrheit selbst zu erkennen?

Tay betrachtete Jessy prüfend. »Du solltest dich davon wirklich nicht runterziehen lassen. Wenn er dich so links liegen lässt, dann ist ihm eh nicht mehr zu helfen. Außerdem hast du sowieso was Besseres verdient.«

Bei diesem letzten Satz hob Jessy den Kopf. Sie warf Tay einen finsteren Blick zu. »Er lässt mich nicht links liegen und wenn du mit ›etwas Besseres‹ zufällig dich meinst, kann ich darauf gern verzichten.«

Damit stand sie auf. Sie ging entschlossen zu Monsi hinüber, um ihn für den Ausritt fertig zu machen.

»Verdräng die Dinge nur weiter, Kätzchen. Aber du wirst dir damit nur selber weh tun, glaub mir«, meinte Tay gelassen.

Jessy ignorierte seine Prophezeiung und legte Monsi das Zaumzeug an. Anschließend führte sie den Wallach ohne ein weiteres Wort aus dem Stall.

Draußen im Hof stieg sie in den Sattel. Sie trieb ihn vorwärts Richtung Reitplatz. Dort ging es an den Koppeln vorbei, auf die Feldstraße, die zum Waldrand führte. Es war heute ziemlich heiß, also war es sehr wahrscheinlich, dass die beiden in den Wald geritten waren. Jessy musste einfach Gewissheit haben. Sie glaubte Tay nicht. Sie wollte ihm nicht glauben.

Kapitel 17

Als Jessy am Waldrand angekommen war, nahm sie den Weg geradeaus. Sie vermutete stark, dass Alex mit Tanja hier entlang geritten war. Das war eigentlich ihre Stammstrecke, die die meisten im Stall benutzten, weil sie einige Abschnitte hatte, die sich gut zum Galoppieren eigneten.

Jessy ließ Monsi die ganze Zeit im Schritt gehen, um die beiden notfalls rechtzeitig zu entdecken. Sie wollte auf keinen Fall gesehen werden.

Monsi ging das Ganze allerdings deutlich zu langsam. Er ruckte einige Male auffordernd mit dem Kopf. »Sorry, mein Dicker, aber wir sind inkognito. Da ist leider grade kein Galopp drin«, meinte Jessy und streichelte ihrem Fuchs versöhnlich den Hals.

Im selben Moment hörte sie Stimmen. Nur ganz leise, aber nicht sonderlich weit weg. Sie ließ ihren Wallach halten. Dann lauschte sie. Jetzt hörte sie Gelächter. Es kam eindeutig näher.

Sofort wendete Jessy Monsi und lenkte ihn zwischen die Bäume. Sie schaute sich um. Dabei entdeckte sie ein dichtes Gestrüpp, das groß genug war, um ein Pferd dahinter zu verstecken. Dort sprang sie aus dem Sattel. Sie versuchte Monsi so zu platzieren, dass er von beiden Seiten aus nicht mehr zu sehen war. Sie hoffte nur, dass ihr Fuchs nicht wieherte, wenn er die anderen Pferde bemerkte. Beruhigend streichelte sie seinen Kopf. Leise flüsterte sie: »Wir müssen jetzt ganz still sein, verstehst du?«

Sie wusste natürlich, dass er sie nicht verstand. Aber sie hoffte, dass ihn der Klang ihrer Stimme ruhig halten würde. Während sie ihm über den Hals strich, horchte sie. Erst dachte sie, sie hätte sich getäuscht. Doch dann konnte sie das dumpfe Geräusch von Pferdehufen hören und eine weibliche Stimme sagte: »Also, euer Gelände ist ja wirklich traumhaft. Aber ich hätte mich hier bestimmt völlig verlaufen.« Das war ganz eindeutig Tanja. Sofort spürte Jessy wieder heiße Wut in sich aufsteigen.

»Ja, ein bisschen verwirrend ist es hier schon. Vermutlich kennen die wenigsten bei uns im Stall alle Wege. Mit Ausnahme von Jessy. Ich bin sicher, dass sie jeden Feldweg und jeden Pfad in dieser Gegend schon einmal entlang geritten ist«, hörte Jessy Alex sagen.

»Wirklich? Dann muss sie ja ziemlich viel im Gelände unterwegs sein. Also mir wäre das ja zu gefährlich. Ich hätte Angst, runterzufallen oder dass mein Pferd sich unterwegs verletzt«, entgegnete Tanja.

»Naja, runterfallen kannst du auch in der Halle und verletzen kann ein Pferd sich überall. Reiten ist nun mal nicht der ungefährlichste Sport. Aber Geländereiten ist eine gute Methode, um sein Pferd fit zu halten. Außerdem werden sie dadurch unerschrockener. Jessys Pferde sind das beste Beispiel dafür.« Bei diesen Worten wurde Jessy ein wenig warm ums Herz.

»Du scheinst wirklich sehr viel von ihr zu halten. Tut mir Leid, dass ich jetzt so direkt frage, aber seid ihr beide eigentlich zusammen?« Bei dieser Frage hielt Jessy die Luft an.

»Nein. Wir sind befreundet, aber zusammen sind wir nicht.« Irgendwie war die Art und Weise, wie er das sagte, ein Faustschlag in Jessys Gesicht. Sie war also doch nur eine Freundin für ihn.

»Dann hast du eine andere Freundin?«, bohrte Tanja weiter nach.

»Nein. Die letzte Zeit hatte ich ohnehin viel zu viel mit dem Umzug und der neuen Wohnung zu tun. Da hätte ich für was anderes überhaupt keine Zeit gehabt«, erwiderte Alex abwinkend.

»Ich kann's gar nicht glauben, dass jemand wie du single ist. Die Mädels müssten dir eigentlich in Scharen hinterherrennen«, schleimte Tanja.

Jessy krampfte die Hand, in der sie die Zügel hielt, so fest zusammen, dass sich ihre Fingernägel in ihre Handfläche bohrten.

»Für so etwas bin ich eindeutig der Falsche«, sagte Alex.

»Du bist viel zu bescheiden. Die Mädchen hier haben scheinbar einfach keinen Geschmack.«

Während Tanja weiter herum flirtete, wurde Monsi die ganze Geschichte mittlerweile ein wenig langweilig. Er begann unruhig zu werden. Dabei trat er mit einem seiner Hinterbeine auf einen trockenen Zweig, sodass ein lautes Knacken zu hören war. Aber zum Glück ließen die beiden sich davon nicht stören.

»Würdest du morgen vielleicht wieder mit mir ausreiten? Ich fand den Ausritt heute total schön«, meinte Tanja. Jessy verspürte das Bedürfnis, sie einfach zu packen und zu würgen.

»Klar gerne. Mir hat der Ausritt auch Spaß gemacht«, entgegnete Alex.

»Du bist wirklich nett. Nicht so wie die anderen Jungs hier.«

»Ach, wegen Tay brauchst du dir echt nichts zu denken und die anderen sind alle ganz okay, wenn man sie erst mal kennt. Keine Sorge, das wird schon noch.«

»Ja, ich glaub auch«, sagte Tanja zuckersüß.

Dann wurden die Stimmen so leise, dass Jessy nichts mehr verstehen konnte. Als die Geräusche völlig verklungen waren, stand sie noch immer da, wie vom Donner gerührt. Für Jessy war dieses Gespräch eben Bestätigung genug gewesen. Es war offensichtlich, dass Alex Tanja mochte. Man brauchte kein Genie sein, um zu erkennen, in welche Richtung sich das Ganze entwickeln würde. Jessy konnte nicht einmal was dagegen unternehmen. Sie waren ja immerhin nur »befreundet«. Wie hatte sie glauben können, dass Alex mehr für sie empfinden könnte?

Enttäuscht und ihren verletzten Gefühlen ausgeliefert, stieg Jessy in den Sattel. Sie ließ ihren Fuchs antraben. Dabei achtete sie nicht darauf, wohin er sie trug. Sie wollte einfach nur ganz weit weg. Am liebsten hätte sie geweint, doch diese Blöße wollte sie sich nicht geben. Sie wollte nicht wegen ihm weinen.

Etwa zweieinhalb Stunden war sie mit Monsi unterwegs. Die Ruhe des Waldes tat ihr gut. Sie spürte die kräftigen Muskeln ihres Pferdes und verlor sich in dem gleichmäßigen Rhythmus seiner Hufschläge.

Nach dem Verlassen des Waldes kamen sie an einer großen Wiese vorbei, die sich über einen Hügel erstreckte. Monsi wusste schon, was los war. Er war kaum zu halten, als sie ihn endlich angaloppieren ließ. Jessy warf die Zügel weg und ließ ihren Fuchs im gestreckten Galopp über die Wiese fliegen. Nur dass dieses Gefühl besser war als fliegen. Es war wie eine Welle, die einen mit sich riss. Wie ein Vulkan, der ausbrach. Dieses Gefühl war wie eine Naturgewalt. Ein unbändiges Gefühl von Freiheit. Das Bewusstsein, die Kontrolle aufzugeben, um sich der völligen Losgelassenheit hinzugeben. Dieses Gefühl war mit nichts auf der Welt vergleichbar.

Als sie oben am Hügel ankamen, parierte Jessy ihr Pferd durch. Auch wenn ihre Euphorie es nicht ganz schaffte, die Enttäuschung beiseite zu schieben, wurde sie zumindest ein bisschen gemildert. Jessy streichelte Monsi den Hals.

Anschließend ließ sie ihn am langen Zügel den Heimweg antreten. Jetzt fühlte sie sich immerhin vorbereitet genug, um der Wahrheit ins Auge zu sehen.

Zuhause angekommen, wartete ihr Vater im Stall auf sie.

»Ihr beide wart heute aber lange draußen«, stellte er lächelnd fest, als Jessy mit Monsi durch die Stalltür kam.

»Ja, ich glaub ich hab das mal wieder gebraucht«, sagte Jessy, als sie ihrem Pferd den Sattel abnahm.

»Wenn du hier fertig bist, dann komm doch bitte kurz rauf ins Büro. Ich würde gern etwas mit dir und Jürgen besprechen.«

»Ähm … okay.« Jessy hatte zwar keine Ahnung, was er wollte, aber das war eine gute Gelegenheit, um ihn auf Tanja anzusprechen. Also beeilte sie sich damit, Monsi in die Box zu stellen und das Futter zu richten.

Dann sauste sie ins Wohnhaus hinüber, die Treppen hinauf zum Büro ihres Vaters. Jürgen war schon da, als sie hereinkam.

»Ah, sehr gut. Perfektes Timing«, meinte ihr Vater zufrieden, während er sich in seinen Bürostuhl setzte.

»Was gibt's denn so Wichtiges, Paps?«, fragte Jessy neugierig.

»Ich hab mir ein wenig Gedanken gemacht, wie es Ende des Sommers mit der Stallarbeit aussehen soll, da ihr beide mir dann nur noch begrenzt zur Verfügung steht.«

»Ich kann auch während des Studiums arbeiten«, meinte Jürgen sofort.

»Das weiß ich, aber ich möchte, dass du dich auf dein Studium konzentrierst, nicht auf die Stallarbeit. Einige Tage unter der Woche wirst du in München verbringen müssen und ich werde nicht die Zeit haben, mich in der Zeit um den Stall zu kümmern.«

»Ich bin ja auch noch da«, schaltete Jessy sich ein. »Das weiß ich, mein Schatz. Aber wenn Jürgen in München ist, wirst du genug mit den Pferden und dem Training zu tun haben. Außerdem hast du auch noch Schule und die Stallarbeit noch dazu, das stemmst nicht mal du, Jessy. Deswegen habe ich mir eine Lösung für dieses Problem überlegt. Ich habe vor, eine Stallhilfe einzustellen.«

»Hast du denn schon jemanden für die Stelle?«, wollte Jürgen wissen.

»Ich hab bereits eine Stellenanzeige aufgegeben. Bis jetzt sind drei Anfragen rein gekommen. Natürlich werde ich mir die Bewerber besonders gut anschauen. Ich möchte bitte, dass ihr beide dabei seid. Immerhin ist der Job mit sehr viel Verantwortung verbunden. Der oder diejenige sollte ein gutes Händchen für Pferde haben.«

»Allerdings«, entgegnete Jessy. Sie war noch ein wenig skeptisch. Die Vorstellung, dass jemand Fremdes sich um die Pferde kümmerte, wollte ihr nicht so recht gefallen. Aber ihr Vater hatte eindeutig recht. Es war notwendig, eine zusätzliche Arbeitskraft einzustellen. Jessy hoffte nur, dass wenigstens ein paar geeignete Bewerber dabei waren.

»Ähm, Paps, da wäre noch etwas anderes, worüber ich mit dir reden wollte«, sagte Jessy, die nach dem Gespräch noch im Büro geblieben war. Jürgen war bereits nach draußen gegangen, um den Stall fertig zu machen.

»Was gibt's denn, Jessy?«

»Es geht um Tanja. Wie stehen denn die Chancen, dass du sie in die Mannschaft aufnimmst?«

»Sie stellt sich nicht schlecht an. Warum fragst du?«

»Also ... eigentlich ... Wie soll ich sagen? Ich verstehe mich nicht besonders gut mit ihr. Ehrlich gesagt kann ich sie überhaupt nicht leiden. Sie tut vorne herum so freundlich, aber in Wirklichkeit ist sie das gar nicht.«

Ihr Vater betrachtete Jessy prüfend. »Kann es sein, dass du die Auseinandersetzung wegen Hero meinst?«

»Was? Woher weißt du davon?«

»Tanja hat es mir erzählt und auch, dass du ziemlich schroff zu ihr warst.«

»Ich war schroff? Sie hat mein Pferd beschimpft. Außerdem ist sie selber schuld, wenn sie keine Schilder lesen kann!«

»Trotzdem war es dein Pferd, das Tanja beinahe verletzt hätte. Ich muss auch sagen, dass mich ihre Reaktion sehr beeindruckt hat. Sie hat sich bei mir für ihre Unachtsamkeit entschuldigt und sie wollte auch nicht, dass ich ihr die Reitjacke, die ihr Hero zerrissen hat, ersetze. Ich finde, allein dafür könntest du dich ihr gegenüber ein wenig freundlicher verhalten.«

»Es war allein ihre Schuld, nicht die von Hero! Und die Sache mit der Reitjacke hat sie nur gesagt, um vor dir gut dazustehen. Warum merkt denn hier keiner, wie falsch sie ist?!«

»Jessy, jetzt reiß dich bitte wieder zusammen. Sobald es um dieses Pferd geht, wird jeder zu deinem Feind. Was ist denn nur los mit dir? So verhältst du dich doch sonst nicht.«

»Das hat überhaupt nichts mit Hero zu tun! Hör endlich auf ihm immer die Schuld für alles zu geben!«, rief Jessy wütend.

»Das tue ich nicht. Mir fällt inzwischen nur auf, dass du langsam den Blick für alles andere verlierst, wenn es um den Hengst geht. Tanja ist ein sehr liebes Mädchen und ich möchte nicht, dass du ihr das Leben hier unnötig schwer machst. Haben wir uns verstanden?«

In Jessy brodelte es. Aber sie wusste, dass es nichts bringen würde, jetzt weiter mit ihrem Vater zu diskutieren. Allerdings hielt sie nicht deswegen ihren Mund, sondern wegen Hero. Sie merkte schon, worauf die Sache hinauslief. Bevor das alles auf die Kappe des Pferdes ging, gab sie lieber nach.

Wortlos verließ sie das Büro. Ihr Groll richtete sich nicht einmal gegen ihren Vater, sondern gegen Tanja. Es war allein die Schuld dieser blöden Zicke. Jessy war völlig machtlos. Das alles war wie ein Albtraum, nur dass sie nicht aufwachen konnte.

KAPITEL 18

DIE NÄCHSTEN TAGE VERBRACHTE JESSY HAUPTSÄCHLICH MIT HERO IN DER REITHALLE. Auf dem Platz war zurzeit viel los, weil bei dem schönen Wetter alle draußen reiten wollten. Aber dafür hatte Jessy die Halle ganz für sich allein.

Sie machte mit dem Hengst viele Übungen an der Hand, erklärte ihm von dort aus die Zügelhilfen und begann ihn mit Seitengängen zu gymnastizieren. Hero machte ihr die Sache wirklich leicht. Er akzeptierte die feinsten Signale von Jessy. Es machte ihr so viel Spaß, mit ihm zu arbeiten. Die Reiteinheiten hielt sie noch sehr kurz, um ihn nicht zu überfordern.

In diesen Tagen kamen insgesamt vier Bewerber zum Probearbeiten. Zwei davon konnte man gleich von Anfang an vergessen. Es waren etwas ältere Männer, die der Meinung waren, die Weisheit mit dem Silberlöffel gefressen zu haben. Sie glaubten immer noch, dass die alten Methoden von Vorfünfhundert-Jahren die Besten seien.

Die dritte Bewerberin war eine Frau mittleren Alters, die selbst eine Mischung aus Freizeit- und Westernreiten praktizierte. Sie schien ziemlich alternativ angehaucht zu sein. Im Klartext: Sie behandelte Pferde in etwa so wie Meerschweinchen. Aber spätestens als sie den Rappschimmelhengst Santorin auf die Weide führen sollte, fand das Theater sein unausweichliches Ende. Der Hengst zerrte sie dreimal quer über den Hof, bis endlich Jessys Vater eingriff und ihn wieder unter Kontrolle brachte.

Die vierte Bewerberin war ein recht junges Mädchen, das eigentlich gar kein schlechtes Händchen für Pferde hatte. Das Problem hier war nur, dass sie hauptsächlich Schulpferde gewohnt war. Mit jungen oder etwas schwierigeren Pferden hatte sie überhaupt keine Erfahrung. Bereits beim Anblick von Santorin schien das Mädchen tausend Tode zu sterben. Somit war auch sie aus dem Rennen.

Heute wollte sich ein weiterer Bewerber vorstellen. Jessy war gerade dabei Monsis Box auszumisten. Sam und Anja sattelten gerade ihre Pferde für den Ausritt, als Jürgens Kopf in der Stalltür erschien.

»Hey Jessy, der neue Bewerber ist da«, rief er auffordernd.

Jessy seufzte. »Na toll, dann kann er gleich zeigen, was er kann und Monsis Saustall hier ausmisten«, meinte sie.

»Dein Vater schmeißt ihn gleich ins kalte Wasser und lässt ihn an Santorin ran. Bin mal gespannt, wie das ausgeht«, sagte Jürgen mit vielsagendem Blick.

»Au weiha. Der Ärmste.« Sofort ließ Jessy die Mistgabel stehen. Neugierig folgte sie Jürgen in den Zuchtstall.

Sie war etwas überrascht, als sie den jungen Kerl neben ihrem Vater sah. Er wirkte zwar nicht direkt schmächtig, aber doch ein wenig schmalbrustig. Er hatte lockige, hellbraune Haare und blaue Augen. Nicht gerade ein Hingucker, aber es gab eindeutig Schlimmeres.

»Oh. Hallo, ihr beiden«, sagte Jessys Vater, als die zwei in den Stall kamen. »Das ist Tom«, stellte er den jungen Mann vor.

»Hi«, sagte Tom ein wenig verhalten. Es war offensichtlich, dass ihm so viele Leute wohl unangenehm waren.

»Hallo Tom«, begrüßte Jessy ihn lächelnd. Sie wollte den armen Kerl nicht noch nervöser machen.

»Na dann, zeig mal was du kannst. Der Hengst hier gehört auf die Weide. Kriegst du das hin?«, fragte Jessys Vater mit einem Blick auf Santorins Box.

»Ehm. Klar. Auf welche Weide soll er?«

»So gefällt mir das. Bring ihn erstmal aus dem Stall. Dann zeige ich dir, wo du hin musst«, entgegnete Jessys Dad.

Tom nickte, als er Halfter und Führstrick entgegennahm. Dann betrat er die Box. Der Hengst warf sofort den Kopf hoch, um Eindruck zu schinden. Doch sein Imponiergehabe prallte an Tom ab, wie an einer Wand. Unbeeindruckt legte er dem Hengst den Führstrick um den Hals, um ihn am Zurückrennen zu hindern. Geschickt zog er ihm das Halfter über den Kopf. Er hängte den Strick ein und führte den Hengst ohne Zögern aus der Box, hinaus vor den Stall. Als Santorin das zweite Mal mit dem Kopf ruckte, ließ Tom sich immer noch nicht aus der Ruhe bringen. Anschließend führte er den Hengst in den Koppelbereich. Dort drehte er ihn erst mit dem Kopf in Richtung Gatter. Er schloss es vorsorglich und ließ das Pferd dann erst loslaufen.

Diese einfache Darbietung überzeugte nicht nur Jessy. Auch Jürgen und ihr Vater warfen sich einstimmige Blicke zu.

»Wunderbar. Du hast den Job, mein Junge«, sagte ihr Dad lächelnd.

»Was? So schnell? Aber ich hab doch noch gar nichts ... «, setzte Tom an. Er schien ein wenig verwirrt zu sein.

»Das war bereits die schwierigste Aufgabe, die dich hier erwartet. Wer mit Santorin klar kommt, schafft es auch mit den anderen Pferden. Bis auf eine Ausnahme. Aber das besprechen wir alles in meinem Büro.« Damit verschwand Jessys Vater mit Tom und Jürgen in Richtung Wohnhaus.

Jessy hatte keine Lust, bei dem geschäftlichen Kram dabei zu sein. Sie verzog sich wieder in den Privatstall, damit sie ihre drei Pferde fertig auszumisten konnte.

Sie hatte gerade den letzten Schubkarren zum Misthaufen gefahren, als sie auf dem Rückweg das silberne Cabrio von Alex auf den Hof fahren sah.

Sie bemerkte, dass Alex nicht alleine war. Jessy ließ die Schubkarre scheppernd zu Boden fallen, während sie ungläubig auf Tanja starrte, die mit Sonnenbrille und einem sehr tief ausgeschnittenen Top aus dem Wagen stieg. Jessy brauchte einige Augenblicke, um sich zu sammeln.

Dann hob sie die Schubkarre wieder an, parkte sie an ihrem Platz und marschierte zügig mit einem möglichst neutral klingenden »Hi« an dem Wagen vorbei.

»Oh … Hey Jessy!«, rief Alex zurück.

Tanja antwortete mit einem übertrieben freundlichen »Hi, Jessy.«

Jessy tat so, als wäre sie überaus beschäftigt, als sie sich in den Stall zurück begab. Schnell holte sie Saphir aus seiner Box.

Alex und Tanja kamen anschließend herein. Sie begannen ebenfalls damit, ihre Pferde zu putzen. Unterdessen plapperte Tanja beinahe ununterbrochen. Jessy versuchte, so gut es ging, ihre Ohren auf Durchzug zu stellen.

Während sie gerade damit beschäftigt war, Saphirs rechtes Vorderbein einzubandagieren, kam Pascal zusammen mit Tay durch die Stalltür. Jessy bemerkte die beiden nicht. Erst als Tay sich hinter sie stellte und ihr sanft in den Nacken blies, fuhr sie vor Schreck herum.

»Musst du mich so erschrecken!?«, rief sie aufgebracht.

Tay grinste nur gut gelaunt. »Gefällt mir, wenn du die Haare hochgesteckt hast.«

Jessy warf ihm einen stirnrunzelnden Blick zu. Dann wandte sich wieder Saphirs Bandagen zu.

»Vergiss morgen nicht unser Date, Kätzchen«, sagte Tay in beiläufigem Ton.

Erschrocken hielt Jessy inne. *Morgen? Das Date ist schon morgen?* Sie rechnete kurz nach. Tatsächlich. Morgen war der sechste August. Der Dienstag, an dem der neue Film anlief. Jessy schlug sich innerlich mit der flachen Hand auf die Stirn. *So ein Mist!* Das hatte sie total vergessen.

In Gedanken fluchend machte sie die Bandage fest. Dann erhob sie sich, um Saphirs Sattel zu holen, der auf der Sattelhalterung an seiner Box hing. Als sie ihn von der Halterung nehmen wollte, stützte Tay sich demonstrativ mit verschränkten Armen auf den Sattel.

»Was soll das jetzt werden? Wenn du Aufmerksamkeit willst, dann nerv bitte jemand anderes«, entgegnete Jessy gereizt.

»Ich will nur die deine«, sagte Tay lächelnd.

Jessy seufzte: »Du bist echt anstrengend.«

Tay grinste nur.

Als sich plötzlich Tanja einschaltete und an Alex gewandt fragte: »Ich bin verwirrt. Mögen die beiden sich nun oder nicht?«

»Schwer zu sagen«, gab Alex seufzend zurück.

»Hm ... Ich finde ja, die zwei wären schon ein süßes Pärchen«, meinte Tanja ein wenig nachdenklich.

Tay legte den Kopf schief, ehe er mit einem Blick auf Jessy sagte: »Ganz meine Meinung.«

»Vorher friert die Hölle zu. Und jetzt geh von meinem Sattel runter!«, entgegnete Jessy leicht angesäuert.

Tays Grinsen wurde breiter, aber er machte keine Anstalten, sich zu bewegen.

»Wie heißt es so schön? Was sich liebt, das ... «, fing Tanja an, doch Jessy unterbracht sie lautstark: »Oh bitte. Verschon mich damit und kümmer dich gefälligst um deinen Kram!« Anschließend schnappte sie sich Saphirs Trense, da Tay noch immer ihren Sattel blockierte. Sie führte den Hengst am Zaumzeug aus dem Stall.

»Hast du nicht was vergessen, Kätzchen?«, rief Tay ihr amüsiert hinterher.

Doch Jessy ignorierte ihn. Sie ging mit ihrem Schimmel wortlos hinunter zum Reitplatz.

Pascal warf Tay einen verwirrten Blick zu. Dann fragte er: »Was hat sie denn jetzt vor?«

»Ich hab keine Ahnung«, antwortete Tay immer noch amüsiert. Er wandte sich zum Gehen.

Pascal folgte ihm.

Tanja meinte neugierig zu Alex: »Sollen wir nicht auch hinterher?«

»Jessy weiß schon, was sie tut«, meinte er, während er weiter das Fell von Wikinger bearbeitete.

Tanja nickte etwas enttäuscht. Sie beeilte sich, ihr Pferd fertig zu machen, damit sie vielleicht doch noch mitbekam, was da unten vor sich ging.

Währenddessen waren Tay und Pascal am Reitplatz angekommen. Sie bekamen gerade noch mit, wie Jessy sich behände auf Saphirs Rücken schwang.

»Wow. Und das ohne Sattel oder Steigbügel«, sagte Pascal beeindruckt.

»Wirklich sportlich«, stellte Tay fest. Er beobachtete Jessy, die ihren Hengst am langen Zügel auf den Hufschlag gehen ließ.

Nach einiger Zeit ließ sie ihn antraben. Jessy machte es nichts aus, ohne Sattel zu reiten. Das hatte sie als Kind oft getan, um ihren Sitz zu verbessern. Normalerweise hatte sie dafür zwar ein Sattelpad, damit der Pferderücken etwas geschont wurde, aber für dieses Mal ging das auch ohne.

Tay und Pascal staunten nicht schlecht, als sie Saphir anschließend angaloppierte und mit ihm ein paar Mal über das kleine Kreuz in der Platzmitte sprang.

»Also eins muss man echt sagen. Reiten kann sie richtig gut«, meinte Pascal anerkennend.

»Allerdings«, stimmte Tay zu, ohne den Blick von ihr abzuwenden.

Pascal schaute ihn neugierig an. »Mich würde interessieren, was du gerade denkst. Ich kenn dich jetzt doch schon eine Weile. Aber das ist wirklich neu, dass du dich so sehr für ein Mädchen interessierst.«

Daraufhin wurde Tays Gesicht plötzlich nachdenklich. Dann entgegnete er: »Sie ist eben was Besonderes.«

Pascal erwiderte grinsend: »Dass ich das nochmal erleben darf. Der große Frauenschwarm ist tatsächlich verliebt.«

Auch Tay musste bei seinem Satz lächelnd. »Die Zeiten ändern sich eben.«

»Jetzt musst du nur noch Jessy davon überzeugen. Ich wünsch dir viel Glück dabei«, meinte Pascal und schlug Tay scherzhaft auf die Schulter.

»Ich glaube nicht, dass ich dabei so viel Glück brauchen werde. Meine einzige Konkurrenz ist im Moment auf dem besten Weg, sich selbst ins Aus zu befördern.«

»Hm, wenn man vom Teufel spricht …«, entgegnete Pascal. Denn gerade kamen Alex und Tanja mit ihren Pferden auf den Reitplatz.

Tanja fielen beinahe die Augen aus dem Kopf, als sie Jessy ohne Sattel mit Saphir springen sah.

»Ich sagte doch, Jessy weiß was sie tut«, meinte Alex entspannt, während er in den Sattel seines Fuchses stieg. Tanja schwang sich wortlos auf ihren braunen Wallach.

Jessy war hochzufrieden darüber, welche Reaktionen ihre Vorstellung hervorgerufen hatte. Sie streichelte ihrem Hengst lobend den Hals. Anschließend verließ sie den Reitplatz und ritt noch ein Stück die Sandstraße entlang. Sie ließ Saphir bis zum Waldrand gehen. Dort kehrte sie wieder um.

Als sie anschließend im Stall ankam, zäumte sie den Hengst ab und stellte ihn in seine Box. Es war gerade niemand im Stall. Tay und Pascal waren mit ihren Pferden inzwischen ebenfalls auf dem Reitplatz. Also konnte Jessy ganz in Ruhe Hero fertig machen. Sie freute sich schon auf die Arbeit mit ihm.

Kapitel 19

Während sie den Palomino putzte, kamen Sam und Anja gerade von ihrem Ausritt zurück.

»Und wie hat sich der neue Bewerber geschlagen?« fragte Sam sofort neugierig.

»Er hat den Job«, antwortete Jessy.

»Im Ernst?« Auch Anja war erstaunt. »Dann muss er ja wirklich was draufhaben.«

»Er konnte Santorin problemlos auf die Weide bringen. Also meinen Segen hat er«, erwiderte Jessy lachend.

»Beeindruckend. Dann müssen wir uns den Typ gleich mal anschauen«, meinte Sam mit einem eindeutigen Blick zu Anja. Die beiden sattelten ihre Pferde ab. Dann verließen sie den Stall, um den neuen Pferdepfleger zu suchen.

Währenddessen ging Jessy mit ihrem Hengst in die Reithalle. Sie longierte Hero etwa zwanzig Minuten. Entspannt holte sie den Palomino zu sich in die Mitte, um einen Handwechsel zu machen.

Als sie ihn wieder auf den Hufschlag schickte, hob der Hengst den Kopf. Jessy warf einen Blick auf die Tribüne. Im nächsten Moment öffnete sich die Tür. Es war Tom, der neue Pferdepfleger.

»Hallo. Ich hoffe, ich störe nicht«, sagte er ein wenig unsicher.

»Überhaupt nicht. An Zuschauer ist Hero inzwischen gewöhnt«, antwortete Jessy und ließ den Palomino vorwärts marschieren.

»Das ist also der Hengst, an den niemand ran darf«, meinte Tom, nachdem er Hero eine Weile betrachtet hatte.

»Mein Vater hat dich ja schon gut unterrichtet«, erwiderte Jessy lachend.

»Naja, ich glaub er hat mir nur das Wichtigste gesagt. Er meinte, mit dem Rest würde ich mich schon selbst auseinandersetzen«, entgegnete Tom mit etwas gequältem Gesichtsausdruck.

»Ja, so ist Paps. Aber mach dir keinen Kopf. Er hatte schon Recht, als er sagte, dass Santorin das Schlimmste ist, was dir hier passieren kann. Und den hast du ja prima in den Griff bekommen.«

»Hat es so ausgesehen? Ich war ziemlich nervös«, gestand er ein wenig verlegen.

»Hat man überhaupt nicht gemerkt.«

»Wirklich? Zum Glück.« Nach kurzem Zögern fragte Tom: »Ist der Hengst hier wirklich so wild, wie Herr Roberts sagt?«

Jessy stutzte. »Das hat er gesagt? Dass er wild ist?«

»Nicht wortwörtlich. Er meinte, dass er unberechenbar wäre und außer dir keinen an sich heran lässt.«

»Naja, Paps hat leider nicht unbedingt die beste Meinung von Hero. Aber daran arbeiten wir bereits sehr intensiv.«

»Im Moment sieht er jedenfalls ganz ruhig aus. Gar nicht so, wie dein Vater ihn beschrieben hat.«

»Er ist auch grundsätzlich ein sehr liebes, verlässliches Pferd, wenn man ihm eine Chance gibt«, erklärte Jessy. Daraufhin holte sie den Hengst wieder zu sich in die Mitte. Sie strich ihm lobend über den Hals. »So genug für heute, mein Großer.«

Tom öffnete das Hallentor und ging respektvoll einen Schritt zurück, als Jessy den Palomino an ihm vorbei führte.

Hero warf im Vorbeigehen einen kurzen Blick auf Tom. Die Ohren des Pferdes zuckten für einen Moment nach hinten. Aber als Jessy ihm beruhigend die Hand auf den Hals legte, verstand der Hengst, dass von Tom keine Gefahr ausging. Er folgte Jessy brav hinauf in den Stall.

Tanja und Alex waren gerade dabei ihre Pferde abzusatteln, als Jessy den Hengst durch die Stalltür führte. Tanja kam in dem Moment aus der Sattelkammer. Sie machte sofort einen großen Bogen um den Palomino, der ohnehin schon drohend die Ohren anlegte.

Das lag allerdings hauptsächlich daran, dass er Jessys Abneigung gegen Tanja spürte und sie deshalb als Bedrohung wahrnahm.

Jessy stellte den Hengst in seine Box. Dort nahm sie ihm Longiergurt und Trense ab. Anschließend gab sie ihm ein Leckerli. Monsi hatte heute seinen Ruhetag.

Also begab sie sich hinüber in den Zuchtstall und warf einen Blick auf die Arbeitsliste, um zu schauen, welche Pferde noch bewegt werden sollten. Da Mon Chéri heute noch nicht dran gewesen war, entschied Jessy mit der braunen Stute noch eine Runde auf den Platz zu gehen.

Innerhalb von fünfzehn Minuten war Mon Chéri geputzt und gesattelt. Anschließend ging Jessy mit ihr hinunter zum Reitplatz.

Tay und Pascal waren noch immer beim Training. Die Hindernisse waren nun ein ganzes Stück höher als vorher. Jessy verdrehte die Augen als Tay Legolas über den hohen Oxer springen ließ und anschließend die Kombination anritt. Für ihren Geschmack waren die Sprünge fürs Training viel zu hoch.

Kopfschüttelnd schwang sie sich in Mon Chéris Sattel. Sie trieb die Stute vorwärts, während sie versuchte Tay möglichst zu ignorieren. Aber das gelang ihr nicht besonders lange. Denn kaum war sie eine ganze Bahn geritten, parierte er seinen Fuchs durch und ließ ihn neben ihrer Stute her marschieren.

»Was willst du denn schon wieder?«, fragte sie mit leicht gereiztem Ton.

»Ich reite hier. Was dagegen?«, gab Tay amüsiert zurück.

Jessy verdrehte abermals die Augen. Sie wendete Mon Chéri demonstrativ ab und war ein wenig überrascht, als Tay keine Anstalten machte, ihr weiter auf die Nerven zu gehen. Er galoppierte Legolas wieder an, um sein Training fortzusetzen.

Der Rest des Tages verlief relativ ereignislos. Es war bereits Abend. Jessy hockte auf ihrem Bett, den Laptop auf dem Schoß und stöberte ein wenig im Internet herum. Sie hatte ihr Zimmerfenster offen. Die Nachtluft war heute besonders angenehm. Jessy warf einen Blick hinaus in den Nachthimmel. Dann klappte sie den Laptop zu.

Die Ereignisse des Tages schwirrten ihr noch im Kopf herum. Warum zum Teufel war Tanja heute zusammen mit Alex in den Stall gekommen? Diese Frage ließ Jessy keine Ruhe. Seufzend erhob sie sich von ihrem Bett. Als sie ans Fenster herantrat fiel ihr auf, dass im Mannschaftsstall noch Licht brannte. Komisch. Sie war doch die Letzte im Stall gewesen. Verwundert ging Jessy die Treppen hinunter. Unten schlüpfte sie schnell in ihre Turnschuhe. Als sie über den Hof ging, hörte sie Heros Wiehern. Wie immer, wenn er sie kommen hörte.

Sie öffnete die Stalltür und schaute sich um. Erst konnte sie niemanden sehen, doch dann bemerkte sie, dass Wikingers Boxentür einen Spalt breit offen stand. Damit war ihr klar, wer hier sein musste. Sie warf einen Blick in die Box. Alex hockte im Stroh und kraulte seinem Fuchs gedankenverloren die Nase.

»Was machst du donn noch hier?«, fragte Jessy.

»Nachdenken«, antwortete Alex, ohne seinen Blick abzuwenden.

Jessy betrachtete ihn mit einer Mischung aus Neugier und Besorgnis. »Dann stör ich dich mal nicht länger.«

Sie wollte sich gerade abwenden, als Alex sie überrascht anschaute und sagte: »Du störst nicht. Ich bin im Moment nur ein wenig durch den Wind. Das ist alles.«

»Durch den Wind? Ist irgendwas passiert?«

»Nein. Das ist es ja. Eigentlich sollte alles in Ordnung sein, aber irgendwie ist es das nicht. Weißt du, was ich meine?«

Jessy lächelte traurig und antwortete: »Ich kenn das Gefühl.«

Alex schaute sie einen Moment lang eindringlich an, bevor er sagte: »Naja. Dann halte ich die Pferde mal nicht länger vom Schlafen ab.« Damit erhob er sich, streichelte seinem Pferd noch einmal den Kopf und verließ die Box.

»Ich geh auch wieder rein«, sagte Jessy.

»Dann gute Nacht«, verabschiedete er sich.

Ehe Jessy sich versah, war er auch schon hinter der Stalltür verschwunden. Sie fühlte sich ein wenig verloren, jetzt da er weg war. Hätte sie ihn wegen der Sache mit Tanja fragen sollen? Irgendetwas in ihr wollte eigentlich gar nicht wissen, was sich zwischen den beiden abspielte. Ob Alex und Tanja wohl ... ?

Bevor sie den Gedanken zu Ende denken konnte, schlug Hero ungeduldig gegen seine Boxentür. Seit Jessy in den Stall gekommen war, scharte er schon mit dem Vorderhuf. Jetzt war sein Geduldsfaden endgültig gerissen. Er konnte es nicht ausstehen, wenn sie ihn nicht beachtete.

»Schon gut, schon gut. Entschuldige«, sagte Jessy versöhnlich. Eigentlich wollte sie ihm diese Unart abgewöhnen, aber sie war gerade nicht in der Stimmung mit ihm zu schimpfen. Sie ging zu ihrem Sattelschrank, um ihren drei Pferden noch ein Gute-Nacht-Leckerli zu holen.

Als sie die Schranktür aufmachte, lag auf ihrem Putzkoffer eine rote Rose. Darunter war ein Brief. Etwas irritiert nahm sie die Rose in die Hand. Dann betrachtete sie nachdenklich den Brief. Nach kurzem Zögern hob sie ihn auf. Sie wollte ihn aber erst in ihrem Zimmer öffnen. Also nahm sie die Leckerlis aus dem kleinen Eimerchen und verteilte sie zügig. Dann schaltete sie das Licht aus, schloss die Stalltür und begab sich hinüber zum Haus.

In ihrem Zimmer angekommen, legte sie die Rose zusammen mit dem Brief erst einmal auf ihr Bett. Natürlich wollte sie wissen, was darin stand. Aber aus irgendeinem Grund zögerte sie, den Brief aufzumachen. Sie ließ ihn erst einmal liegen. Stattdessen setzte sie sich an ihr Laptop. Doch nach einiger Zeit wurde ihre Neugier unerträglich. Also stand Jessy von ihrem Schreibtisch auf, ging hinüber zu ihrem Bett und machte es sich erst einmal bequem. Dann nahm sie den Brief. Vorsichtig öffnete sie ihn. Er war in recht schöner Handschrift geschrieben. Jessy atmete tief durch. Dann begann sie zu lesen:

Liebste Jessy.

Ich hoffe, die Rose gefällt dir. Ich weiß, dass es deine Lieblingsblumen sind. Woher fragst du dich bestimmt. Ich weiß Vieles über dich. Das bilde ich mir zumindest ein. Aber viel über einen Menschen zu wissen, heißt nicht, ihn zu kennen.

Wenn ich ehrlich bin, glaube ich, dass ich dich eigentlich kaum kenne. Und trotzdem gehst du mir nicht mehr aus dem Kopf. Ich habe nie geglaubt, dass mir so etwas einmal passieren würde, aber es vergeht kein Tag, an dem ich nicht an dich denke. Ich bin mir sicher, dass du noch nichts davon bemerkt hast. Vielleicht hältst du mich jetzt für feige, aber ich glaube, es ist noch zu früh, dir meine Gefühle zu gestehen. Wenn es an der Zeit ist, wirst du meine Zuneigung zu dir erkennen. Falls du meine Gefühle dann erwidern kannst, wäre ich der glücklichste Mensch auf der Welt.

Auf ewig der Deine

Er war nicht unterschrieben. Jessy legte den Brief beiseite. Sie hatte Herzklopfen. Wer konnte ihn ihr nur geschrieben haben? Es gab nicht den geringsten Hinweis in dem Brief, außer dass derjenige ihre Lieblingsblumen kannte. Wobei sie wirklich keine Ahnung hatte, wer das wissen konnte.

Sie überlegte fieberhaft. Eigentlich konnte es aber nur jemand hier vom Stall sein. Niemand sonst hätte ihr den Brief mit der Rose unbemerkt in ihren Sattelschrank legen können.

Es gab genau vier Jungs, die in Frage kämen, wobei sie Tay eigentlich von vornherein ausschloß. Ein Liebesbrief war so ganz und gar nicht sein Stil.

Dann war da noch Pascal. Der geheime Verehrer meinte, dass sie seine Gefühle noch nicht bemerkt hatte. Das hieß, Pascal konnte durchaus in Frage kommen. Obwohl Jessy sich das irgendwie nicht vorstellen konnte.

Der nächste war Tom, der neue Pferdepfleger. Aber er kannte Jessy erst seit heute, daher hielt sie es für relativ unwahrscheinlich, dass er ihr Verehrer war.

Der letzte, der übrig blieb, war Alex. Zu ihm würde ein solcher Brief irgendwie passen. Außerdem war er im Stall gewesen, kurz bevor Jessy den Brief gefunden hatte. Aber es war irgendwie zu naheliegend. Wenn sie ehrlich war, wünschte sie sich, dass der Brief von Alex kam. Doch das wäre zu schön, um wahr zu sein.

Seufzend faltete Jessy den Brief zusammen und packte ihn wieder in den Umschlag. Sie legte ihn sorgsam in die Schublade in ihrem Nachtkästchen. Dort war er erst mal gut aufgehoben. Jessy wusste, dass sie diese Nacht kein Auge zu machen würde. Die Grübeleien darüber, wer ihr geheimer Verehrer war, würden sie sicher keinen Schlaf finden lassen. Sie musste Gewissheit bekommen, von wem der Brief war. Sonst hatte sie keine ruhige Minute mehr.

Kapitel 20

Am nächsten Tag kam Jessy sehr spät in den Stall. Sie war erst um halb elf aufgewacht, weil sie die halbe Nacht damit verbracht hatte, sich Gedanken über den Brief zu machen. Von Jürgen fing sie sich natürlich sofort einen dummen Spruch ein, als sie in den Stall kam. Den quittierte sie nur mit einem genervten »Du mich auch.«

Alex war schon da. Natürlich war auch Tanja mit von der Partie. Jessy versuchte anhand von Alex Verhalten irgendwie herauszufinden, ob er etwas mit dem Brief zu tun hatte. Aber er verhielt sich wie sonst auch. Zumindest konnte Jessy nichts Auffälliges entdecken, das ihn verraten hätte. Also machte sie sich daran, die Boxen ihrer Pferde auszumisten.

Es war kurz nach zwölf Uhr, als sie Monsi aus seiner Box holte, um ihn zu putzen. Sie hatte ihn gerade angebunden. Da kam ihr Vater in den Stall.

»Hallo zusammen. Wie ich sehe sind alle fleißig«, stellte er mit einem zufriedenen Blick in die Runde fest.

»Hallo, Herr Roberts«, strahlte Tanja ihn an.

Jessy musste im selben Moment ein leichtes Gefühl von Übelkeit unterdrücken.

»Du scheinst dich ja schon gut eingelebt zu haben. Das freut mich«, meinte Jessys Dad lächelnd.

»Was gibt's denn, Paps?«, fragte Jessy, um sein Gespräch mit Tanja sofort im Keim zu ersticken.

»Ich hätte gerne die ganze Mannschaft heute Nachmittag um drei bei mir im Büro versammelt, wenn sich das einrichten lässt«, sagte er.

»Und um was geht's?«, wollte Jessy wissen.

»Das sag ich euch heute Nachmittag. Seht zu, dass auch wirklich alle da sind«, meinte er. Dann verließ er mit einem Gruß den Stall.

Jessy war ein wenig verwundert. Was konnte er nur wollen? Schulterzuckend fing sie an, ihren Fuchs mit der Kardätsche zu bearbeiten. Darüber konnte sie sich jetzt nicht auch noch Gedanken machen. Sie würde es schon erfahren.

Gegen halb eins kam Anja in den Stall. Eine dreiviertel Stunde später trafen Tay und Pascal ein. Jessy hatte eigentlich vorgehabt Tay möglichst aus dem Weg zu gehen, aber er kam natürlich ausgerechnet als sie Monsi gerade vom Reitplatz zum Stall führte.

»Hallo Kätzchen«, begrüßte er sie mit einem breiten Grinsen. Jessy verdrehte entnervt die Augen und ging wortlos an ihm vorbei.

»Warum denn schon wieder so schlecht gelaunt?«, fragte er amüsiert.

»Blöde Frage!«, gab Jessy bissig zurück. Sie hatte wirklich keine Lust den Abend heute mit ihm zu verbringen. Jessy band Monsi in der Stallgasse an, um ihn abzusatteln. Als sie sich umdrehte, stand Tay direkt vor ihr.

»Kannst du das mal lassen!« fuhr Jessy ihn wütend an. Er machte das in letzter Zeit eindeutig zu oft.

»Wenn du mich ganz lieb darum bittest«, flötete er.

Jessy stemmte die Hände in die Hüfte. Unbeeindruckt entgegnete sie: »Vorher beiß ich mir die Zunge ab.«

Tay seufzte. »Warum bist du nur immer so gemein zu mir?«

»Weil du es nicht anders verdienst«, erwiderte Jessy.

Daraufhin grinste er und meinte: »Mag sein. Pass auf. Vielleicht gefällt mir das noch irgendwann.«

»Das ist dann dein Problem. Nicht meins«, sagte Jessy trocken. Sie wandte sich ab, um ihr Zeug in die Sattelkammer zu packen. Unterdessen versuchte sie, ein paar verstohlene Blicke auf Pascal zu werfen, der mit seiner Rappstute beschäftigt war. Auch er verhielt sich nicht anders als sonst. Langsam wurde Jessy ein wenig ratlos. Der Brief ging ihr einfach nicht aus dem Kopf.

»Ach übrigens, wir sollen um drei alle ins Büro meines Vaters kommen. Nur damit ihr Bescheid wisst«, sagte Jessy beiläufig, als sie Saphir aus der Box holte.

Tay und Pascal schauten sich kurz an.

»Was will er denn?«, fragte Pascal.

»Keine Ahnung«, antwortete Jessy.

»Warum weißt du das nicht? Er ist immerhin dein Vater.«

»Er hat kein Wort zu mir gesagt. Ich bin genauso schlau wie ihr.«

Pascal runzelte die Stirn. Da bin ich ja mal gespannt«, meinte er.

Um kurz vor drei Uhr traf dann schließlich auch Sam ein, sodass die Mannschaft vollzählig war. Anschließend fanden sich alle im Haus vor dem Büro ein. Jessy klopfte an der Tür und öffnete sie, ohne eine Antwort abzuwarten.

»Ah, da seid ihr ja schon. Pünktlich auf die Minute«, sagte ihr Vater gut gelaunt. Tom war ebenfalls da. Er hob zum Gruß die Hand.

»Also meine Lieben, ich darf euch nun offiziell unseren neuen Pferdepfleger Tom vorstellen. Er wird mir bei meinem kleinen Vorhaben ein wenig unter die Arme greifen«, erklärte Jessys Vater.

»Kleines Vorhaben?«, fragte Jessy ein wenig skeptisch. Auch die Anderen warfen sich verwirrte Blicke zu.

»Immer mit der Ruhe. Ich werde euch sofort einweihen. Aber dazu gehen wir lieber runter ins Wohnzimmer. Dann hat das Ganze nicht so einen förmlichen Charakter.«

Kurz darauf waren alle auf der großen Couch im Wohnzimmer versammelt. Sie warfen Jessys Vater, der sich gerade im Sessel zurecht setzte, erwartungsvolle Blicke zu.

»So dann wollen wir mal. Also im Grunde genommen ist es eine ganz einfache Geschichte. Ich möchte als kleinen Abschluss für die Sommerferien gerne ein kleines, internes Turnier abhalten. Der Grund dafür ist Folgender: Mir ist bereits bei unserem jährlichen Sommerturnier aufgefallen, dass innerhalb der Mannschaft ein gewisser Konkurrenzkampf besteht. Das ist ja grundsätzlich nichts Verkehrtes. Allerdings möchte ich nicht, dass dabei der Teamgeist verloren geht. Dazu muss ich sagen, dass in letzter Zeit doch einige Spannungen aufgekommen sind, die sich auch auf das Stallklima auswirken. Dieser kleine Wettbewerb ist also dafür gedacht, euren Mannschaftsgeist zu stärken. Ich möchte hier im Stall eine ausgeglichene, harmonische Stimmung haben. Ihr sollt euch im Team gegenseitig unterstützen und ergänzen. Wir werden auch in absehbarer Zeit ein Mannschaftstraining einführen, aber das nur am Rande.«

Alle hatten aufmerksam zugehört. Jessy für ihren Teil wusste noch nicht so recht, was sie von der Sache halten sollte.

»Muss man denn bei dem Turnier mitmachen?«, wollte Sam wissen.

»Es ist natürlich niemand verpflichtet, daran teilzunehmen. Aber im Sinne der Mannschaft würde ich mich sehr darüber freuen, wenn wirklich alle dabei wären«, entgegnete Jessys Vater.

»Möchte denn jemand nicht mitmachen?«

Als keiner etwas sagte, nickte Jessys Vater zufrieden. »Das freut mich.«

»Und wie soll dieses Turnier ablaufen?«, fragte Jürgen nun.

»Dazu komme ich gleich. Da es dabei nicht um den rein sportlichen Wettkampf geht, sondern um Teamwork, werden wir Mannschaften bilden. Ihr werdet in Zweierteams zusammenarbeiten. Diese werden wir auslosen. Das Turnier selbst setzt sich aus mehreren Wettkämpfen zusammen. Aber dazu werde ich euch morgen Genaueres sagen. Ihr habt zwei Wochen Zeit, um euch und eure Pferde vorzubereiten.«

»Wie viele Prüfungen werden das sein?« Diese Frage kam von Alex.

»Es sind insgesamt drei Prüfungen geplant, die auf eine Woche verteilt sein werden, sodass ihr immer mindestens einen Tag Pause dazwischen habt. Dazu noch etwas, das die von euch betrifft, die mehr als ein eigenes Pferd haben – also Jessy und Alex. Ihr werdet euch auf ein Pferd beschränken müssen, da es den anderen gegenüber sonst unfair wäre, wenn ihr zwischen den Prüfungen die Pferde wechselt.«

»Alles klar.« Jessy und Alex nickten zustimmend.

»Noch irgendwelche Fragen? Wenn nicht, würde ich gerne gleich die Teams auslosen.«

»Jetzt gleich?« Die Frage kam von Jessy.

»Natürlich. Da ihr als Teams funktionieren sollt, müsst ihr euch so bald wie möglich aufeinander einstimmen. Ihr müsst auch im Training zusammenarbeiten, um im Wettkampf Chancen zu haben. Also sollten wir die Gruppen so bald wie möglich festlegen«, entgegnete ihr Vater.

Jessy war sich nicht sicher, ob sie ihren Teampartner wirklich jetzt schon haben wollte. Sie hoffte inständig, dass es entweder Anja oder Sam war. Auf Alex als Teampartner wagte sie gar nicht erst zu hoffen. So hold würde ihr das Glück mit Sicherheit nicht sein.

»Das Auslosen machen wir ganz einfach. Ich hab hier eine Box mit Nummern. Ich lege vor der Ziehung fest, welche Nummern ein Team bilden. Anschließend zieht jeder von euch einen Zettel. Alles klar?«

Als alle nickten, stellte Jessys Vater die Box auf den Tisch. »Gut. Wir sind also insgesamt zu acht. Eine schöne gerade Zahl, mit der wir genau vier Teams bekommen. Es werden die Nummer eins und die sieben ein Team bilden. Die zwei und die vier. Die fünf und die acht und die drei und die sechs.«

Ihr Vater schrieb die Zahlen auf ein Blatt Papier. Dann warf er einen erwartungsvollen Blick in die Runde. »Wer will als Erstes ziehen?«

Alle schauten sich unschlüssig an.

»Ach egal. Ich fang an, dann hab ich's hinter mir«, meinte Sam mit einem beherzten Griff in die Box. Sie schaute auf den Zettel. »Ich hab die vier.«

Jessy Vater nickte und schrieb ihren Namen auf den Zettel. »Der Nächste.«

Als Zweiter zog Pascal eine Nummer. Er hatte die sechs. Dann war Alex dran. Er zog die Nummer acht. Jessy überlegte. Sie müsste die Nummer fünf ziehen, um mit Alex im Team zu sein oder die Nummer zwei, um Sam als Teampartner zu bekommen.

Gerade als sie eine Nummer ziehen wollte, kam ihr Tanja zuvor. Sie warf einen Blick auf den Zettel. »Oh, ich hab die Nummer fünf. Das heißt, wir beide sind ein Team«, sagte Tanja freudestrahlend an Alex gewandt.

Jessys Gesicht versteinerte im selben Moment. *Zusammenreißen, Jessy! Reiß dich zusammen.*

Sie biss die Zähne so fest zusammen, dass ihr Kiefer schmerzte. Es kostete sie eine Menge Überwindung, im Anschluss ruhig in die Schachtel zu greifen, anstatt sie Tanja über die Rübe zu ziehen. Sie schloss kurz die Augen, bevor sie auf den Zettel schaute. Sie hatte die Nummer eins gezogen. Also war sie weder mit Sam noch mit Pascal im Team. Sie zeigte ihrem Vater die Nummer.

Jürgen war jetzt dran. Er schaute auf seinen Zettel und warf anschließend einen nicht gerade begeisterten Blick auf Sam.

»Nein, oder?«, sagte Sam gequält.

Jessy war auf der einen Seite froh, dass sie nicht Jürgen als Teampartner erwischt hatte, aber auf der anderen Seite tat Sam ihr ein wenig leid.

»Zwei Zettel sind noch drin«, meinte Jessys Vater.

Jetzt war Tay an der Reihe. Er griff in die Box und zog langsam einen Zettel heraus. Als er die Nummer las, hatte Jessy nur einen Gedanken im Kopf.

Lass es nicht die Nummer sieben sein! Lass es nur nicht die Nummer sieben sein!

Tay lachte kurz auf, als er einen Blick auf seinen Zettel warf. Dann sagte er grinsend: »Heute scheint wirklich mein Glückstag zu sein.«

Er zeigte Jessys Vater die Nummer. »Die sieben«, sagte ihr Vater. Er schaute kurz zu Jessy.

Doch im Moment versuchte sie lediglich, den Drang zu unterdrücken laut aufzuschreien. Sie wartete noch darauf, dass jemand sie kneifen und sie dann aufwachen würde. Allerdings vergeblich.

»Gut. Dann stehen die Teams fest. Da nur noch ein Zettel übrig ist, bilden Anja und Pascal ein Team. Sam und Jürgen. Tanja und Alex und das vierte Paar sind Jessy und Tay. Sehr schön gemischte Teams. So hab ich mir das vorgestellt.«

Paar. Bei diesem Begriff zuckte Jessy unweigerlich zusammen. Sie und Tay – ein Paar. Allein dieser Gedanke.

Jessy hielt es nicht mehr aus. Sie drehte sich um und verließ schnellen Schrittes das Wohnzimmer. Als die Tür ins Schloss fiel, schaute ihr Vater verwundert in die Runde. Sam und Anja warfen sich besorgte Blicke zu.

»Naja, das war's ohnehin für heute. Alles andere besprechen wir morgen. Ihr solltet den Rest des Tages noch fürs Training nutzen«, sagte Jessys Dad. Damit entließ er die Mannschaft nach draußen.

Jessy hatte sich unterdessen schon in den Stall begeben. Sie war bereits dabei, Hero zu satteln. Das Putzen hatte sie schon vor der Besprechung erledigt.

Jessy hatte ihm gerade das Zaumzeug angelegt, als die Anderen in den Stall kamen. Alle – bis auf Alex – schauten sie mit einer Mischung aus Überraschung und Ungläubigkeit an. Es wusste ja noch niemand, dass Jessy den Hengst schon unter dem Sattel hatte.

»Du willst ihn doch nicht etwa reiten?«, fragte Sam, während sie auf die Reitkappe in Jessys Hand deutete.

»Doch«, erwiderte Jessy entspannt.

»Bist du jetzt völlig übergeschnappt!«, entfuhr es Jürgen.

Jessy schaute ihn ruhig an. »Warum regst ausgerechnet du dich denn so auf?«

Jürgen wollte etwas darauf antworten, hielt sich dann aber doch zurück.

Als Jessy Hero hinausführen wollte, versperrte Tay ihr den Weg. Er wirkte ungewöhnlich ernst. »Sag mal, Kätzchen, weißt du auch wirklich was du tust?«

Jessy hatte plötzlich das Gefühl, dass er sich Sorgen um sie machte. Sie lächelte selbstsicher und antwortete gelassen: »Ja, das weiß ich.«

Etwas zögerlich ging Tay schließlich zur Seite, um sie vorbei zu lassen.

Natürlich folgte ihr die ganze Mannschaft hinunter in die Halle. Genau aus diesem Grund hatte Jessy das Ganze bis jetzt geheim gehalten. Inzwischen war sie sich aber sicher, dass Hero sich von dem Trubel nicht mehr aus der Ruhe bringen ließ.

Kapitel 21

In der Reithalle angekommen, führte Jessy den Palomino erst ein paar Schritte, bevor sie den Sattelgurt anständig festzog.

Die anderen beobachteten das Geschehen von der Tribüne aus. Bis auf gelegentliches leises Getuschel war nichts zu hören. In den Gesichtern waren sehr unterschiedliche Reaktionen zu lesen. Bei Sam und Anja war es größtenteils Besorgnis. Auch Jürgen wirkte unruhig. Lediglich Alex blieb gelassen, ließ Jessy aber nicht aus den Augen.

Jessy streichelte dem Hengst beruhigend über den Hals nachdem sie nachgegurtet hatte. Dann trat sie auf die Aufstiegshilfe und schob den linken Fuß in den Steigbügel. Sie belastete ihn erst vorsichtig, bevor sie sich langsam in den Sattel schwang.

Hero blieb die ganze Zeit ruhig stehen. Er wartete geduldig, bis Jessy sich zurecht gesetzt hatte. Dann gab sie ihm sein Belohnungsfutter. Ein leises Schnalzen mit der Zunge von Jessy reichte aus. Schon marschierte der Hengst entspannt los.

Jetzt machte sich auf der Tribüne Verblüffung breit. Jürgen sah aus, als würden ihm gleich die Augen aus dem Kopf fallen.

Pascal murmelte staunend: »Das gibt's doch gar nicht.«

»Und wie es das gibt«, sagte Sam. Auch sie und Anja waren beeindruckt.

Alex lächelte ihnen zu.

Sam warf ihm sofort einen vorwurfsvollen Blick zu. »Jetzt sag nicht, dass sie dich eingeweiht hat«, meinte Anja ein kleines bisschen beleidigt.

»Wer weiß«, gab er vielsagend zurück.

Die beiden Mädchen schauten ihn nur mit gerunzelter Stirn an. »Du bist der mieseste Lügner, den ich kenne«, sagte Sam. Aber auch wenn Jessy es ihnen nicht gesagt hatte, freuten sich die beiden für ihre Freundin.

Tanja, die anfangs eher unbeeindruckt gewirkt hatte, machte jetzt ein Gesicht, als hätte man ihr die Butter vom Brot geklaut. Der Neid war ihr nur zu deutlich anzusehen. Die Tatsache, dass Jessy und Alex ein gemeinsames Geheimnis hatten, schmeckte ihr überhaupt nicht.

Tay war der Einzige gewesen, der die ganze Zeit über keine Miene verzogen hatte. Er stand mit verschränkten Armen da und betrachtete Jessy, die den Palomino mit leichten Hilfen durch die Bahn dirigierte.

Schließlich trabte sie den Hengst an. Sie ließ ihn zweimal durch die ganze Bahn laufen. Mit einem sanften »Hoh« parierte sie ihn wieder zum Schritt durch. »Das reicht für heute, mein Hübscher. Du warst ganz klasse«, sagte sie zufrieden.

Behutsam stieg sie aus dem Sattel, während sie Hero ausgiebig lobte. Zufrieden senkte der Palomino den Kopf. Er genoss die Streicheleinheiten. Sam und Anja warteten schon am Hallentor auf Jessy.

»Eigentlich sollten wir böse mit dir sein, weil du uns nichts erzählt hast«, meinte Sam streng.

»Aber nach der Vorstellung verzeihen wir dir«, fügte Anja grinsend hinzu.

Jessy strich Hero lächelnd über den Hals. »Ist er nicht einfach traumhaft?«, sagte sie.

»Wahnsinn. Ich hätte nie gedacht, dass er beim Reiten so entspannt sein würde.«

Stolz und sehr zufrieden mit ihrem Pferd führte Jessy ihn hoch zum Stall.

Erst als der Hengst sicher in der Box stand, trauten sich auch die anderen an Jessy heran.

»Also, ich geb's zwar nicht gerne zu, aber das war wirklich nicht übel«, räumte Jürgen mit einem Hauch Reue ein.

»Wie hast du es geschafft, ihn so ruhig zu bekommen? Hast du ihm was ins Futter gemischt?«, wollte Pascal lachend wissen.

Daraufhin meinte Jessy lächelnd: »Geduld, Vertrauen und immer positiv bleiben. Das war eigentlich keine Zauberei.«

»Davon sollten wir uns alle eine Scheibe abschneiden«, meinte Alex. Er nicke Jessy anerkennend zu, worauf sie leicht errötete.

Dabei fing sie sich einen bitterbösen Blick von Tanja ein, die schweigend ihren Braunen aus der Box holte. Tanja hatte die ganze Zeit über keinen Ton gesagt, was Jessys nur noch besser gelaunt stimmte. Das war die Entschädigung für den ganzen verkorksten Tag. Auch wenn es Jessy immer noch frustrierte, wie diese blöde Verlosung ausgegangen war. Aber die Freude über die Fortschritte ihres Hengstes überwog. Nichts konnte ihre gute Laune heute noch trüben. Davon war sie zumindest im Moment überzeugt.

Als es im Stall wieder etwas ruhiger geworden war, nutzte Jessy die Zeit, um sich der Sattelpflege zu widmen. Sam und Anja leisteten ihr dabei Gesellschaft. Sie brachten ebenfalls ihre Ausrüstung wieder auf Vordermann.

Die drei waren gerade mit dem Auseinanderbauen der Zaumzeuge beschäftigt, als Tay mit seinem großen Fuchs am Halfter in den Stall kam. Er telefonierte gerade.

»Morgen zum Probereiten? Kein Problem ... Mal sehen, Abstammung ist nicht alles ... Ja, in Ordnung ... Gut, bis morgen ... Auf Wiederhören.«

Die Mädels hatten interessiert zugehört.

»Will sich da jemand ein neues Pferd zulegen?«, fragte Sam neugierig, als Tay aufgelegt hatte.

»Möglicherweise«, entgegnete Tay kurz angebunden.

Sam warf ihm einen erwartungsvollen Blick zu. »Was? Sonst machst du dich auch immer wichtig. Warum heute so zurückhaltend?«

Tay betrachtete sie mit gerunzelter Stirn. Dann meinte er: »Ich habs leider etwas eilig.« Bevor er sein Pferd in die Box stellte, fügte er noch mit einem charmanten Lächeln an Jessy gewandt hinzu: »Ich hol dich so gegen halb sieben ab.«

Daraufhin schauten Sam und Anja Jessy irritiert an.

»Ehm. Bitte was?« Sam betrachtete Jessy erwartungsvoll.

Diese rutschte nur unruhig auf ihrem Hocker herum. Sie hatte völlig vergessen, ihren Mädels von der Sache mit dem Date zu erzählen.

Die beiden warteten, bis Tay den Stall verlassen hatte. Dann warfen sie Jessy auffordernde Blicke zu. Als sie nicht gleich etwas darauf sagte, schaltete sich Anja ein mit den Worten: ›Jess. Klärst du uns bitte auf?«

»Wisst ihr, das ist ein bisschen kompliziert. Und ich hatte einen guten Grund«, druckste Jessy herum.

Nun wurden die zwei noch misstrauischer. »Jess, sag mal. Was hast du uns denn sonst noch alles verschwiegen?«, fragte Anja mit hochgezogener Augenbraue.

Jessy seufzte. Anschließend erklärte den beiden ausführlich, warum sie dem Date mit Tay zugestimmt hatte.

Als sie fertig war, sagte Sam: »Sowas nennt man Erpressung.«

»Ich weiß, aber was hätte ich machen sollen? Es war der einzige Weg, Ruhe vor Jürgen zu bekommen«, verteidigte sich Jessy.

Sam seufzte.

»Na, ich wünsch dir viel Spaß heute Abend. Nimm bloß Pfefferspray mit«, meinte Anja.

»Und ne Pistole falls du dich erschießen willst«, fügte Sam trocken hinzu.

»Oder ihn«, sagte Jessy im selben Tonfall. Daraufhin verfielen die drei in lautstarkes Gelächter.

Nach dem Lachanfall sagte Sam: »Nein, aber im Ernst. Ich möchte echt nicht mit dir tauschen. Einen ganzen Abend mit Tay. Das würde ich nicht aushalten.«

»Und dann bekommst du ihn auch noch als Teampartner«, erwiderte Anja.

Jessy stöhnte auf. »Danke, dass du mich daran erinnerst. Ich hatte es gerade erfolgreich verdrängt.«

»Naja, spätestens ab morgen wird das mit dem Verdrängen schwierig werden«, entgegnete Sam.

»Aber ich leide mit dir. Mir wird jetzt schon schlecht, wenn ich dran denke, dass ich jetzt zwei Wochen mit Jürgen trainieren darf.« Daraufhin musste Sam ein Schütteln unterdrücken, worauf die Mädels wieder anfingen zu lachen.

»Aber immerhin hatte eine von uns bei der Losung Glück«, sagte Jessy vielsagend an Anja gewandt.

»Ach, hör schon auf«, entgegnete Anja. Dabei wurde sofort rot.

Jessy und Sam grinsten sie breit an.

»Aber schon ein komischer Zufall, dass wir nur gemischte Teams bekommen haben«, bemerkte Sam nachdenklich.

»Das ist wahr«, sagte Jessy.

»Vielleicht kann dein Paps hellsehen«, mutmaßte Sam.

»Unwahrscheinlich, das hätte ich längst mitbekommen«, entgegnete Jessy spöttisch.

Die Mädels blödelten noch ein wenig herum. Sie verbrachten den Rest des Tages damit, ihr Sattelzeug einzufetten und die Sattelschränkte wieder ordentlich einzuräumen.

Gegen halb sechs verabschiedeten sich die beiden. Jessy ging hinüber ins Wohnhaus, um sich für das Date umzuziehen.

Dabei ertappte sie sich bei dem Gedanken, was sie anziehen sollte. Sie gab sich sofort eine innerliche Ohrfeige dafür. Es war doch völlig egal, was sie anzog. Immerhin wollte sie Tay nicht beeindrucken. Er sollte bloß nicht denken, dass sie sich für ihn in Schale schmiss bei einem Date, dem sie freiwillig niemals zugestimmt hätte.

Missmutig ging sie unter die Dusche. Als sie sich anschließend die Haare geföhnt hatte, warf sie einen Blick auf ihr Handy. Es war kurz nach sechs. Um halb sieben musste sie fertig sein.

Jessy begab sich in ihr Zimmer und steuerte auf ihren Schrank zu. Mit einem gezielten Griff holte sie ihre Lieblingsjeans mit drei verschiedenen Oberteilen heraus.

Ich muss mir keine Mühe geben, gut auszusehen. Doch bei der Wahl des Oberteils siegte schließlich doch die Eitelkeit. Sie suchte sich ein figurbetontes, dunkelblaues Top mit Strasssteinchen aus.

Bei den Haaren überlegte sie erst, ob sie sie nicht hochstecken sollte. Aber dann fiel ihr Tays gestrige Bemerkung ein, als er sagte, dass sie ihm mit hochgesteckten Haaren besonders gut gefallen würde. Also beschloss sie, ihre Haare demonstrativ offen zu lassen. Sie bürstete sie sorgfältig aus, sodass sie ihr wie eine seidene, braune Flut über die Schultern fielen. Anschließend schminkte sie sich.

Als sie um kurz vor halb sieben einen Blick in den Spiegel warf, stellte sie fest, dass sie sich doch in Schale geschmissen hatte.

Über sich selbst seufzend, ging Jessy die Treppen hinunter. Dort kam sie ihrem Vater entgegen.

Er betrachtete sie ein wenig verwundert von oben bis unten. Dann fragte er mit einem neugierigen Gesichtsausdruck: »Für wen hast du dich denn so hübsch gemacht?«

Jessy warf ihm einen unterkühlten Blick zu, während sie sagte: »Ich hab mich nicht hübsch gemacht. Ich gehe nur ins Kino.«

»Darf man fragen, mit wem?«, wollte er lächelnd wissen.

»Seit wann bist du denn so neugierig?«

»Entschuldige. Komm nur nicht zu spät nach Hause. Wir haben morgen um halb zehn Springstunde. Und … bestell ihm Grüße von mir«, fügte ihr Dad mit einem Augenzwinkern hinzu, bevor er sich die Treppen nach oben begab.

Jessy schüttelte nur schmunzelnd den Kopf. Dann ging sie hinunter zur Eingangstür. Sie hatte sich gerade ihre schwarzen Turnschuhe angezogen und überlegte, ob sie eine Jacke mitnehmen sollte. Da hörte sie schon ein Auto auf den Hof fahren. Sie entschied sich gegen die Jacke. Es war heute ohnehin übertrieben warm.

Sie ging hinaus auf die Veranda. Der schwarze Sportwagen kam gerade zum Stehen.

Eines musste Jessy leider zugeben, als Tay aus dem Wagen stieg. Er sah wirklich unverschämt gut. Seine dunkelblonden Haare hatte er mit ein wenig Gel gestylt. Er trug eine perfekt sitzende Jeans und ein schwarzes Shirt, das seinen Oberkörper noch athletischer wirken ließ.

Als sie auf ihn zukam, nahm er seine Sonnenbrille ab. Er betrachtete sie von oben bis unten.

»Kätzchen, du siehst hammermäßig aus«, sagte er mit einem schiefen Lächeln.

»Bild dir bloß nichts drauf ein«, erwiderte sie scharf. Dann lächelte sie ein wenig und fügte etwas weniger feindselig hinzu: »Aber danke.«

Tay grinste. Natürlich bildete er sich etwas darauf ein. Er ging vorne um das Auto herum, öffnete die Beifahrertür und sagte mit einer einladenden Geste: »Wenn ich bitten darf.«

Jessy betrachtete ihn spöttisch, als sie ins Auto stieg.

Als er die Tür geschlossen hatte und hinüber zur Fahrerseite ging, bekam sie ein seltsames Gefühl. Sie hatte irgendwie ein Kribbeln im Bauch. Es war ungewohnt, mit ihm allein zu sein. Das machte sie nervös.

Als er eingestiegen war, startete Tay den Motor. Er drehte die Musik auf, während er den Wagen durch die Hofeinfahrt nach rechts Richtung Stadt lenkte.

»So«, begann Tay »Ich hab mir gedacht, wir gehen erst was essen und anschließend ins Kino. Was magst du lieber? Italienisch, griechisch, asiatisch – such dir was aus.«

Jessy war im ersten Moment ein wenig verblüfft. Kein blöder Spruch. Keine zweideutige Anspielung. Was war denn auf einmal los?

»Hm ... Ich bin da nicht wählerisch«, entgegnete sie.

»Was hältst du von mexikanisch? Ist eins der besten Restaurants in der Stadt«, schlug Tay vor.

»Ja und auch das teuerste«, erwiderte Jessy.

Tay schaute sie stirnrunzelnd an. Dann meinte er mit seinem schiefen Lächeln: »Lass das mal meine Sorge sein. Ich lade dich selbstverständlich ein.«

»Wie du meinst«, antwortete sie schulterzuckend. Damit konnte er Jessy nicht beeindrucken. Sie wusste, dass Tay aus einer gut verdienenden Familie kam. Von daher war Geld hier keine Frage.

Es dauerte nicht lange, bis sie in der Stadt waren. Tay stellte das Auto auf dem Parkplatz vor dem Restaurant ab.

Bevor sie das Etablissement betraten wurde das seltsame Gefühl, das Jessy schon während der Fahrt verspürt hatte stärker. Tay war sehr zuvorkommend. Er öffnete ihr die Tür mit einem charmanten Lächeln. Jessy zögerte kurz bevor sie eintrat. Dann atmete sie tief durch. *Auf ins Gefecht!*

Kapitel 22

Sie waren kaum durch die Eingangstür, da kam ihnen auch bereits ein Kellner entgegen, um ihnen einen Sitzplatz nach Wunsch zu organisieren. Der Kellner führte sie nach draußen. Dort zeigte er ihnen einen sehr schönen, ruhigen Tisch unterhalb einer großen Kastanie.

Als sie Platz genommen hatten, warf Jessy Tay einen skeptischen Blick zu mit der Frage: »Bekommt hier jeder Gast so eine Sonderbehandlung?«

Tay erwiderte grinsend: »Nur Stammgäste.«

Jessy runzelte die Stirn. Er genoss wirklich immer und überall Sonderstatus. Anschließend kam der Kellner mit den Speisekarten. Dabei nahm er gleich ihre Getränkebestellung auf.

Jessy war froh, sich erst mal in ihre Speisekarte verkriechen zu können. Sie spürte, dass Tays Blicke permanent auf ihr ruhten. Das machte sie nur noch nervöser. Aber hinter der großen Karte fühlte sie sich erst einmal sicher.

»Weißt du schon, was du essen willst?«, fragte Tay nach einiger Zeit.

»Hm … ich glaube, ich nehme die Nummer zweiundvierzig. Klingt ausgefallen.«

»Gute Wahl.«

»Na, du als Stammgast musst es ja wissen«, gab Jessy feixend zurück.

»Ich hab eben Geschmack«, erwiderte Tay. Die Art und Weise, wie er sie dabei anschaute, machte die Zweideutigkeit seiner Worte noch offensichtlicher.

Sofort verschwand Jessy wieder hinter ihrer Karte. Mit ihm allein zu sein war ungewohnt. Es verunsicherte sie.

Nach einiger Zeit kam der Kellner mit den Getränken. Er fragte, ob sie schon gewählt hatten. Jessy gab die Karte wirklich ungern wieder zurück. Jetzt hatte sie keine Deckung mehr.

Als der Kellner mit den Speisekarten wieder verschwand, fühlte Jessy sich ein wenig nackt. Sie fummelte unruhig unter dem Tisch am Tischtuch herum. Dabei ließ sie ihren Blick über die anderen Tische schweifen. Auch wenn sie nicht hinsah, wusste sie, dass Tay sie pausenlos anschaute.

Er lehnte sich entspannt in seinem Stuhl zurück, nahm einen Schluck von seinem Wasser und sagte: »Dann sind wir beide ab morgen also Trainingspartner. Hast du dir schon Gedanken gemacht, welches Pferd du für die Prüfungen reiten willst?«

Jessy zögerte, bevor sie antwortete. »Nein. Das entscheide ich morgen, wenn ich weiß wie die Prüfungen aussehen.«

»Clever. Irgendeine Ahnung, was dein Vater sich da Schönes ausgedacht haben könnte?«

»Überhaupt keine. Aber wenn er unsere Teamfähigkeit unter Beweis stellen will, dann sind es sicher keine normalen Turnierprüfungen«, meinte Jessy, bevor sie an ihrer Cola nippte.

Tay legte nachdenklich den Kopf in den Nacken. »Hm. Vielleicht eine Art Hindernisparcours«, überlegte er.

»Das hab ich mir auch schon gedacht. Auf jeden Fall werden die Prüfungen kein Kinderspiel. Ansonsten hätte Paps uns nicht zwei Wochen Vorbereitungszeit zugestanden«, mutmaßte Jessy.

»Dann sollten wir die zwei Wochen sinnvoll nutzen«, entgegnete Tay nachdenklich.

»Sinnvoll. Ja, du sagst es«, erwiderte Jessy mit einem skeptischen Seitenblick.

Daraufhin machte sich ein Grinsen auf Tays Gesicht breit. »Du musst ja wirklich eine wahnsinnig schlechte Meinung von mir haben.«

Jessy runzelte die Stirn und antwortete: »Das lass ich jetzt einfach mal ganz unkommentiert stehen.«

Tay lachte. Dann betrachtete er sie amüsiert. »Bist du so unglücklich mit mir als Teampartner?«

»Willst du auf die Frage wirklich eine Antwort?«, entgegnete Jessy.

Er grinste wieder. Schließlich meinte er: »Nun ja, es hätte dich auch schlimmer erwischen können.«

Bei dieser Bemerkung war Jessy nicht ganz sicher, ob er nun Jürgen oder Tanja meinte. Aber in einem Fall hatte er recht. Tanja wäre definitiv schlimmer gewesen.

»Das mag sein, aber mein Wunschpartner bist du trotzdem nicht«, gab Jessy unverblümt zurück.

»Tja, damit musst du dich wohl leider arrangieren. Schade, dass du darüber nicht so glücklich bist wie ich.«

Jessy schaute ihn finster an, während sie erwiderte: »Ja, das ist wirklich sehr schade.«

Daraufhin lehnte Tay sich wieder nach vorne. »Sieh es doch mal positiv. Wir beide haben, was das reiterliche Können betrifft, im Vergleich zu den restlichen Teams eindeutig die Nase vorne«, meinte er selbstsicher.

»Du solltest die anderen lieber nicht unterschätzen. Es geht nicht nur primär um reiterliche Fähigkeiten, sondern darum, dass ein Team gut zusammenarbeitet.«

»Dann sollten wir zusehen, dass wir das hinbekommen, wenn wir gewinnen wollen«, entgegnete Tay gelassen.

»Geht's dir denn immer nur ums gewinnen?«, fragte Jessy mit einem Anflug von Langeweile in der Stimme.

»Ohne Ehrgeiz hat man im Wettkampf nichts verloren. Ich für meinen Teil will vorne mitreiten, wenn ich in einer Prüfung starte. Bei dir ist das doch auch nicht anders.«

»Ich reite aber nicht ausschließlich, um zu gewinnen. Für mich geht es dabei um viel mehr. Ich kann nach einem guten Parcours auch zufrieden sein, ohne gewonnen zu haben. Es geht um die eigene Leistung und nicht immer nur darum, besser zu sein als alle anderen«, gab Jessy zurück.

Tay betrachtete sie eine Weile, bevor er sagte: »Mag sein. Aber wenn du trainierst, hast du schließlich ein Ziel vor Augen. In meinem Fall ist das der Platz ganz oben auf dem Treppchen. Ich kann mit meiner Leistung nicht zufrieden sein, wenn ich weiß, dass jemand anderes es noch besser gemacht hat. Das zeigt mir ja, dass noch mehr möglich gewesen wäre.«

Jessy dachte kurz über seine Worte nach. »Ich verstehe, was du meinst. Zum Teil kann ich das auch nachvollziehen. Aber beim Reiten zählt nun mal nicht nur die eigene Leistung. Das Pferd hat daran einen maßgeblichen Anteil. Es müssen viele Faktoren passen, damit ein Pferd-Reiter-Team am selben Tag zur selben Zeit fehlerfreie Perfektion abliefern kann. Manchmal ist halt auch ein bisschen Glück dabei. Es gewinnt nun mal nicht immer der bessere Reiter.«

»Ja, das ist leider wahr«, stimmte Tay zu.

Jessy wusste sofort, worauf er ihre Aussage bezog. Ihre Augen verengten sich, ehe sie spöttisch hinzu fügte: »Was allerdings nicht heißt, dass du im M-Springen besser warst als Alex.«

Tay verschränkte demonstrativ die Arme. »Du hast es selbst gesagt. Manchmal spielt der Glücksfaktor eben auch eine Rolle. Die paar Zehntel, die er schneller war als ich, würde ich nicht als reiterliche Überlegenheit betiteln.«

Jessy verdrehte die Augen. »Du hast eben für alles eine Ausrede parat. Gib doch einfach zu, dass er besser war als du.«

»An dem Tag vielleicht. Aber ich habe nicht vor, das so stehen zu lassen.« Tay war immer noch ganz ruhig. Sein Selbstvertrauen war wirklich durch nichts zu erschüttern.

Jessy seufzte. Sie genehmigte sich einen Schluck Cola, anstatt etwas darauf zu antworten.

Anschließend kam das Essen. Daraufhin herrschte erst einmal eine Zeit lang Stille zwischen den beiden.

Jessy vertiefte sich ganz in Ruhe in ihren Salat. Sie versuchte Tay für die nächste Viertelstunde einfach auszublenden. Das gelang ihr auch ganz gut. Bis sie zwischendurch zufällig seinen Blick auffing. Sie schaute viel zu hektisch wieder weg. Warum wurde sie nur plötzlich so nervös?

Tay war bereits mit dem Essen fertig. Er betrachtete sie aufmerksam. »Weißt du, Kätzchen, ich glaube trotzdem, dass wir beide ein sehr gutes Team sind. Auch wenn du da vielleicht anderer Meinung bist.«

Jessy schaute von ihrem Salat auf. Dann antwortete sie skeptisch: »Abwarten. Das wird sich alles im Training zeigen.«

»Ich kann's kaum erwarten«, meinte Tay grinsend.

Jessy machte innerlich ein Kreuzzeichen, dass die zwei Wochen nur so schnell wie möglich vorbeigehen würden.

Als der Kellner die Teller abräumte, bestellte Tay noch ein Dessert. Französische Crêpes mit Vanilleeis, womit er bei Jessy genau ins Schwarze traf. Nachdem sie das Dessert restlos weggeputzt hatte, ließ sie sich zufrieden in ihren Stuhl sinken.

»Da hab ich die Nachspeise wohl gut erraten«, mutmaßte Tay.

»In Crêpes mit Eis könnte ich mich hineinlegen«, erwiderte Jessy.

»Dann haben wir zumindest eine Gemeinsamkeit«, meinte er lächelnd.

Anschließend ließ er die Rechnung kommen. Beim Anblick des Betrags verzog Jessy unweigerlich das Gesicht. Tay schien das nicht sonderlich zu stören. Im Gegenteil. Er gab noch ordentlich Trinkgeld dazu. Ihr Kellner verabschiedete sich dankend und wünschte ihnen noch einen schönen Abend.

Beim Hinausgehen meinte Tay: »Eigentlich könnten wir das Stück zum Kino laufen. Ich glaube kaum, dass wir da heute einen Parkplatz kriegen.«

»Macht mir nichts aus. Ein bisschen Bewegung schadet jetzt sowieso nicht. Ich hab viel zu viel gegessen«, erwiderte Jessy. Dabei legte sie eine Hand auf ihren Bauch.

»Über Figurprobleme dürftest du dir ja keine Sorgen machen«, entgegnete Tay. Als er das sagte, ließ er seinen Blick über ihren Körper schweifen.

Auf diese Aussage hin vergrößerte Jessy etwas den Abstand zwischen ihnen. Bei Tay musste man mit allem rechnen.

Als sie nach etwa fünf Minuten am Kino ankamen, war es schon ein bisschen kühl geworden. Jessy war froh, als sie endlich drin waren. Tay holte Popcorn und etwas zu trinken, bevor sie in den Kinosaal gingen. Sie hatten sehr gute Sitzplätze. Der Saal war zum Glück nicht so voll, wie Jessy vermutet hatte. Immerhin hatte der Film heute Premiere.

Während sie warteten, bis es endlich losging, kramte Jessy gedankenverloren in der Popcorn-Tüte herum. Dann fragte sie: »Sag mal, warum wolltest du unbedingt mit mir ausgehen?«

»Hab ich dir doch gesagt. Ich mag dich«, erklärte Tay gelassen.

»Und was ist der wirkliche Grund?«, fragte Jessy unbeeindruckt.

Tay wandte sich ihr zu und meinte lächelnd: »Was glaubst du denn, warum ich mit dir ausgehen wollte?«

»Das ist es ja. Ich versteh einfach nicht, was du davon hast. Dir rennen doch genug Mädels hinterher. Ich kapier nicht, was du dann von mir willst?«

Tay seufzte. »Würdest du mir glauben, wenn ich dir sage, dass mir das Getue der Mädchen inzwischen ziemlich auf die Nerven geht.«

Jessy runzelte die Stirn. Sie antwortete schlicht: »Nein, würde ich nicht.«

Tay grinste. »Siehst du.«

Dann ging das Licht schließlich aus. Jessy hatte die ganze Zeit ein Auge auf Tays Arm. Sie hatte zwar vorsichtshalber das Popkorn zwischen ihnen platziert, aber man konnte ja nie wissen.

Glücklicherweise verhielt er sich anständig, sodass Jessy sich nach einiger Zeit entspannte. Ein paar Mal berührte sie versehentlich seine Hand, als sie zufällig beide gerade in die Tüte griffen. Jedes Mal zuckte Jessy unwillkürlich zurück. Allerdings nicht, weil ihr seine Berührung unangenehm war. Aber genau das verunsicherte sie.

Nach dem Film merkte Jessy wie langsam die Müdigkeit in ihr hoch kroch. Als sie nach draußen gingen, fröstelte sie. Warum hatte sie nur keine Jacke mitgenommen?

»Ist dir kalt?«, fragte Tay mit einem besorgten Blick.

»Ein bisschen«, log Jessy. Sie fror so sehr, dass sie gerade noch das Zittern unterdrücken konnte. *Warum ist es nur plötzlich so kalt? Es ist Mitte August.*

»Mist. Ich hab meine Jacke im Auto gelassen«, sagte Tay. »Ich bring dich besser schnell nach Hause.«

Jetzt war Jessy ein wenig überrascht. Das klang beinahe fürsorglich und so gar nicht nach Tay.

Als sie etwa zweihundert Meter gegangen waren, fröstelte Jessy abermals. Plötzlich spürte sie, wie Tay seinen Arm um ihre Schultern legte.

»So kalt ist mir nun auch wieder nicht«, sagte sie sofort abwehrend.

»Jetzt sei nicht albern. Ich kann sehen, dass du zitterst. Außerdem will ich nicht schuld sein, wenn du krank wirst.«

Damit war Jessys Gegenwehr eingedämmt. Aber nur, weil sie wirklich erbärmlich fror und froh war um jedes bisschen Wärme. Wenn sie ganz ehrlich war, fühlte sich Tays Berührung gar nicht so schlecht an. Aber das wollte sie sich natürlich nicht eingestehen.

Als sie endlich beim Auto angekommen waren, holte Tay sofort seine Jacke aus dem Kofferraum. Er legte sie Jessy um die Schultern.

»Hier. Es dauert etwas, bis es im Auto warm wird«, sagte er.

Jessy nickte und murmelte ein leises »Danke«.

Die Heimfahrt über waren beide recht schweigsam. Als sie schließlich den Hof erreichten, stieg Tay mit aus. Er begleitete Jessy bis zur Veranda.

Vor der Tür blieben sie stehen und Jessy gab Tay die Jacke zurück.

»Auf einer Skala von eins bis zehn. Wie schlimm war der Abend für dich?«, fragte er lächelnd.

Jessy überlegte kurz, bevor sie antwortete: »Eine solide drei. Ich hatte es mir ehrlich gesagt schlimmer vorgestellt.«

Daraufhin lachte er. »Ich bin überrascht, dass du mir sogar mehr als einen Punkt zugestehst. Scheint wohl mein Glückstag zu sein.«

»Sieht ganz so aus«, gab Jessy lächelnd zurück.

Dann wurde sein Blick sanfter und er sagte: »Du solltest besser reingehen. Sonst erkältest du dich wirklich noch.«

»Ja, sollte ich wohl«, meinte Jessy etwas zögerlich. Sie schaute ihm in die Augen.

Sein Blick fesselte sie. Auf einmal war er ihr so nahe, dass sie lautes Herzklopfen bekam. Sie spürte, wie er mit einem Arm um ihre Taille fasste und sie an sich zog. Dann strich er ihr eine Haarsträhne aus dem Gesicht.

»Du solltest jetzt wirklich besser reingehen«, flüsterte er.

Sie war ihm so nahe, dass sie seinen Atem spüren konnte. Das Herz schlug ihr bis zum Hals. Es dauerte einige Sekunden bis Jessy sich soweit fasste, um ihre Stimme wieder zu finden.

»Ja, ich glaube du hast recht«, sagte sie.

Er hielt sie nicht fest, als sie einen Schritt zurückwich. Er schaute ihr noch immer in die Augen. Dann sagte er leise: »Gute Nacht, Kätzchen.«

»Gute Nacht«, erwiderte Jessy. Daraufhin verschwand sie so schnell es ging ins Haus. Als die Tür hinter ihr ins Schloss fiel, ließ sie sich mit dem Rücken dagegen sinken. *Was ist das denn eben gewesen? Er hat mich beinahe geküsst.*

Bei dem Gedanken drehte sich alles in Jessys Kopf. Ihr Puls raste immer noch. Jetzt war ihr nicht mehr kalt.

Verwirrt ging sie nach oben ins Badezimmer, schminkte sich ab und wusch ihr Gesicht mit kaltem Wasser ab. *Was ist nur los mit mir?*

Sie konnte Tay nicht leiden. Trotzdem hatte sie sich gerade eben beinahe von ihm küssen lassen. Das passte in ihren Augen vorne und hinten nicht zusammen.

Diese Nacht konnte Jessy lange nicht einschlafen. Ihre Gedanken ließen ihr keine Ruhe. Sie wusste doch was sie wollte. Oder etwa nicht?

KAPITEL 23

AM NÄCHSTEN MORGEN FÜHLTE JESSY SICH WIE DURCH DEN FLEISCHWOLF GEDREHT. Sie hatte sehr schlecht geschlafen. Außerdem hatte sich ihr Kopfchaos immer noch nicht gelegt.

Im Stall war am frühen Vormittag glücklicherweise nie viel los. Deshalb konnte Jessy sich in Ruhe um ihren Fuchs kümmern, mit dem sie heute Springstunde hatte.

Monsi hatte ebenfalls nicht gerade beste Laune. Er war beim Putzen unruhig, schlug die ganze Zeit über mit dem Schweif und schüttelte den Kopf, obwohl kaum Fliegen im Stall waren. Jessy seufzte. Das wurde mit Sicherheit kein angenehmes Training.

Pünktlich um viertel nach neun war Jessy auf dem Reitplatz. Um halb zehn kam ihr Vater dazu.

»Gut. Dann können wir ja gleich anfangen. Wie ist er denn heute drauf?«, fragte er, als er in der Mitte des Platzes angekommen war.

»Durchwachsen, würde ich sagen«, meinte Jessy mit einem etwas gequälten Gesichtsausdruck.

»Okay, wir schauen einfach mal«, erwiderte ihr Dad, während er einige Hindernisse anpasste. »Sieh erstmal zu, dass er im Galopp vorne nicht zu eng wird. Wenn er anfängt sich einzurollen wird es für dich schwer.«

»Ok«, rief Jessy. Sie galoppierte den Wallach an. Auf der linken Hand ging es noch ganz gut, aber rechts sprang er ihr zweimal falsch im Außengalopp an. Geduldig parierte Jessy ihn durch und versuchte es erneut. Schließlich klappte es. Sie lobte ihn mit der Stimme.

Bestätigung war das Einzige, was den Fuchs motivieren konnte, wenn er einen seiner schwierigen Tage hatte. Als nächstes sprang sie ein paar Mal über das blau-weiße Kreuz. Sie konnte ihn gut bei sich halten. Auch beim Steilsprung gab es keine Probleme, außer dass Monsi zweimal etwas zu dicht kam.

»Die Wendung mehr durchreiten, Jessy. Lass ihn vor dem Sprung nicht allein«, rief ihr Vater.

Jessy mahnte sich innerlich zur Konzentration, aber sie war einfach nicht ganz bei der Sache. Spätestens als ihr Vater die Hindernisse auf L-Niveau erhöhte und sie die Kombination mit dazu nahmen, merkte sie, wie unkonzentriert sie war. Lediglich dreimal schafften sie die Kombi fehlerfrei – was nicht unbedingt ihr Verdienst war. Monsi konnte es auch im Training nicht leiden, Fehler zu machen. Er nahm Jessy einfach das Ruder aus der Hand. Der Fuchs passte die Distanz und das Tempo selbst an, was nun nicht im Sinne von Jessys Vater war.

Dieser seufzte nach einer Weile. Dann meinte er: »Lassen wir's gut sein für heute. Du bist mit dem Kopf ganz woanders, das seh ich ja bis hier.«

Jessy parierte ihr Pferd neben ihm durch. »Entschuldige Paps«, murmelte sie.

Er schaute sie prüfend an, als er fragte: »Das hat doch nicht etwas mit gestern Abend zu tun?«

»Paps, hör schon auf. Ich habe einfach schlecht geschlafen und bin deswegen unkonzentriert«, wehrte Jessy ab.

Er runzelte ein wenig ungläubig die Stirn, ließ es aber gut sein. Mit grübelnder Miene verließ er den Reitplatz. Jessy ritt ihren Wallach ab.

Anschließend brachte sie ihn in den Stall zurück. Nach dem Absatteln stellte sie ihn hinaus auf die Weide. Auch ihre beiden Hengste bekamen Ausgang. Hero durfte allerdings nur auf das große Paddock, da er ansonsten etwas zu nah an den anderen Pferden war.

Im Anschluss war Jessy dann erst einmal damit beschäftigt, die Boxen ihrer Pferde auszumisten. Saphirs Box ging wie immer am schnellsten, da der Schimmel immer fein säuberlich in eine Ecke äpfelte. Monsi hatte diesmal auch keinen allzu großen Saustall gemacht. Nur ihr Palomino hatte seine komplette Box umgegraben. Das war der Tatsache geschuldet, dass dem Hengst in der Box einfach viel zu schnell langweilig wurde. Jessy seufzte, als sie sich an die Arbeit machte.

Nach einer dreiviertel Stunde stellte sie die Schubkarre an ihren Platz und betrachtete zufrieden ihr Werk. Dann ging sie hinüber zu ihrem Schrank. Als sie ihn öffnete, um ihren Putzkoffer herauszuholen, lag eine rote Rose darauf. Allerdings war diesmal kein Brief dabei, sondern nur ein kleiner Zettel auf dem stand: »Für die Schönste aller Rosen.«

Wieder bekam Jessy Herzklopfen. An ihren geheimen Verehrer hatte sie gar nicht mehr gedacht.

Sie brachte sie sofort hoch in ihr Zimmer. Dort stellte sie die Rose in die Vase auf ihrem Nachtkästchen zu der anderen. Dann setzte sie sich auf ihr Bett. Gedankenverloren betrachtete sie die Blumen. Sie griff in die Schublade ihres Nachtkästchens, um den Brief abermals zu lesen. Es musste doch irgendwo einen Hinweis darauf geben, wer ihn geschrieben hatte. Nach einer Weile räumte sie ihn wieder zurück an seinen Platz. Es war einfach nichts darin zu finden.

Nachdenklich begab sie sich in die Küche hinunter. Dort kramte sie im Kühlschrank herum. Nachdem sie einen Joghurt verputzt hatte, ging sie wieder nach draußen.

Es war bereits Mittag. Die Anderen trafen nach und nach ein. Pascal war einer der Ersten, der in den Stall kam. Jessy hielt für einen Moment die Luft an, weil sie erwartete, dass auch Tay jede Sekunde durch die Stalltür kommen würde. Als er aber nicht auftauchte, fragte Jessy ein wenig überrascht: »Seid ihr heute mal nicht im Doppelpack unterwegs?«

»Was? Ach so, du meinst Tay«, sagte Pascal lachend. »Nein, der sieht sich heute ein Pferd an und kommt erst später.«

»Ach, stimmt ja. Da hatte er gestern was gesagt«, fiel Jessy ein.

Pascals interessierter Blick war ihr auch aufgefallen.

Sie fragte ein wenig irritiert: »Ist irgendwas?«

»Hattet ihr beide nicht gestern ein Date?«, erwiderte Pascal grinsend.

Jessy verschränkte die Arme. »Und weiter?«, entgegnete sie unbeeindruckt.

»Ich bin nur neugierig«, meinte Pascal abwinkend.

Daraufhin warf Jessy ihm einen stirnrunzelnden Blick zu. »Ich bin mir sicher, dass Tay dir seine Version davon erzählen wird.«

»Ich hör gern beide Seiten«, gab Pascal zurück.

Jessy seufzte. »Was willst du denn wissen?«

»Mich interessiert nur das Resultat. Kuss oder Ohrfeige? Oder beides?«, fragte er grinsend.

»Weder noch«, antwortete Jessy.

»Schade. Keine Ohrfeige«, meinte Pascal ein wenig enttäuscht.

Daraufhin musste sie lachen. »Du bist mir ja ein schöner Freund«, stellte sie amüsiert fest.

»Ach, eine ordentliche Backpfeife würde ihm mit Sicherheit nicht schaden.«

»Schauen wir mal. Ich muss immerhin die nächsten zwei Wochen mit ihm trainieren. Vielleicht erfüllt sich dein Wunsch noch«, sagte Jessy mit einem vielsagenden Blick.

Pascal erwiderte grinsend: »Vielleicht kannst du mir ein Video davon machen.«

Jessy lachte. Sie ging anschließend nach draußen, um Saphir von der Weide zu holen. Als sie mit dem Schimmel wieder in den Stall kam, waren Sam und Anja gerade gekommen. Die drei machten zusammen ihre Pferde fertig. Danach trainierten sie etwa eine Stunde auf dem Reitplatz.

Jessys Vater hatte die Mannschaft heute um fünf Uhr zu sich bestellt, um sie über die Prüfungen zu unterrichten. Jessy verbrachte bis dahin noch einige Zeit mit Hero in der Halle. Erst ließ sie ihn laufen. Dann machte sie ein bisschen Freiarbeit mit ihm. Solche Spielereien machten dem Hengst besonders viel Spaß. Außerdem musste sie ihn nicht jeden Tag körperlich fordern. Geistige Arbeit war ihrer Meinung nach für ein Pferd genauso wichtig wie die tägliche Bewegung.

Als sie so gegen dreiviertel fünf mit dem Palomino wieder in den Stall kam, war Tay auch da und unterhielt sich mit Pascal.

»Und hast du dich schon entschieden?«, wollte Pascal wissen, während er seiner Stute das schwarze Fell striegelte.

»Noch nicht. Sie gefällt mir echt gut. Ich bin mir nur nicht sicher, ob sie die Nerven für ein gutes Turnierpferd hat. Vermögen und Bewegung hat sie genug«, meinte Tay.

»Sagtest du nicht, dass sie erst fünf ist.«

»Ja. Sie hat ziemlich viel Temperament. Ich hab sie jetzt erstmal drei Wochen zum Ausprobieren«, erwiderte Tay, während er den Kopf von Legolas streichelte. Erst jetzt bemerkte er Jessy.

»Hallo Kätzchen«, begrüßte er sie erfreut. »Du scheinst den gestrigen Abend ja gut überstanden zu haben.«

»Sieht ganz so aus«, entgegnete Jessy mit gemischten Gefühlen. Dann fügte sie hinzu: »Sind die anderen schon drüben?«

»Ich glaub schon«, antwortete Pascal mit einem Blick auf die Uhr.

»Das sollten wir dann auch mal tun. Auf die Prüfungen bin ich wirklich gespannt«, meinte Tay.

Jessy und Pascal nickten zustimmend. Zusammen gingen sie ins Wohnhaus hinüber.

Alle anderen waren schon im Wohnzimmer versammelt.

»Wo bleibt ihr denn?«, fragte Sam ungeduldig.

»Kein Stress. Es ist eine Minute vor fünf«, erwiderte Pascal gelassen.

Sam verdrehte nur die Augen.

Kurz darauf kam Jessys Vater durch die Tür.

»Ah, sehr schön. Alle sind da. Wunderbar. Dann wollen wir mal keine Zeit verlieren«, meinte er, als er es sich in seinem Sessel bequem machte.

»Also ... «, setzte er an. »Die erste Prüfung, die gleich am Montag, also morgen in zwei Wochen stattfinden wird, ist ein Geländeritt. Allerdings über eine relativ weite Strecke. Jedes Team bekommt eine andere Route, aber mit der gleichen Kilometeranzahl. Damit niemand auf die Idee kommt abzukürzen, sind auf der Strecke Checkpoints festgelegt, die ihr erreichen müsst. An jedem Checkpoint erwartet euch eine kleine Aufgabe und ein Gegenstand, den ihr mitnehmen müsst. Stellt es euch wie eine Art Schnitzeljagd vor. Das Team, welches als erstes seine Strecke absolviert und alle Gegenstände eingesammelt hat, gewinnt.«

»Wie lang wird die Route sein?«, fragte Pascal.

»Ich würde sagen, dass ihr mit Sicherheit drei bis vier Stunden unterwegs sein werdet. An den Checkpoints ist natürlich Wasser für die Pferde bereitgestellt. Was ich noch vergessen habe zu sagen, sind die Regeln. Die Strecke gilt nur dann als geschafft, wenn wirklich beide Teammitglieder das Ziel erreicht haben. Das ist die eine Bedingung. Die zweite lautet, dass beide Pferde in absolut einwandfreiem Zustand sein müssen. Ich möchte keine völlig überanstrengten Tiere im Ziel vorfinden. Bei der Hälfte der Strecke haben alle Teams den gleichen Kontrollpunkt. An diesem werden wir den Puls eurer Pferde kontrollieren und ihren Gesundheitszustand überprüfen, ähnlich wie bei einem Distanzritt. Sollte ein Pferd nicht mehr in der Lage sein, weiter zu laufen, ist das Team selbstverständlich aus dem Wettkampf ausgeschieden und verliert Punkte.«

»Aber wenn der Reiter gar nichts dafür kann«, meinte Tanja.

»Das ist nun mal der Wettkampf. Auch bei einem Springturnier kann ein Pferd ein Eisen verlieren oder sich verletzen. Damit muss man immer rechnen. Ein Reiter, der sich und sein Pferd gut vorbereitet, wird weniger Probleme haben als jemand, der ohne Rücksicht auf Verluste reitet. Darum geht es bei dieser Prüfung.«

»Alles klar. Und was ist die zweite Prüfung«, wollte Jürgen wissen.

»Immer mit der Ruhe«, lachte Jessys Dad. »Sind die Regeln der Geländeprüfung klar?«

Als alle nickten, fuhr er fort: »Gut. Die zweite Prüfung findet zwei Tage danach – also am Donnerstag statt. Damit eure Pferde genug Zeit haben, sich wieder von dem langen Ritt zu erholen. Nutzt diese Zeit gut, denn die Tage zwischen den Prüfungen sind essentiell. Ihr dürft eure Pferde am Dienstag nach dem langen Ritt nicht unbewegt lassen, sonst bekommen sie einen Muskelkater. Die Prüfung am Donnerstag verlangt von Pferd und Reiter allerhöchste Präzision. Es ist ein Hindernis-Trail, durch den ihr euer Pferd reiten müsst. Und zwar mit verbundenen Augen.«

Die Mannschaft schaute Jessys Vater ungläubig an.

»Mit verbundenen Augen? Wie soll das denn gehen?«, rief Sam.

»Euer Teampartner wird euch anleiten. Er gibt euch Kommandos und lotst euch so durch den Parcours. Die Hindernisse sind natürlich alle einfach gehalten, sodass man sie im Schritt passieren kann, wie etwa eine Wippe, über die das Pferd laufen muss oder ein kleines Cavaletti. Der Weg selbst wird mit Hütchen abgesteckt, auf denen kleine Tischtennisbälle liegen. Wenn ihr die Hütchen umwerft oder die Bälle runterfallen, bekommt ihr Fehlerpunkte, die als Zeitfehler gerechnet werden. Je nach Schwere des Fehlers. Genauso wenn euer Pferd ein Hindernis verweigert oder daran vorbeiläuft. Beide Teampartner müssen den Parcours zu Pferd absolvieren. Das Team das zum Schluss die insgesamt beste Zeit hat gewinnt.«

»Wow. Ich kann mir jetzt schon die Kugel geben«, sagte Sam mit gequältem Gesichtsausdruck. Die anderen sahen nicht gerade motivierter aus.

»Kopf hoch. Das Ganze klingt schwerer als es ist«, meinte Jessys Vater aufmunternd.

»Das Ziel dieser Übung ist die Kommunikation zwischen Pferd und Reiter zu verbessern. Genauso wie die Verständigung zwischen euch und eurem Teampartner. Das Ganze basiert auf Vertrauen und eindeutigen Kommandos. Es werden im Parcours ein paar Dinge enthalten sein, die euer Pferd vielleicht verunsichern. Da ihr nichts seht, wird die Herausforderung für euch darin bestehen, ruhig zu bleiben, um eurem Pferd Sicherheit zu geben. Wichtig ist dabei natürlich auch, dass ihr eurem Teampartner vertraut. Es dürfte eine sehr spannende Erfahrung für euch werden.«

»Das kann ja heiter werden«, seufzte Jürgen. Die anderen murmelten zustimmend.

»Und wie sieht dann die letzte Prüfung aus?«, fragte Jessy.

»Die letzte Prüfung ist wohl die unkomplizierteste von allen. Da erwartet euch ein normaler Springparcours. Allerdings werdet ihr den Parcours zweimal reiten. Das erste Mal mit dem eigenen Pferd und das zweite Mal mit dem Pferd eures Partners. Das heißt also ein Springen mit Pferdewechsel.«

Jetzt waren auf den Gesichtern der Mannschaft sehr gemischte Gefühle zu sehen.

»Das ist doch mal cool«, meinte Pascal.

»Ich finde die Idee auch nicht schlecht«, stimmte Alex zu.

»Ich soll die da auf Sultan reiten lassen?«, rief Jürgen empört.

»Ja, er wird bestimmt dran sterben«, raunte Sam. Die anderen mussten ein Lachen unterdrücken.

»Hast du Angst, dass er unter jemand anderem besser laufen könnte, als bei dir?«, fragte Jessy provokant.

Jürgen machte nur ein angesäuertes Gesicht. Dann fragte er skeptisch an Jessys Vater gewandt: »Wofür soll das gut sein?«

»Jedes Pferd ist ein neuer Lehrmeister. Ihr sollt euch in den zwei Wochen mit dem Pferd eures Partners vertraut machen. Dabei werden euch eure reiterlichen Stärken, aber auch Schwächen aufgezeigt. Hierbei ist auch wieder die Zusammenarbeit mit eurem Teampartner wichtig, da er sein Pferd am besten kennt und euch die richtige Anleitung geben kann.«

»Wie schwer wird denn der Parcours sein?«, wollte Jessy wissen.

»Um es euch nicht zu schwer zu machen, werden die Hindernisse nicht höher sein als einen Meter zehn. Also ein gutes Zwei Sterne A-Niveau. Das ist zum einen für jedes eurer Pferde machbar und dürfte für euch noch genug Herausforderung darstellen. Ihr werdet merken, dass ihr auf einem fremden Pferd viel weniger Sicherheit habt, als auf dem eigenen. Also unterschätzt mir diese Prüfung nicht.«

Nach einem kurzen Schweigen sagte Tay: »Ich darf mal davon ausgehen, dass die Ergebnisse der drei Prüfungen am Schluss zusammengezählt werden und das Team mit den besten Werten gewinnt.«

»Genauso ist es. Ich werde zwar alle Prüfungen nach einem Punktesystem bewerten, aber insgesamt werden die Zeiten entscheidend sein. Das schnellste Team mit den wenigsten Fehlern bekommt die meisten Punkte.«

»Gibt's denn auch was zu gewinnen?«, wollte Pascal wissen.

»Aber selbstverständlich. Ich habe bereits einen Pokal organisiert. Dazu bekommt das Siegerteam einen Gutschein über zweihundert Euro für Reitsportartikel.«

»Wow. Damit könnte ich mir die ultra schicke Schabracke für Smaragd kaufen, die ich schon seit Ewigkeiten haben will«, schwärmte Sam.

»Tja, dazu müsst ihr aber erst mal gewinnen«, sagte Pascal feixend.

»Hast du den Gutschein auf eigene Kosten besorgt?«, fragte Jürgen.

»Der Betreiber des Reitsportladens ist ein guter Bekannter von mir. Da wir Stammkundschaft bei ihm sind, hat er den Gutschein gesponsert«, erklärte er augenzwinkernd. »So. Dann seid ihr wieder entlassen. Ich wünsche euch viel Erfolg beim Training. Bei Fragen stehe ich natürlich jederzeit zur Verfügung. Aber wichtig ist, dass ihr gut zusammenarbeitet. Ich bin schon sehr gespannt auf die nächsten zwei Wochen«, meinte Jessys Dad lächelnd.

Ich auch, dachte Jessy nur. Der Blick in die Gesichter der Anderen verriet ihr, dass sie damit nicht die Einzige war.

KAPITEL 24

JESSY HATTE SICH MIT TAY AM NÄCHSTEN TAG ZUM TRAINING VERABREDET und ihm, wenn auch sehr widerwillig, ihre Handynummer gegeben. Aber es war nunmal die beste Möglichkeit, um sich abzusprechen. Sie hatten sich für diesen Tag den Vormittag zum Trainieren ausgesucht, da es heute sehr heiß werden sollte. Außerdem war um diese Uhrzeit nicht sehr viel los.

Jessy war pünktlich um neun Uhr im Stall. Zwar noch etwas verschlafen und nicht gerade in bester Stimmung, aber die Vorstellung am Nachmittag, in der größten Hitze zu trainieren, war nicht gerade verlockender. Sie hatte eben ihre Lieblinge begrüßt, als Tay in den Stall kam.

»Guten Morgen, Kätzchen. Fit fürs Training?«, fragte er gut gelaunt.

Jessy seufzte. An ihren Spitznamen hatte sie sich inzwischen schon so gewöhnt, dass sie sich gar nicht mehr darüber aufregte. »Musst du um diese Uhrzeit so gut drauf sein?«, entgegnete sie verständnislos.

»Das liegt an dir. Dafür kann ich nichts«, antwortete er mit einem charmanten Lächeln.

»Schleimer«, gab Jessy unbeeindruckt zurück.

Daraufhin musste Tay lachen und meinte grinsend: »Du bist wirklich durch nichts zu beeindrucken, was?«

»Nicht um neun Uhr vormittags«, sagte Jessy. Damit wandte sie sich ihrem Sattelschrank zu, um ihr Putzzeug herauszuholen.

»Hast du deine Pferdewahl denn schon getroffen?«, wollte Tay wissen.

»Ja. Ich werde Monsi nehmen«, sagte Jessy.

»Den Fuchs also«, meinte Tay nachdenklich.

Jessy kümmerte sich nicht weiter darum. Sie holte ihre Sachen aus dem Schrank und fragte beiläufig: »Und wie sieht der Plan für heute aus?«

»Vorschlag – ich würde sagen, wir gehen erst einmal eine Runde ins Gelände. Da besprechen wir dann ganz in Ruhe, wie unser Trainingsplan aussehen soll und wie wir die Prüfungen am besten angehen«, entgegnete Tay.

Jessy betrachtete ihn etwas überrascht und erwiderte: »Das ist ja tatsächlich ein sinnvoller Vorschlag.«

Tay zog eine Augenbraue hoch. »Hey, ich hab doch gesagt, ich will das Ding gewinnen. So gern ich unsere gemeinsame Zeit auch für andere Dinge nutzen würde.«

Diesen letzten Satz quittierte Jessy nur mit einem unbeeindruckten Stirnrunzeln. »Behalt deine unseriösen Gedanken für dich.«

»Wie kommst du darauf, dass meine Gedanken unseriös wären?«, fragte Tay amüsiert.

»Ganz einfach, weil es deine sind«, antwortete Jessy.

Tay grinste nur. Dann holte er Legolas aus seiner Box.

Kopfschüttelnd halfterte Jessy ihren Fuchs auf und band ihn in der Boxengasse an.

Es dauerte nicht lange, bis beide Pferde fertig gesattelt im Innenhof standen. Dort stiegen sie auf und ritten durch das Hoftor geradeaus über die Straße den Feldweg entlang.

»So. Also, warum deinen Fuchs und nicht den Schimmel?«, fragte Tay neugierig.

»Saphir wäre nur für das Springen die bessere Wahl. Monsi ist konditionell fitter als Saphir und weniger schreckhaft. Abgesehen davon kenne ich Monsi am längsten und hab zu ihm das größte Vertrauen«, erklärte Jessy.

»Hm. Gut. Macht Sinn«, sagte er.

»Ich hoffe nur, dass das Springen kein Problem wird«, meinte Jessy.

»Wieso das? Ist doch nur ein A-Parcours.«

Jessy zog eine Augenbraue hoch und antwortete: »Nicht wegen der Hindernishöhe. Damit kommt Monsi spielend klar. Die Frage ist eher, ob ihr beide miteinander klar kommt.«

Jetzt runzelte Tay die Stirn, während er den Mund zu einem spöttischen Grinsen verzog. »Was? Denkst du, ich komm mit deinem kleinen Füchschen nicht zurecht?«

Jessy verschränkte die Arme. »Na schön, Mister. Wenn du dir so sicher bist, dann hast du bestimmt nichts dagegen, wenn wir gleich morgen die Pferde tauschen«, sagte sie ruhig.

»Von mir aus«, meinte Tay entspannt und fügte hinzu: »Dann siehst du wenigstens gleich, dass die Springprüfung kein Problem wird.«

»Ganz wie du meinst«, flötete Jessy. Sie regte sich über Tays Selbstüberschätzung gar nicht erst auf. Das würde Monsi morgen für sie schon erledigen.

»Gut. Nächster Punkt: Der Geländeritt«, fuhr Tay fort. »Dürfte grundsätzlich auch kein großes Problem werden.«

»Ist Legolas so lange Strecken im Gelände gewöhnt?«, fragte Jessy.

»Nein. Aber das sind die Pferde der anderen auch nicht. Das einzige Pferd, das hier einen deutlichen Vorteil hat, ist dein Fuchs«, gab Tay gelassen zurück.

»Vorausgesetzt Legolas kann mithalten. Wir müssen beide durchs Ziel. Schon vergessen?«

»Bis zu den Prüfungen sind es noch zwei Wochen. Die müssten ausreichen, um Legolas fit genug zu kriegen. Außerdem hat mein Fuchs eine etwas andere Übersetzung als dein Pony.«

Jessy überhörte den Begriff »Pony« geflissentlich und warf Tay nur einen mahnenden Blick zu. »Und wie sieht's mit der dritten Prüfung aus?«

Bei dieser Frage musste Tay den Anflug eines Grinsens unterdrücken. »Tja, das dürfte ziemlich interessant werden«, meinte er mit einem vielsagenden Blick.

»Was meinst du?«, fragte sie etwas irritiert.

»Du musst mir bei der Prüfung ja praktisch blind vertrauen. Wie willst du das anstellen?«, entgegnete er grinsend.

Jessy betrachtete ihn unbeeindruckt. »Lass das mal meine Sorge sein. Die Frage ist eher, wie wir darauf trainieren wollen.«

»Das ist allerdings eine gute Frage«, erwiderte Tay nun wieder etwas ernster.

»Meine Idee wäre Anti-Schreck-Training für eine gute Vertrauensbasis und natürlich müssen wir das Reiten mit verbundenen Augen üben«, erklärte Jessy.

»Und wir müssen an der Kommunikation arbeiten. Derjenige, der die Kommandos gibt, muss sie auch so geben, dass der andere sie gut umsetzen kann«, fügte Tay hinzu.

»Ja, richtig. Die Prüfung dürfte also die meiste Arbeit werden«, seufzte Jessy.

»Bleib geschmeidig. Die anderen haben dieselben Probleme wie wir und mit Sicherheit noch ganz andere«, sagte Tay. Dann fügte er hinzu: »Abgesehen davon, ist in jedem Team mindestens einer vertreten, der reiterlich nichts drauf hat.«

Jessys Augen verengten sich zu Schlitzen. »Und das wären?«

Tay merkte sofort, dass er gerade im Fettnäpfchen gelandet war. »Na schön. Ich wollte sagen, dass einige der Anderen weniger Turniererfahrung haben als wir«, verbesserte er sich.

»Gerade noch die Kurve gekriegt«, meinte Jessy mit finsterem Blick. »Unterschätz meine Mädels mal nicht. Sam und Anja mögen vielleicht sportlich gesehen auf keinem so hohen Niveau reiten, aber darum geht's bei diesen Prüfungen auch nicht.«

»Okay, okay. Ich hab nichts gesagt«, meinte Tay lachend.

»Wäre manchmal vielleicht besser so«, gab Jessy immer noch leicht angesäuert zurück.

»Ach komm. Jetzt sei nicht gleich eingeschnappt«, meinte er versöhnlich.

Jessy seufzte und sagte etwas friedlicher: »Lass uns zurück reiten. Es wird schon wieder ziemlich warm.« Tay stimmte zu.

Als sie nach einer halben Stunde wieder am Hof waren und die Pferde abgesattelt hatten, warf Tay einen Blick auf die Uhr, als er meinte: »Ich muss ohnehin los. Morgen um dieselbe Zeit?«

»Meinetwegen«, erwiderte Jessy schulterzuckend.

»Okay. Wir sehen uns, Kätzchen«, verabschiedete er sich augenzwinkernd.

Den Rest des Tages arbeitete Jessy mit ihren beiden Hengsten und machte mit Mon Chéri einen kleinen Ausritt.

Von den Anderen war an dem Tag nicht besonders viel zu sehen. Jessy vermutete, dass sie wohl keine große Lust auf das Training hatten.

Am nächsten Morgen war Tay schon vor Jessy im Stall. Er hatte seinen Fuchs bereits fertig geputzt.

»Verschlafen?«, fragte er grinsend.

Als Antwort bekam er nur ein ausladendes Gähnen von Jessy und einen verständnislosen Blick. Anschließend führte Jessy Monsi aus der Box, um ihn zu striegeln.

Nachdem beide Pferde fertig gesattelt waren, sagte Jessy: »Gehen wir besser in die Halle.«

»Wie du willst«, entgegnete Tay.

Jessy hatte bewusst die Halle gewählt, da Monsi auf dem Platz etwas schwieriger war und sie ohnehin wusste, dass Tay auch so genug Probleme mit ihrem Fuchs haben würde.

In der Reithalle standen keine Hindernisse bis auf ein einzelnes Cavaletti. In der Zirkelmitte gab Jessy Tay die Zügel ihres Pferdes. Im Gegenzug nahm sie die von Legolas.

»Mal sehen, was der Kleine so drauf hat«, meinte Tay gut gelaunt.

Jessy ließ seine Bemerkung völlig kalt, weil sie sich sicher war, dass er sie spätestens nach ein paar Minuten bereuen würde.

Allerdings machte sie sich ein wenig Sorgen, ob sie es schaffte Tay innerhalb von zwei Wochen klarzumachen, wie er mit Monsi umgehen musste. Sie kannte ihn. Wenn er sich von ihr nichts sagen ließ, dann würde das Springen in einem Desaster enden.

Jessy stellte sich die Steigbügel ein und gurtete nach. Ein so großes Pferd wie Legolas war für sie etwas ungewohnt. Als sie aufsaß, fühlte sie sich wie auf einem Kreuzfahrtschiff.

Tay hingegen musste sich auf ihrem Fuchs wirklich wie auf einem Pony fühlen. Vor allem da Tay mehr als einen Kopf größer war als Jessy.

Er saß noch nicht einmal richtig im Sattel, als Monsi schon losmarschierte. Jessy musste ein Lachen unterdrücken. Sie ließ Legolas gemütlich am langen Zügel vorwärts gehen. Auch wenn Tays Fuchs sehr groß und unhandlich wirkte, war er keineswegs träge oder faul. Als Jessy die Zügel aufnahm, stand der Wallach wunderbar am Zügel und ließ sich ohne viel Aufwand antraben.

Tay hingegen hatte bereits im Schritt seine ersten Auseinandersetzungen mit Monsi. Da Jessy den Fuchs beinahe ausschließlich mit Schenkel und Gewicht ritt, war er zu starke und vor allem unnachgiebige Zügeleinwirkung nicht gewohnt. Man konnte zwar nicht sagen, dass Tay grob mit der Hand war, aber Monsi brauchte eine weiche, flexible Zügelführung. Tay brachte Monsi zwar im Moment noch dahin, wo er ihn hin haben wollte, aber Jessy wusste, dass das auf Dauer nicht gut ging.

Auch im Trab war es noch in Ordnung. Erst als Tay wie gewohnt die Galopphilfe gab – natürlich etwas deutlicher als Jessy das tat – schoss Monsi ihm nach vorne weg und Tay brauchte eine halbe Bahn am Hufschlag, um den Fuchs wieder zu bremsen.

»Was war das denn?«, fragte er verwirrt, als er Monsi wieder zum Schritt durchpariert hatte.

Jessy kicherte und sagte grinsend: »Monsi ist nicht Legolas. Du musst nur das Bein leicht zurücknehmen, damit er angaloppiert. Schenkeldruck kannst du dir sparen.«

Tay schaute sie stirnrunzelnd an. Daraufhin versuchte er nochmal den Fuchs anzugaloppieren. Diesmal klappte es deutlich besser. Er legte das Bein ein wenig zurück und schon galoppierte Monsi an. Zwar noch immer etwas überhastet, aber das war durchaus normal bei Jessys Fuchs.

Als Tay der Meinung war, dass er Monsi nun unter Kontrolle hatte, ritt er das Cavaletti in der Mitte an.

Jessy musste nur einen kurzen Blick auf ihr Pferd werfen, bevor sie wusste, dass das in die Hose gehen würde.

Tay war daran gewöhnt, das Tempo zu bestimmen, und Monsi ließ sich das Tempo nicht vorschreiben. Die Kommunikation funktionierte überhaupt nicht. Das Ganze endete damit, dass Jessys Fuchs vor der erhöhten Stange so abrupt die Handbremse zog, dass Tay, ehe er sich versah, allein über das Cavaletti flog. Mit einem eleganten Purzelbaum über Monsis Hals hinweg landete er flach auf dem Rücken auf der anderen Seite des Hindernisses. Tay blinzelte einen Moment um zu realisieren, was gerade passiert war.

Jessy hatte dermaßen Mühe, sich das Lachen zu verbeißen, dass sie kaum Luft holen konnte.

Als Tay sich erhob, rechnete Jessy schon mit einer Schimpftirade. Aber er klopfte sich lediglich den Staub von der Reithose, ging zu ihrem Fuchs, der immer noch vor dem Cavaletti stand, nahm die Zügel und meinte dann an Jessy gewandt: »Ich glaube das üben wir nochmal.«

Jessy ritt lächelnd neben ihn. »In der Gesamtwertung eindeutig durchgefallen, aber für die Technik beim Abgang hätte ich dir eine Acht-Komma-fünf gegeben.«

Tay grinste. Dann sagte er mit einem Blick auf Monsi: »Ich hätte nicht gedacht, dass der Kerl so schwer zu reiten ist. Sieht bei dir immer so leicht aus.«

»Naja, ich hab sechs Jahre gebraucht, um mit ihm klarzukommen.«

»Hoffen wir mal, dass ich das mit deiner Hilfe schneller hinkriege«, meinte Tay etwas gequält.

Jessy lachte. »Wäre von Vorteil«, entgegnete sie amüsiert.

Damit stieg Tay wieder in den Sattel. Er ließ sich von Jessy einige Tipps geben, wie er mit Monsi nicht aneinander geriet. Umgekehrt gab Tay auch Jessy ein paar Ratschläge bezüglich seines Pferdes.

Der Rest des Trainings verlief relativ gut. Gegen Ende stieg Jessy zufrieden aus dem Sattel. Tay sah zwar ein wenig erschöpft aus, aber Jessy musste zugeben, dass er seine Sache wirklich ganz gut gemacht hatte. Es würde natürlich noch etwas dauern, bis sie ihn und Monsi auf einen Parcours loslassen konnte, aber bis dahin waren noch zwei Wochen Zeit.

Als sie die Pferde wieder zurück in den Stall gebracht hatten, sattelten sie beide Füchse ab.

Jessy stand etwas unschlüssig vor Monsis Box. »Willst du für heute noch eine Trainingseinheit einlegen?«, fragte sie.

Tay drehte sich zu Jessy um und betrachtete sie neugierig. »Sagst du das jetzt, weil du Angst hast, dass wir das bis zu den Prüfungen nicht hinkriegen oder weil du mehr Zeit mit mir verbringen willst?«

Jessy verschränkte demonstrativ die Arme, während sie gereizt erwiderte: »Du kannst es wirklich nicht lassen. Wollten wir die Zeit nicht sinnvoll nutzen?«

»Wollten wir das?« Dabei kam Tay langsam auf Jessy zu.

Sie wich unwillkürlich zurück. Sehr viel Spielraum hatte sie allerdings nicht, da sie bereits nach zwei Schritten Monsis Boxentür im Rücken hatte. Tay war schon gefährlich nahe an ihr dran.

Um sie am Ausweichen zu hindern, stützte er sich mit den Armen links und rechts von ihr ab.

»Was soll das werden?«, fragte Jessy unsicher. Ihr Herz schlug ihr bis zum Hals.

»Nur eine Übung«, erwiderte Tay. Er kam ihr dabei langsam näher. »Schließ die Augen«, sagte er leise.

Jessy wollte ihn von sich wegschieben, aber ihr Körper gehorchte ihr nicht. Sie war wie erstarrt.

»Vertrau mir«, flüstere Tay und sein Blick war ganz sanft.

Für einen Augenblick war Jessy versucht, die Augen zu schließen, aber ihr Kopf mahnte sie sofort lautstark zur Vorsicht. »Vertrauen verdient man sich, man erzwingt es nicht«, sagte sie.

Daraufhin lächelte Tay. Vorsichtig strich er ihr eine Haarsträhne aus dem Gesicht.

Genau in dem Moment öffnete sich die Stalltür und Alex kam herein. Als sie seinen ungläubigen Blick auffing, wusste Jessy sofort, wie dieses Szenario für ihn aussehen musste.

»Stör ich gerade?«, fragte Alex. Die Schärfe in seiner Stimme war weder Jessy noch Tay entgangen.

Im gleichen Atemzug sagte Tay »Ja« und Jessy »Nein«.

Mit einem wütenden Blick schob Jessy Tay von sich weg. Das war wirklich ein ausgezeichnetes Timing. Missmutig wandte sie sich ab. Sie ging an Alex vorbei hinaus in den Hof.

Alex schüttelte den Kopf. Dann sagte er an Tay gewandt: »Was bezweckst du eigentlich damit?«

Tay betrachtete ihn spöttisch und antwortete gelassen: »Was interessiert dich das?«

Daraufhin wurde Alex ernst. »Jessy ist mir wichtig. Deshalb interessiert es mich.«

»Naja, so wichtig kann sie dir nicht sein, wo du kaum noch Zeit für sie hast«, erwiderte Tay stirnrunzelnd.

»Das hat damit gar nichts zu tun«, meinte Alex.

»Das seh ich etwas anders«, gab Tay mit einem spöttischen Lächeln zurück.

»Was willst du damit sagen?«, fragte Alex mit einem skeptischen Blick.

»Nur, dass ich wohl ein wenig genauer hinschaue als du«, sagte Tay im Vorbeigehen und verließ ebenfalls den Stall.

Jessy war in ihr Zimmer hochgegangen. Sie saß auf ihrem Bett. Ihre Coolness war völlig verflogen. Innerlich war sie komplett durch den Wind. *Was Alex jetzt wohl denkt?*

Sie bekam bereits Herzklopfen, wenn sie nur daran dachte, wie nah Tay ihr vorhin gekommen war. *Warum?!*

Es ärgerte sie, dass sie so auf ihn reagierte. Seufzend nahm sie wieder den Brief aus ihrem Nachtkästchen. Wenn sie wenigstens wüsste, wer ihr geheimer Brieffreund war. Aber vielleicht würde das nur noch mehr Chaos in ihre Gefühlswelt bringen.

Kapitel 25

Später am Abend bekam sie eine Nachricht von Tay wegen des Trainings am nächsten Tag. Da Jessy nicht schon wieder so früh aufstehen wollte, schlug sie den späten Nachmittag vor. Als sie sich auf fünf Uhr geeinigt hatten, legte Jessy ihr Handy anschließend weg und setzte sich an ihr Laptop. Für heute wollte sie ihre Ruhe haben.

Sie schlief am nächsten Tag bis elf Uhr und schlurfte so gegen dreiviertel Zwölf hinaus in den Stall.

Dort war bereits Hochbetrieb. Die Anderen schienen inzwischen ebenfalls mit dem Training begonnen zu haben oder versuchten es zumindest.

Im Moment werkelten alle an ihren Pferden herum. Keiner machte einen sehr kommunikativen Eindruck. Abgesehen von Tanja, die pausenlos um Alex herumscharwenzelte und ihm alle möglichen Dinge erzählte.

Jessy verdrehte die Augen. Sie begrüßte erst einmal ihre Mädels, die ihre Pferde zum Satteln herübergeholt hatten. Dann holte sie Saphir aus seiner Box und begann den Schimmel zu putzen. Sie versuchte, währenddessen Tanjas Geplapper so gut es ging auszublenden.

»Sag mal, Jess, hast du denn mit Tay schon zusammen trainiert?«, fragte Sam plötzlich.

»Ähm … Ja«, gab Jessy etwas verwundert zurück.

»Wieso?« »Wirklich? Ich bin davon ausgegangen, dass du das so lange wie möglich hinauszögern würdest«, entgegnete Sam stirnrunzelnd.

»Es hilft ja nichts. Abgesehen davon sind die zwei Wochen eh ziemlich knapp bemessen«, sagte Jessy.

»Ja, das stimmt schon. Die Prüfungen sind echt nicht ohne. Bin gespannt, ob wir das hinkriegen«, erwiderte Sam, während sie ihrem Rappen die Nase streichelte.

»Ach das wird schon«, meinte Anja aufmunternd.

»Du hast leicht reden«, sagte Sam seufzend. »Du hast ja wenigstens einen vernünftigen Teampartner.«

Daraufhin ertönte sofort Jürgens Stimme aus Sultans Box: »Das hab ich gehört!«

»Und weiter? Willst du nen Keks dafür?«, rief Sam spöttisch zurück.

Jessy schaute sie mitfühlend an. Sie wusste am besten, was ihre Freundin mitmachen musste.

Als Sam und Anja ihre Pferde fertig hergerichtet hatten, kam Pascal zu ihnen herüber. Er schaute Anja erwartungsvoll an, als er entspannt fragte: »Bist du soweit?«

»Äh … ja, ich bin fertig«, antwortete Anja.

»Ok. Dann kann's ja losgehen«, erwiderte er gut gelaunt.

»Du Glückliche«, murmelte Sam finster.

Anja zuckte nur verlegen die Schultern und führte Coco nach draußen.

»Hast du's dann auch bald mal?!«, rief Sam ungeduldig in Jürgens Richtung.

»Jetzt geh mir nicht auf die Nerven!«, kam von ihm zurück.

Sam verdrehte die Augen, nahm Smaragd am Zügel und folgte Anja und Pascal. Nach ein paar Minuten verließ auch Jürgen mit seinem Rappen den Stall. Nun waren nur noch Alex und Tanja da. Jetzt wurde es etwas schwieriger, Tanjas Gerede zu ignorieren.

»Ich bin wirklich froh, dass ich dich als Teampartner habe. Sonst hätte ich echt Angst vor den Prüfungen«, meinte sie.

»Ach was. Ich denke, dass du das schon hinbekommst«, erwiderte Alex ruhig. Er legte seinem Schimmel gerade die Gamaschen an.

»Denkst du, ich komme mit Cassini klar?«, fragte sie mit einem Blick auf den Wallach.

»Bestimmt. Er ist wirklich sehr brav und wird dir keine Schwierigkeiten machen.«

»Dann bin ich beruhigt«, sagte Tanja lächelnd.

Jessy musste ein genervtes Seufzen unterdrücken. Sie war froh, als die beiden ihre Pferde endlich fertig gesattelt hatten und nach draußen verschwanden.

Jessy ließ sich Zeit damit, Saphir zu putzen. Sie war zwar neugierig, wie das Training der Anderen verlief, aber sie war im Moment gerade froh, dass sie Tanja eine Weile nicht sehen musste. Abgesehen davon, würde sie ohnehin von Sam und Anja erfahren, wie das Training abgelaufen ist.

Die Zeit, in der sie ihre Ruhe hatte, nutzte Jessy, um die Boxen ihrer Pferde auszumisten. Dann beschloss sie, mit Saphir eine Runde ins Gelände zu gehen. Dabei kam sie nicht umhin, am Reitplatz vorbei zu reiten.

Tanja und Alex hatten bereits ihre Pferde getauscht, genau wie Anja und Pascal. Sam und Jürgen waren gerade noch in einer hitzigen Diskussion über irgendetwas, das Jessy nicht verstand. Schmunzelnd ließ sie Saphir den Kiesweg entlang marschieren. Ob das mit Sam und Jürgen gut gehen würde?

Nach etwa einer Stunde kam sie wieder am Hof an. Das allgemeine Training schien beendet zu sein, da der Reitplatz wie leergefegt war.

Im Stall war auch nicht besonders viel los. Tanja war glücklicherweise nicht mehr da. Leider galt das auch für Alex. Jürgen hatte sich ebenfalls verzogen und somit waren nur noch Sam, Anja und Pascal da.

»Und wie ist's gelaufen?«, fragte Jessy neugierig.

»Katastrophal wäre maßlos untertrieben«, gab Sam finster zurück.

Anja meinte seufzend: »Die beiden haben die ganze Zeit über gestritten. Es war kaum auszuhalten.«

»Kann ich was dafür, dass Jürgen der größte Pfosten auf Gottes Erden ist!« rief Sam entrüstet.

»Da muss ich dir ganz klar recht geben«, stimmte Jessy zu.

»Ich bin gespannt wie ihr bitte trainieren wollt«, erwiderte Anja stirnrunzelnd.

»Am liebsten gar nicht«, sagte Sam verbittert.

»Ich bin sicher, du könntest mit Jürgen auskommen, wenn du nur ein bisschen weniger streitsüchtig wärst«, schlug Anja vor.

Jessy und Sam antworteten im gleichen Moment mit einem entschiedenen: »Nein«.

Jetzt mischte sich Pascal ein. »Naja, so schlimm ist er nun auch wieder nicht. Unser Jürgen ist zwar nicht ganz einfach, aber eigentlich ist er echt in Ordnung.«

»Das sagst du. Ich kenn ihn besser«, erwiderte Jessy wohlwissend.

»Das ist doch was ganz was anderes. Ich meine, ihr beide seid fast wie Geschwister«, antwortete Pascal.

Bei diesen Worten schüttelte sich Jessy, als hätte sie in eine Zitrone gebissen, worauf Sam und Anja anfingen zu lachen.

»Sag sowas Abscheuliches nie wieder«, beschwerte sich Jessy.

Pascal grinste und sagte kopfschüttelnd: »Unverbesserlich.«

Bis zum späten Nachmittag verbrachte Jessy ihre Zeit mit Hero in der Halle. Zuerst war Bodenarbeit dran. Dann longierte sie den Hengst noch ein wenig. Sie ließ ihn heute das erste Mal über Stangen laufen. Hero schien diese neue Übung gut zu gefallen. Er achtete sehr darauf, keine Stange zu berühren.

Zufrieden mit ihrem Palomino brachte Jessy ihn hoch in den Stall. Im Hof sah sie, dass Tays Auto da war. Seufzend öffnete sie die Stalltür.

Legolas war vor seiner Box angebunden, aber von Tay war keine Spur. Als Jessy Hero in seine Box gestellt und ihm Zaumzeug und Longiergurt abgenommen hatte, kam Tay durch die Stalltür.

»Hallo Kätzchen«, begrüßte er sie grinsend.

»Worüber freust du dich denn so?«, fragte Jessy stirnrunzelnd.

Tay schaute sie amüsiert an, als er ein dunkelblaues Tuch aus der Hosentasche zog. »Heute beginnt die Blindenschule«, meinte er gut gelaunt.

Jessy musste ein tiefes Seufzen unterdrücken. Sie hatte ja gewusst, dass das kommen würde.

»Wenn's denn sein muss«, murmelte sie wenig begeistert.

»Vielleicht sollten wir erst mal ohne Pferd üben«, schlug Tay vor.

»Wozu?«, wollte Jessy skeptisch wissen.

»Naja, wir sollten uns erst einmal gegenseitig vertrauen, bevor wir uns blind aufs Pferd setzen.«

Jessy war immer noch etwas misstrauisch, aber Tays Argument schien ihr einleuchtend.

»Na schön«, antwortete sie und fügte hinzu: »Aber du fängst an.«

»Ganz wie du willst«, gab Tay gelassen zurück.

»Und was genau sollen wir üben?«, fragte Jessy.

»Zum Beispiel geradeaus gehen«, erwiderte Tay.

Als Jessy ihn daraufhin etwas ungläubig anschaute, sagte er: »Es ist ziemlich schwer ohne was zu sehen geradeaus zu laufen. Wie willst du geradeaus reiten, wenn du nicht mal geradeaus gehen kannst?«

»Hm, darüber hatte ich tatsächlich noch nicht nachgedacht«, gestand Jessy.

»Wie gut, dass du mich hast«, meinte Tay schief grinsend.

»Oh ja, ich wäre verloren«, entgegnete Jessy mit unverhohlenem Sarkasmus.

Tay stellte Legolas grinsend in seine Box.

»Na schön, dann lass uns anfangen«, sagte er.

Jessy nickte und wartete, bis Tay sich die Augen verbunden hatte.

»Okay, kann los gehen.«

»Versuch mal dich nach rechts zu drehen. So etwa neunzig Grad – Stopp! Das war zu weit. Jetzt geh ein paar Schritte geradeaus.«

Sie übten ein paar Minuten. Dann war Jessy dran. Es war wirklich überraschend schwer, sich zu orientieren. Schon nach ein paar Schritten hatte Jessy keine Ahnung mehr, wo sie sich befand.

»Versuch dich beim Geradeausgehen ein wenig rechts zu halten. Du hast immer eine leichte Tendenz nach links«, meinte Tay.

»Oh man, das ist echt schwer«, sagte Jessy.

»Du gehst viel zu verhalten. Mach normal große Schritte, sonst ist es noch schwieriger.«

»Ich kann nicht. Ich hab immer Angst, gegen eine Mauer zu laufen«, entgegnete Jessy.

»Keine Sorge, ich lass dich nirgends dagegen laufen«, gab Tay amüsiert zurück. »Hast du eine Ahnung, wo du gerade bist?«, fragte er dann.

»Überhaupt keine.«

»Daran müssen wir arbeiten. Du musst im Parcours auch den Überblick behalten. Orientier dich an meiner Stimme und versuch mal zu mir zu kommen.«

»Na gut«, sagte Jessy. Sie tastete sich vorsichtig vorwärts.

»Die Richtung ist gut. Du kannst nirgendwo dagegen laufen. Ja, noch ein Stück. Noch ein bisschen … «

Plötzlich spürte Jessy seine Arme um sich. »Sehr gut«, sagte Tay.

Auch wenn Jessy ihn nicht sah, konnte sie an seinem Tonfall genau hören, dass er grinste. Als sie ihn wegschieben wollte, hielt er ihre Hände fest.

Er zog sie an sich und flüsterte: »Vertraust du mir?«

Jessy war versucht, »Nein« zu sagen, doch stattdessen murmelte sie etwas verunsichert: »Lass das.«

Dann nahm er ihr die Augenbinde ab. Er lächelte.

Jessy verschränkte die Arme. »Was sollte das?«

Jetzt lachte er und entgegnete: »Vertrauensübung.«

»Na klar. Wer's glaubt«, entgegnete Jessy bissig. Aber sie brauchte einige Momente, bis ihr Puls sich wieder beruhigt hatte. Er hatte es schon wieder geschafft sie aus der Fassung zu bringen.

Sie gingen mit Monsi und Legolas noch eine Runde ins Gelände und besprachen ein paar Einzelheiten bezüglich des Trainings.

Am Abend hockte Jessy sich mit Stift und Zettel auf ihr Bett. Sie machte sich Gedanken über das Anti-Schrecktraining, das sie mit den Pferden machen wollten. Einige klassische Übungen wie Plastikplanen am Boden, Regenschirme oder Flatterbänder fielen ihr ein. Jessy stöberte auch im Internet und notierte sich dort einige brauchbare Tipps und Vorschläge.

Es wurde sehr spät, bis sie ins Bett kam. Aber sie hatte das Gefühl, heute etwas geschafft zu haben. Sie fühlte sich jetzt besser vorbereitet. Jessy war schon gespannt, was Tay morgen zu ihren Ideen sagen würde.

Kapitel 26

Am darauffolgenden Tag trafen sich Jessy und Tay um elf Uhr zum Training. Es regnete, als Jessy aus der Haustür trat. Abgesehen davon fühlte sie sich irgendwie matt, aber wahrscheinlich lag das am Wetter. Tay war schon im Stall.

»Na Kätzchen, gut geschlafen?«

»Es geht so«, antwortete Jessy. Sie zog ihren Notizzettel aus der Tasche mit den Worten: »Ich hab gestern Abend gebüffelt.«

Tay schaute sie neugierig an.

»Ich hab mir ein paar Dinge überlegt, die wir mit den Pferden unbedingt üben sollten für die Vertrauensprüfung.« Jessy zeigte Tay den Zettel und erklärte ihm die einzelnen Übungen.

Als sie fertig war, meinte er anerkennend: »Wow, du warst ja richtig fleißig.«

»Ich weiß«, entgegnete sie stolz.

»Dann sehen wir zu, dass wir bis morgen das ganze Zeug besorgen, damit wir gleich anfangen können, damit zu trainieren«, schlug Tay vor.

»Ja, würd ich auch sagen. Und was machen wir heute? Gelände fällt aus bei dem Wetter.«

»Ich würde sagen, wir versuchen uns heute mal am Blindreiten. Wir sollten es ausnutzen, dass wir unsere Ruhe haben und noch keiner da ist.«

»Ja ok. Ich mach Monsi fertig.« Damit richteten beide ihre Pferde her.

Anschließend begaben sie sich in die Reithalle.

»Willst du anfangen oder soll ich?«

»Ich fang an. Dann hab ich's hinter mir«, meinte Jessy.

»Wie du willst«, antwortete Tay und überreichte ihr das Tuch.

Jessy atmete tief durch, als sie sich die Augenbinde anlegte. Sie tastete sich an Monsi entlang bis zum Steigbügel.

»Soll ich dir helfen?«, fragte Tay.

»Schon gut. Ich komm auch so aufs Pferd. Nächstes Mal steig ich erst auf und verbinde mir dann erst die Augen«, entgegnete Jessy, während sie den Fuß in den Steigbügel schob. Gekonnt hob sie sich in den Sattel und nahm die Zügel.

Es war ein seltsames Gefühl, auf dem Pferd zu sitzen, ohne etwas zu sehen. Jessy trieb Monsi vorwärts. Seine Bewegung war ihr vertraut. Trotzdem fühlte sie sich unsicher.

»Versuch einfach mal ganze Bahn mit ihm zu reiten«, rief Tay.

»Wo ist die Bande?«

»Ein wenig weiter nach rechts.«

Als Jessy abwenden wollte, stellte sie fest, dass sie überhaupt kein Gefühl mehr für Richtung und Abstand hatte. Sie wusste nicht, wie weit sie Monsi jetzt gewendet hatte.

»Das war zu wenig. Noch ein bisschen mehr nach rechts«, rief Tay.

Jessy versuchte ihr Möglichstes, aber sie hatte einfach keine Orientierung. Das Reiten auf dem Hufschlag war einfacher, da sie hier die Bande als Begrenzung hatte, aber sobald sie sich davon entfernte, verlor sie völlig den Überblick.

Nach zwanzig Minuten nahm Jessy die Augenbinde ab und stieg aus dem Sattel. Sie war ziemlich geschafft, obwohl sie nur Schritt geritten war.

Anscheinend hatte Tay eine etwas bessere Orientierung als sie, denn er stellte sich bei Weitem geschickter an. Er brachte auch schon einfachere Bahnfiguren auf die Reihe. Im Gegensatz zu Jessy, die schon am Zirkel gescheitert war. Man musste zwar dazu sagen, dass Legolas etwas einfacher zu dirigieren war als Monsi, aber das war keine Ausrede.

Als Tay ebenfalls fertig war, arbeiteten sie ihre Pferde noch etwa eine halbe Stunde normal und brachten sie anschließend in den Stall.

»Ist doch gar nicht so schlecht gelaufen«, meinte Tay als sie beide ihre Pferde absattelten.

»Ja, bei dir. Ich stell mich an wie der erste Mensch«, entgegnete Jessy etwas geknickt.

»Jetzt sei nicht so streng mit dir. Das kriegst du schon hin. Wir haben noch genug Zeit.«

Jessy seufzte. Sie bezweifelte, dass die Zeit ausreichen würde, um das hinzukriegen.

Plötzlich stand Tay neben ihr und sagte mit gerunzelter Stirn: »Wo ist denn dein Selbstvertrauen geblieben, Kätzchen?«

»Ich bin nur realistisch.«

»Das bist du sonst auch nicht.«

Daraufhin verschränkte Jessy die Arme. »Ich glaub einfach nicht, dass ich das hinkriege. Wie soll ich durch einen Parcours kommen, wenn ich mein Pferd nicht mal ... «

Tay legte ihr den Finger an die Lippen, um sie am weitersprechen zu hindern. Dann sagte er sanft: »Lässt du das jetzt mal. Hör auf dich nieder zu machen. Das passt nicht zu dir.«

Als Jessy ihn überrascht anschaute, fügte er hinzu: »So schnell gibst du sonst auch nicht auf. Das war ein kleiner Rückschlag, mehr nicht. Von einer schlechten Trainingseinheit lässt du dich so entmutigen?«

Ein wenig beschämt senkte Jessy den Blick. Er hatte vollkommen recht.

»Ach, Mist. Irgendwie krieg ich das schon hin«, sagte sie jetzt mit deutlich mehr Entschlossenheit.

»Na also. So kenn ich dich, Kätzchen«, meinte Tay zufrieden.

Jessy lächelte. Dass ausgerechnet Tay sie mal aufbauen würde, war wirklich etwas Neues.

Der Rest des Tages verlief eher unspektakulär. Die anderen Teams kamen verteilt gegen Nachmittag zum Trainieren. Jessy beschäftigte sich in der Zeit mit ihren beiden Hengsten.

Nach der Arbeit fühlte sie sich dermaßen platt, dass sie sich schon am späten Nachmittag in ihr Zimmer verzog. Sie machte noch ein paar Internetrecherchen und hörte dann etwas Musik.

Gegen halb neun schlief sie schließlich ein.

Am nächsten Morgen fühlte Jessy sich, als wäre sie von einem Panzer überrollt worden. Das Wetter war wieder besser. Zumindest regnete es nicht. Als sie nach unten in die Küche schlurfte, hatte ihr Vater Frühstück gemacht.

»Guten Morgen, Schätzchen«, begrüßte er sie, während er hinter der Theke herumfuhrwerkte.

»Morgen«, entgegnete Jessy. Sie fühlte sich so hundeelend, dass sie noch nicht einmal Hunger hatte.

Ihr Vater bemerkte ihre Appetitlosigkeit und betrachtete Jessy eingehend. »Fühlst du dich nicht gut?«, fragte er besorgt.

»Alles ok, Paps. Hab nur einfach keinen Hunger«, antwortete Jessy. »Ich bin dann im Stall«, fügte sie hinzu.

Sie wollte gerade die Küchentüre aufmachen, als ihr Vater sagte: »Moment mal. Du gefällst mir heute gar nicht.«

»Paps, ich hab keine Zeit für sowas. Ich muss trainieren. Tay ist auch gleich da.«

Prüfend legte ihr Vater ihr die Hand auf die Stirn. Dann schüttelte er den Kopf, als er erwiderte: »Das mit dem Training wird heute aber nichts. Du hast Fieber.«

»Fieber? Ich hab kein Fieber.«

»Jessy, du glühst. Sofort ab ins Bett mit dir.«

Jessy wusste, dass Widerworte keinen Zweck hatten. Also ging sie, wenn auch sehr ungern, wieder hoch in ihr Zimmer. Ihr war schwindelig und ihre Glieder schmerzten.

Nach kurzer Zeit kam ihr Vater hoch mit einer Tasse Tee. »Ich habe den Doktor angerufen. Du hast dir wohl eine Grippe eingefangen. Die nächsten Tage wirst du erstmal im Bett bleiben,« erklärte ihr Vater.

»Die nächsten Tage? Und wann soll ich trainieren?«, rief Jessy aufgebracht.

»Deine Gesundheit geht vor. Da gibt's gar nichts zu diskutieren.«

»Meine Pferde müssen auch bewegt werden.«

»Ich bin mir sicher, dass dir die Anderen helfen werden. Aber du bleibst im Bett. Das ist mein letztes Wort«, sagte ihr Vater entschieden.

Als er wieder nach unten ging, knallte Jessy ihre Teetasse genervt auf ihr Nachtkästchen. Sie war nicht auf ihren Vater wütend, sondern auf diese bescheuerte Grippe. *Warum ausgerechnet jetzt?* Die ganzen Ferien war sie nicht krank gewesen. Nicht einmal unter der Schulzeit.

Aber alles ärgern half ihr jetzt auch nicht. Sie musste zusehen, dass sie so schnell wie möglich wieder gesund wurde. Also trank sie brav ihren Tee und wartete, bis ihr Vater ihr einen Teller Suppe brachte.

Als sie sich gerade hinlegen wollte, klopfte es an der Tür.

»Ja«, rief sie kraftlos. Die Tür öffnete sich und Tay kam herein.

»Hey, Kätzchen. Da hast du dir ja die beste Zeit ausgesucht, um krank zu werden«, sagte er lächelnd.

»Ich weiß«, meinte Jessy.

»Wir kriegen das trotzdem hin. Sieh du erst mal zu, dass du wieder auf die Beine kommst«, entgegnete er.

Jessy lächelte. Er konnte wirklich lieb sein, wenn er wollte. »Kannst du mir einen Gefallen tun?«, fragte sie dann.

»Kätzchen, für dich würde ich fast alles tun«, antwortete er mit einem schiefen Grinsen.

»Würdest du Alex zu mir rauf schicken, wenn du ihn siehst?«

Sofort verschwand sein Grinsen und wich einer hochgezogenen Augenbraue. »Was willst du denn mit dem?«, wollte er mit verständnisloser Miene wissen.

»Ich brauch jemanden für Hero. Außerdem wollte ich dich fragen, ob du Monsi vielleicht übernehmen könntest. Du musst mit ihm sowieso für die Springprüfung trainieren.«

»Klar, das Training mit deinem Fuchs mach ich gern. Das Andere überleg ich mir noch. Hast du jemanden für Saphir?«

»Den können Sam und Anja beschäftigen.«

»Alles klar. Dann werd mal schnell gesund, Kätzchen. Ich komm dich später nochmal besuchen«, meinte Tay augenzwinkernd, bevor er das Zimmer verließ.

Gegen Mittag kamen dann Sam und Anja bei Jessy vorbei. Anschließend versuchte sie ein wenig zu schlafen.

Sie wachte erst am späten Nachmittag wieder auf. Um kurz vor vier klopfte es wieder an der Tür. Jessy rechnete damit, dass es Tay wäre, doch es war Alex.

»Hey, Jessy. Wie geht's dir?«, fragte er besorgt.

»Hi Alex. Naja, es ging mir schon mal besser«, gestand Jessy.

»Tay hat gesagt, dass du mich sehen willst. Ich war am Nachmittag schon einmal da, aber da hast du geschlafen und ich wollte dich nicht aufwecken.«

»Oh, danke. Ich wollte dich fragen, ob du dich vielleicht um Hero kümmern könntest, solange ich krank bin. Er muss unbedingt jeden Tag beschäftigt werden und ich hab sonst niemanden, der mit ihm zurechtkommt.«

»Natürlich. Kein Problem.«

»Wirklich? Ich meine, du musst auch für die Prüfungen trainieren und hast zwei Pferde zu versorgen.«

»Mach dir deswegen keinen Kopf. Cassini wird die Woche sowieso hauptsächlich von Tanja geritten. Und selbst wenn nicht, würde ich mir die Zeit für Hero nehmen«, erklärte Alex.

»Das ist wirklich lieb von dir«, sagte Jessy.

»Mach ich gern. Ich muss leider schon los. Wir sehen uns dann morgen«, verabschiedete er sich.

»Okay. Und nochmal danke.«

Als er weg war, kramte Jessy den Brief aus ihrem Nachtkästchen. *Ob er doch von Alex ist?*

Es wäre zu schön. Seufzend packte Jessy den Brief wieder beiseite und ließ sich in ihr Kissen sinken. Es war wohl das Beste, wenn sie noch eine Runde schlief. Immerhin war Schlaf bekanntlich die beste Medizin.

Kapitel 27

Gegen Abend bekam sie noch einmal Besuch von Tay, der ihr kurz Bericht über das Training mit Monsi erstattete. Als er gegangen war, brachte ihr Vater ihr das Abendessen hoch. Sie hatte noch immer keinen Hunger und musste sich zwingen, wenigstens ein paar Bissen davon runterzukriegen.

Nach dem Essen legte sie sich wieder schlafen. Sie schlief bis zum nächsten Tag durch. Als sie aufwachte, fühlte sich Jessy noch immer nicht besser. Sie hatte eher das Gefühl, dass es schlimmer geworden war. Ihr Vater kam anschließend zum Fiebermessen, was Jessys Befürchtung bestätigte.

»Hm. Das Fieber ist gestiegen«, sagte er mit einem besorgten Blick auf das Thermometer.

»Ich werde Jürgen gleich los zur Apotheke schicken. Du brauchst unbedingt etwas, das das Fieber senkt.«

Jessy nickte nur schwach. So elend hatte sie sich schon lange nicht mehr gefühlt.

Am Nachmittag kamen Sam und Anja vorbei, um sie ein wenig aufzumuntern. Kurz nachdem die beiden gegangen waren, klopfte es an der Tür und Alex kam herein.

»Hi, Jessy. Wie geht's dir denn? Dein Vater hat gesagt, das Fieber ist seit gestern gestiegen«, meinte er besorgt.

»Ja. Ehrlich gesagt fühl ich mich schrecklich«, entgegnete Jessy. Sie versuchte ein Lächeln zustande zu bringen.

»Ist auch kein Wunder. Brauchst du irgendwas? Soll ich dir was holen?«

»Das ist nett von dir, aber ich hab alles, was ich brauche.«

Nach kurzem Zögern sagte Alex: »Du fehlst uns ganz schön im Stall.«

»Uns?«, fragte Jessy.

»Sam, Anja, mir – und ganz besonders Hero. Seit gestern ist er total unruhig und wiehert ständig. Ich glaube, er vermisst dich.«

»Wirklich?« Jessy seufzte. »Ich vermiss ihn auch. Krank zu sein ist echt das Letzte.«

»Keine Sorge. Bald bist du wieder fit«, erwiderte Alex aufmunternd.

»Ich hoffe es.«

Nachdem Alex gegangen war, legte Jessy sich wieder schlafen.

Als es bereits dämmerte, wurde sie von einem Klopfen geweckt. Noch ganz müde murmelte sie: »Ja.«

Die Tür öffnete sich und Tay kam herein.

»Hey Kätzchen. Hab ich dich aufgeweckt?«

»Ja, hast du«, entgegnete Jessy gähnend.

»Entschuldige. Soll ich wieder gehen?«

»Nein, schon ok. Ich muss dann sowieso was essen. Ich hab keine Lust mich von Paps noch zwangsernähren zu lassen«, meinte Jessy.

Tay grinste. »Deinen Humor hast du jedenfalls nicht verloren.«

Jessy lächelte schwach und fragte: »Wie ist's mit Monsi heute gelaufen?«

»Es ging eigentlich. Langsam krieg ich den Dreh raus, glaub ich.«

»Das ist gut.« Jessy war froh, dass die zwei Fortschritte machten.

»Ich hab mit Monsi und Legolas auch ein paar der Übungen gemacht, die du aufgeschrieben hast.«

»Echt? Und wie haben sie sich geschlagen?«

»Naja, ich glaube, bei Monsi würde es besser laufen, wenn du dabei wärst. Zu mir fehlt ihm wahrscheinlich das Vertrauen«, sagte Tay. Dann fügte er hinzu: »Da ist er genau wie du.«

Jessy schaute ihn an. Dann erwiderte sie mit einem Lächeln: »Ich habs dir schon mal gesagt – Vertrauen muss man sich verdienen.«

»Ich arbeite dran«, entgegnete Tay. Er schaute ihr tief in die Augen, während er sagte: »Ich hoffe, es zahlt sich auch irgendwann aus.«

Plötzlich bekam Jessy wieder Herzklopfen. Die Art und Weise, wie er sie anschaute, brachte ihren Puls zum Rasen. Ihr wurde heiß und kalt – und sie war sich ziemlich sicher, dass das nicht vom Fieber kam.

In diesem Moment öffnete sich die Zimmertür. Jessys Vater kam mit einem Tablett herein.

»Oh, schon wieder Krankenbesuch. Also über Langeweile kannst du dich auf jeden Fall nicht beklagen«, meinte er mit einem Blick auf Tay.

Irgendwie war Jessy ein bisschen froh, dass ihr Vater gerade gekommen war.

Tay erhob sich mit den Worten: »Ich lass dich mal essen. Wir sehen uns morgen.«

»Ja. Bis morgen.« Jessy schaute ihm nach, bis die Tür ins Schloss gefallen war.

Ihr Dad betrachtete sie mit einem seltsam amüsierten Gesichtsausdruck. »Du scheinst dich mit Tay in letzter Zeit gut zu verstehen«, meinte er lächelnd.

»Naja, das wolltest du doch, oder? Das Mannschaftsklima verbessern«, entgegnete Jessy.

»Mhm. Gibt es da vielleicht irgendetwas, das ich noch wissen sollte?«, fragte er.

Jessy warf ihm daraufhin einen verständnislosen Blick zu. »Äh … Nein und ich hab keine Ahnung, wovon du redest.«

»Natürlich nicht«, meinte er grinsend.

Jessy zog eine Augenbraue hoch, sagte aber weiter nichts dazu. Manchmal bekam ihr Vater mehr mit als gut für ihn war.

Ganze drei Tage musste Jessy noch das Bett hüten, bis das Fieber endlich runterging.

Am vierten Tag fühlte sie sich eigentlich schon wieder ganz gut. Ihre Freunde hatten sie jeden Tag besucht. Alle waren froh, als es ihr wieder besser ging.

Allerdings war es jetzt bereits Mittwoch und Jessy durfte sich noch nicht überanstrengen. Trotzdem stieg sie gegen Mittag aus dem Bett, zog sich ihre Reithose und ein T-Shirt an und ging hinunter.

Ihr Vater kam gerade durch die Haustür. Als er sie sah, musterte er sie kritisch.

»Sag mal, hältst du das wirklich für so eine gute Idee? Auch wenn das Fieber weg ist, heißt das nicht, dass du schon wieder ganz gesund bist«, sagte er streng.

»Hast du mal auf den Kalender geschaut? Ich hab nur noch fünf Tage Zeit bis zur ersten Prüfung. Du glaubst doch wohl nicht, dass ich da ruhig im Bett liegen kann«, erwiderte Jessy. Ihr Vater sah zwar alles andere als begeistert aus, aber er wusste, dass er sie nicht aufhalten konnte.

»Na schön, aber übertreib es nicht«, mahnte er sie seufzend. Dann ging er die Treppen nach oben.

Jessy zog sich schnell ihre Reitstiefel an und ging hinaus auf die Veranda. Die Sonne schien ihr warm aufs Gesicht. Jessy atmete die frische Luft ein. Nach ein paar tiefen Atemzügen machte sie sich auf den Weg ins Stallgebäude.

Sie hatte noch nicht einmal den Hof überquert, da konnte man schon ein durchdringendes Wiehern und trommelnde Pferdehufe aus dem Stall hören. Als Jessy die Tür zur Seite schob, war keiner da. Anscheinend waren alle beim Training. Hero war ganz aufgeregt, als er Jessy sah. Er warf den Kopf hoch und wieherte lautstark.

»Ist ja schon gut mein Hübscher. Jetzt bin ich ja wieder da«, beruhigte Jessy den Hengst. Er hatte sie scheinbar wirklich vermisst. Schließlich wurde der Palomino wieder ruhiger. Daraufhin konnte sie endlich ihre anderen beiden Pferde begrüßen. Monsi und Saphir waren ebenfalls unruhiger als sonst und auffallend verschmust.

»Ja, ich hab euch auch vermisst«, sagte Jessy lächelnd. Sie gab jedem ihrer Lieblinge ein Leckerli. Dann warf sie einen Blick in die Boxen. Es war bereits ausgemistet. Als Jessy dann zu ihrem Sattelschrank ging, um das Putzzeug zu holen, fiel ihr auf, dass die Box neben Monsi eingestreut war. Etwas verwundert nahm sie ihren Putzkoffer aus dem Schrank, um ihn neben Saphirs Box zu stellen. Dann begann sie damit, ihren Schimmel zu putzen.

Sie war gerade fertig geworden, als sie vor dem Stall Hufgeklapper hörte. Dann kam Tay in den Stall. Er hatte eine sehr zierliche braune Stute am Zügel. Als er Jessy erspähte, blieb er sofort mit einem freudig überraschten Gesicht stehen.

»Hey Kätzchen, was machst du denn hier? Sag bloß, du bist endlich aus der Krankenstation entlassen.«

»Ich hab mich mehr oder weniger selbst entlassen«, gab Jessy etwas gequält zurück.

»Und wie geht es dir?«, fragte Tay mit einem prüfenden Blick.

»Eigentlich ganz gut. Ich darf mich nur noch nicht überanstrengen«, antwortete sie.

»Ich freu mich wirklich, dass es dir wieder besser geht«, meinte er lächelnd.

Jessy betrachtete die Stute. »Deine Neue?«, fragte sie.

Tay klopfte dem Pferd den Hals, als er erwiderte: »Erstmal nur zur Probe, aber ich muss sagen, sie macht sich nicht schlecht.«

»Ein schönes Mädchen«, meinte Jessy anerkennend. Sie kam ein paar Schritte näher und streichelte der Stute sanft den Kopf.

»Ja, finde ich auch. Sie heißt übrigens ›Toska‹«, erklärte Tay.

»Hallo Toska. Ich hoffe, dir gefällt es hier bei uns«, sagte Jessy. Vorsichtig strich sie ihr über den Hals. Daraufhin neigte das Pferd den Kopf und legte sanft die Nase an Jessys Wange.

Tay schüttelte den Kopf. »Wie machst du das eigentlich? Sie ist normalerweise eher zurückhaltend. Von mir hat sie sich erst nach zwei Tagen am Kopf anfassen lassen.«

Jessy lächelte nur geheimnisvoll, während sie der Stute die Stirn kraulte. Toska schloss entspannt die Augen und genoss die Streicheleinheiten.

»Du musst mir das irgendwann mal beibringen«, sagte Tay lachend. Schließlich führte er die Stute in die Box, um sie abzusatteln.

»Wie sieht's denn heute mit dem Training aus?«, fragte Jessy, während sie die Gamaschen aus ihrem Schrank holte.

»Naja, Halle und Reitplatz sind belegt. Ich würde sagen, wir warten bis die anderen fertig sind, damit wir unsere Ruhe haben.«

»Okay. Dann mach ich erst Saphir.«

»Gut. Wir treffen uns dann in eineinhalb Stunden wieder hier im Stall. Ich hab vorher noch was zu erledigen«, entgegnete Tay.

»Alles klar. Dann bis später.«

Als Tay gegangen war, machte Jessy ihren Schimmelhengst fertig. Sie begab sich anschließend mit ihm hinunter zum Reitplatz. Sam, Anja, Pascal und Jürgen waren am Trainieren. Natürlich wurde Jessy sofort mit offenen Armen empfangen.

»Super, dass du endlich wieder fit bist«, rief Sam erleichtert.

»Wir hatten uns schon Sorgen gemacht, ob du in den Prüfungen überhaupt mitreiten kannst«, fügte Anja hinzu.

»Ich lass doch keinen Wettkampf sausen«, meinte Jessy grinsend.

»So kennen wir dich«, sagte Pascal lachend.

Nur Jürgen wirkte etwas besorgt, als er meinte: »Sicher, dass du schon wieder trainieren kannst? Du hattest gestern immerhin noch leichtes Fieber.«

Jessy lächelte. Sie hatte gar nicht damit gerechnet, dass Jürgen sich Sorgen um sie machte.

»Mir geht's wirklich wieder gut und ich pass auf, dass ich mich noch nicht überanstrenge.«

»Das will ich hoffen. Sonst krieg ich von deinem Vater am Ende wieder eine vor den Latz, weil ich nicht auf dich aufgepasst hab.«

Jessy verschränkte empört die Arme und entgegnete: »Nur zu deiner Information. Ich brauch keinen Aufpasser.«

»Trotzdem krieg ich immer den Ärger, wenn du Mist baust!«

»Red keinen solchen Blödsinn!«

Während die beiden weiter stritten, warfen sich Sam, Anja und Pascal eindeutige Blicke zu.

»Ja, alles wieder beim Alten«, stellte Pascal fest. Die Mädels nickten zustimmend.

Kapitel 28

Es war bereits spät am Nachmittag, als Jessy Monsi aus seiner Box holte, um ihn zu putzen. Die anderen waren schon nach Hause gefahren und Jürgen war im Zuchtstall beschäftigt. Jessy warf einen Blick auf die Uhr. Tay verspätete sich.

Gerade als sie ihr Handy herausholen wollte, öffnete sich die Stalltür. Es war allerdings nicht Tay, sondern Tanja, die mit ihrem Wallach hereinkam.

»Ach, sieh mal an, wer wieder von den Toten auferstanden ist«, sagte sie mit einem spöttischen Blick auf Jessy. »Hätte nicht gedacht, dass du so schnell wieder im Stall auftauchst, nach allem was ich gehört habe.«

»Was hast du denn gehört?«, fragte Jessy unbeeindruckt.

»Naja, Alex hat mir natürlich alles erzählt – dass du hohes Fieber hattest und so weiter.«

»Na und?«

»Alex erzählt mir so gut wie alles«, sagte sie in einem – für Jessys Geschmack – etwas zu selbstsicheren Ton.

»Das glaub ich kaum, sonst hättest du das von mir und Hero ja wohl gewusst, oder?«

Die Breitseite hatte gesessen. Sofort verschwand Tanjas überheblicher Gesichtsausdruck. »Das war was ganz anderes«, fauchte sie.

»Klar. Wie du meinst«, entgegnete Jessy gelassen. Sie wandte sich ihrem Pferd zu mit den Worten: »Für sowas hab ich jetzt keine Zeit.«

Doch sofort beruhigte sich Tanja wieder. »Willst du trainieren?«, fragte sie.

»Was interessiert es dich?«

»Du glaubst doch nicht im Ernst, dass ihr jetzt noch eine Chance gegen uns habt. Dir fehlt viel zu viel Trainingszeit. In den paar Tagen wirst du es nie schaffen dich anständig vorzubereiten. Nicht, dass ihr vorher ernsthafte Konkurrenz gewesen wärt.«

Als Jessy darauf nicht reagierte, fügte Tanja höhnisch hinzu: »Noch miesere Voraussetzungen geht ja wohl nicht. Zu wenig Training und schlechtes Pferd. Du wirst Tay nur ein Klotz am Bein sein.«

Jessy drehte sich langsam um. »Schlechtes Pferd?«

»Wenn du diese Promenadenmischung ohne vernünftige Abstammung ›Pferd‹ nennen willst?«

»Ach, reitet man neuerdings auf der Abstammung? Das wusste ich noch gar nicht«, entgegnete Jessy schnippisch.

»Ich hoffe, du bist nicht zu enttäuscht, wenn ihr in den Prüfungen sang- und klanglos untergeht«, flötete Tanja. Damit stellte sie ihren Braunen in die Box.

Jessy musste sich tierisch zusammenreißen, um ihr nicht etwas ins Kreuz zu werfen.

Als Tanja ihr Zeug weggeräumt hatte, stolzierte sie zur Tür. Dort blieb sie noch einmal kurz stehen und sagte: »Viel Glück dann. Du wirst es brauchen.« Damit verschwand sie nach draußen.

Jessy war richtig geladen. *Was bildet die sich eigentlich ein? Aber da hat sie sich mit der Falschen angelegt.*

Jessy versuchte sich wieder etwas zu beruhigen. Dann machte sie Monsi fertig. Jetzt war ihr Eifer zu trainieren größer denn je. Sie würde Tanja schlagen, koste es was es wolle.

Als Jessy ihren Fuchs gerade satteln wollte, ging die Stalltür auf und Tay kam herein.

»Sorry, Kätzchen. Ist etwas später geworden.«

»Beeil dich. Wir müssen trainieren«, entgegnete Jessy, ohne sich umzudrehen.

Tay betrachtete sie stirnrunzelnd.

»Was ist denn mit dir los? Seit wann bist du denn so heiß aufs Training?«, fragte er mit einem amüsierten Grinsen.

Jessy wandte sich um. »Ich will diesen Wettkampf gewinnen«, sagte sie entschlossen.

Jetzt machte sich ein wohl wissender Ausdruck auf Tays Gesicht breit. »Was ist passiert?«

Jessy schnaubte wütend und antwortete: »Ich will nur Tanja eine Lektion erteilen. Allmählich reicht's mir mit der blöden Tussi.«

»Versteh schon«, meinte Tay grinsend. »Na dann lassen wir es krachen.«

Die nächsten Tage verpflichtete Jessy mit jeder Faser ihres Körpers dem Training. Damit sie Monsi nicht überstrapazierte, nahm sie sogar Saphir, um mit ihm das »Blind-Reiten« zu üben.

Wenn sie nicht im Sattel saß, machte sie mit ihrem Fuchs Vertrauensübungen vom Boden aus. Die Vorsätze, sich nicht zu überanstrengen, waren wie weggeblasen. Jessy dachte nur noch an den Wettbewerb.

Zwei Tage vor der ersten Prüfung – also am Samstagabend – machten sie und Tay die Generalprobe für den »Blinden-Ritt«. Sie hatten sich einen eigenen Parcours aufgebaut mit Fähnchen, Planen, einer Wippe und Stangen. Die Pferde waren mittlerweile an die Sachen gewöhnt, aber Jessy fehlte noch immer die Koordination wenn sie nichts sah.

Sie ritt den Parcours zweimal ohne die Augenbinde durch. Dann versuchte sie es blind. Tay war vor ihr dran gewesen. Er hatte sogar eine relativ gute Runde hingelegt.

Bevor sie loslegte, atmete Jessy noch einmal tief durch. Sie versuchte sich den Parcours in ihrem Kopf vorzustellen. Tay gab die Kommandos sehr präzise und Jessy befolgte sie so genau sie konnte. Sie hatte allerdings das Gefühl, dass Monsi zu viel selbst machte. Er kannte den Weg inzwischen. Das machte ihr die Sache zu einfach. Als sie die Runde beendet hatte, freute sie sich trotzdem, dass sie kaum Fehler gemacht hatte.

»Wie war die Zeit?«, fragte sie, als sie die Augenbinde abnahm.

»Vier Minuten und zweiundfünfzig Sekunden«, las Tay von der Stoppuhr ab.

»Fast fünf Minuten? So langsam? Du warst über eine halbe Minute schneller«, rief Jessy enttäuscht.

»Ich hatte auch mehr Übung als du.«

»Ich versuch's nochmal.«

Als Jessy nach einer dreiviertel Stunde den sechsten Versuch starten wollte, bremste Tay sie ein.

»Lass es gut sein, Kätzchen. Monsi läuft heute schon die dritte Trainingseinheit und du brauchst auch mal eine Pause.«

Jessy seufzte. Sie wollte noch nicht aufhören.

»Na komm. Die letzte Runde war gut. Du hast dich um fast eine halbe Minute verbessert«, fügte Tay hinzu, als er ihr Zögern bemerkte.

»Na schön. Ist wahrscheinlich vernünftig«, räumte Jessy ein und stieg aus dem Sattel. Als sie die Augenbinde abnehmen wollte, bekam sie den Knoten nicht auf.

»Blöder Knoten«, schimpfte sie.

»Warte. Du tust dir noch weh,« meinte Tay.

Einen Augenblick später war ein lautstarkes »Autsch« von Jessy zu hören.

Tay kam neben sie und sagte mit sanfter Stimme, während er ihre Hände zur Seite nahm: »Ich sagte doch du tust dir weh.«

»Warum geht das denn nicht auf?«

»Du hast den Knoten auch viel zu fest gezogen, Kätzchen«, erwiderte Tay während er ihr half, das Tuch zu lösen.

Doch plötzlich war er nicht mehr hinter ihr. Jessy spürte, wie er eine Haarsträhne aus ihrem Gesicht strich. Sie war kurz verunsichert. Ehe sie merkte, was passierte, spürte sie seine Lippen auf den ihren.

Jessy konnte keinen klaren Gedanken mehr fassen. Ihr Körper war wie betäubt. Ein merkwürdiges Gefühl überkam sie. Sie war kurz versucht, die Augen zu schließen und den Kuss zu erwidern.

Doch dann war dieser Moment vorbei. Sie schob Tay mit aller Kraft von sich weg. Dann riss sie sich die Augenbinde vom Gesicht.

Ehe er reagieren konnte, holte sie aus und verpasste ihm eine schallende Ohrfeige.

Jetzt war es Tay, der wie paralysiert dastand.

Ohne ein weiteres Wort schnappte Jessy sich Monsis Zügel. Sie zog den Fuchs aus der Halle. Tränen der Empörung stiegen ihr in die Augen.

Wie kann er es wagen, mein Vertrauen so auszunutzen? Sie hatte in den letzten Tagen wirklich angefangen, ihn zu mögen.

Im Stall angekommen, sattelte sie ihren Wallach so schnell ab, wie sie konnte. Dann lief sie hinüber ins Wohnhaus.

Dort verschloss sie ihre Zimmertür, legte sich auf ihr Bett und drehte die Musik auf. Sie wollte nichts mehr hören und sehen. Nach einer Weile klingelte ihr Handy. Sie wusste, ohne hinzusehen, wer es war. Zweimal ließ sie es klingeln, dann schaltete sie das Handy aus. Sie wollte jetzt nicht mit ihm reden.

Tay musste sich nach der Ohrfeige erst einmal eine Zeit lang sammeln. Als er oben im Stall ankam, war Jessy nicht mehr da. Das hatte er sich fast gedacht. Nachdem er sein Pferd versorgt hatte, zog er sein Handy aus der Tasche und wählte Jessys Nummer. Als er das dritte Mal anrief, ging sofort die Mailbox ran.

»Verdammt!«, fluchte er. Tay ging die Stallgasse auf und ab. Dann fasste er einen Entschluss. Er setzte sich in sein Auto und fuhr aus dem Hof.

Eine viertel Stunde später klingelte er an der Wohnungstür von Pascal.

Sein Kumpel öffnete ihm mit einem erschrockenen Blick. »Hey Mann, du siehst ja total fertig aus. Was ist denn passiert?«

»Ich hab Mist gebaut«, sagte Tay ernst.

»Komm erstmal rein.«

Jessy hatte etwa zwanzig Minuten gewartet, um dann einen Blick aus dem Fenster zu werfen. Tays Wagen war nicht mehr da.

Anschließend ging sie noch einmal in den Stall. Dort konnte sie am besten nachdenken. Sie war durcheinander und konnte ihre

Gefühle nicht richtig sortieren. Monsi bemerkte ihre merkwürdige Stimmung. Er stupste sie vorsichtig an der Schulter an.

»Schon gut, mein Dicker. Ich weiß, du willst mich aufheitern.« Sanft streichelte Jessy seine Nase. Dann schloss sie die Boxentür. Sie verabschiedete sich noch von ihren beiden Hengsten, bevor sie wieder ins Haus ging.

Ihre Wut und Empörung war noch nicht ganz verschwunden, aber sie wich allmählich etwas anderem. Jessy war nicht mehr wütend – sie war verletzt. Und genau das war das Problem. Sie hatte Tay inzwischen so nah an sich heran gelassen, dass er sie verletzen konnte. Jessy legte die Fingerspitzen an ihre Lippen. Das war er nun gewesen – ihr erster Kuss.

Kapitel 29

»Du hast *was*?!«, fragte Pascal ungläubig. »Und dann?«

»Sie hat mir eine geklebt«, antwortete Tay seufzend.

Jetzt sah Pascal aus, als ob er nicht wüsste, ob er lachen oder Tay bemitleiden sollte. Aber er konnte ihm ansehen, dass ihn die Sache wirklich mitnahm. Pascal seufzte tief, bevor er meinte: »Tja, nicht gerade der beste Zeitpunkt dafür.«

»Darum gehts mir nicht. Den Wettbewerb zieht sie auch so durch, aber ich glaube nicht, dass sie mich so schnell wieder an sich ran lässt.«

»So schnell? Mann, du kannst froh sein, wenn du dich ihr überhaupt je wieder auf fünf Meter nähern darfst. Warum musstest du sie eigentlich küssen? Dir war doch vorher klar, dass das keine gute Idee ist.«

»Ich hatte mich eben für einen Moment nicht im Griff«, erklärte Tay zerknirscht.

»Krieg mal dein Testosteron auf die Reihe. Nochmal sollte dir sowas nicht passieren, falls du überhaupt je wieder Gelegenheit dazu kriegst.«

»Ja, das weiß ich auch. Wichtig ist jetzt, wie ich mich ihr Gegenüber weiter verhalte.«

»Willst du meine Meinung dazu hören?«, fragte Pascal stirnrunzelnd.

»Hätte ich dich sonst gefragt?« »Na schön, aber es wird dir nicht gefallen.«

»Lass das mal meine Sorge sein. Also, was soll ich deiner Meinung nach machen?«, drängte Tay.

»Entschuldige dich bei ihr und halte dich mit jeglichen Annäherungen zurück«, entgegnete Pascal knapp.

Tay seufzte nur.

»Ich sagte doch, es wird dir nicht gefallen. Aber wenn sie echt so wütend auf dich war, dass sie dir eine geklatscht hat, dann ist das wirklich das Mindeste«, erklärte Pascal.

»Schon klar. Entschuldigungen sind nur leider so gar nicht mein Fachgebiet«, erwiderte Tay frustriert.

»Dir wird nichts anderes übrig bleiben«, meinte Pascal.

Tay seufzte abermals und legte den Kopf in den Nacken. »Ich hoffe, ich habs damit nicht komplett versaut.«

»Sie wird sich schon wieder beruhigen«, sagte Pascal aufmunternd.

»Dein Wort in Gottes Ohr«, entgegnete Tay ernst.

Am nächsten Tag war Jessy schon sehr früh im Stall. Sie wollte möglichst ihre Ruhe haben. Deshalb machte sie mit Monsi einen langen Ausritt ins Gelände. Sie brauchte Zeit zum Nachdenken. Sie ritt zwei Stunden aus und war so gegen halb zwölf wieder zuhause.

Als sie ihren Fuchs in den Stall führte, lehnte Tay an der Boxentür seiner Stute.

»Hey«, sagte er.

Jessy sagte nichts darauf, sie warf ihm nur einen kühlen Blick zu, während sie ihren Fuchs in seine Box stellte.

»Jessy, ich ... «, begann Tay, doch sie fiel ihm ins Wort: »Wenn es nichts mit dem Wettbewerb zu tun hat, will ich es nicht hören.«

Tay seufzte. Mit so einer Reaktion hatte er gerechnet. »Es tut mir Leid«, sagte er. Die Reue in seinem Gesicht wirkte nicht gespielt.

Doch Jessy war nicht zu erweichen und erwiderte tonlos: »Das hättest du dir vielleicht vorher überlegen sollen.« Mit diesen Worten nahm sie ihr Sattelzeug und verschwand damit in der Sattelkammer.

Tay war zwar etwas niedergeschlagen, aber immerhin redete sie noch mit ihm. Trotzdem musste er sich irgendetwas einfallen lassen. Den Rest des Tages wollte er sie aber erst einmal in Ruhe lassen. Also holte er Legolas aus seiner Box, um mit ihm auf den Reitplatz zu gehen. Bis zum Abend liefen er und Jessy sich nicht mehr über den Weg.

Als Jessy im Stall fertig war, verzog sie sich in ihr Zimmer. Ihre Gedanken waren noch immer auseinandergerissen. Zum einen dachte sie über den Wettkampf morgen nach. Zum anderen darüber, was Tay heute zu ihr gesagt hatte. *Es tut ihm leid. Ob er das ernst meint?*

Er konnte nicht wissen, dass es ihr erster Kuss gewesen war. Wahrscheinlich fand er ihre Reaktion darauf maßlos übertrieben und entschuldigte sich nur anstandshalber dafür. Jessy ohrfeigte sich innerlich. Sie hatte jetzt keine Zeit, um über so etwas nachzudenken. Morgen war die Geländeprüfung. Sie musste einhundertzwanzig Prozent geben, um Tanja und Alex zu schlagen. Da durften ihr nicht die ganze Zeit Gedanken über Tay oder sonst jemandem im Kopf rumspuken.

Kurz schielte Jessy auf ihr Nachtkästchen, in dem der Brief lag. Langsam zog sie die Schublade heraus, um sie im nächsten Moment wieder entschlossen zuzuschieben. *Nein! Das ist der falsche Zeitpunkt dafür.* Der Wettkampf war wichtiger. Damit machte Jessy das Licht aus und legte sich schlafen. Sie würde für morgen jedes Fünkchen Energie brauchen, um zu gewinnen.

Es war sieben Uhr als Jessy aufstand. Die Prüfung sollte gegen neun beginnen. Sie wollte perfekt vorbereitet sein. Doch sie war nicht die erste im Stall. Alex und Tanja waren schon da und putzten ihre Pferde.

»Guten Morgen«, rief Jessy gut gelaunt.

»Hey Jessy«, begrüßte Alex sie erfreut. »Wie fühlst du dich?«

»Ich bin wieder vollkommen fit«, entgegnete Jessy grinsend.

»Klingt, als müssten wir uns heute richtig anstrengen, um eine Chance gegen euch zu haben«, meinte Alex lächelnd.

»Leicht werden wir es euch auf jeden Fall nicht machen«, erwiderte Jessy.

»Möge die bessere Mannschaft gewinnen«, meinte Tanja mit einem breiten Lächeln in Jessys Richtung.

»Das wird sie«, schaltete sich Tay plötzlich ein. Er lehnte ganz entspannt in der Stalltür. Als sein Blick und der von Alex sich trafen, war es, als würde für einen kurzen Moment die Luft zwischen ihnen vor Spannung zittern.

»Auf einen fairen Wettkampf«, sagte Alex und wandte sich wieder mit konzentriertem Blick seinem Pferd zu.

»Guten Morgen, Kätzchen«, begrüßte Tay Jessy.

»Morgen. Ich hoffe du bist fit«, erwiderte sie.

»Keine Sorge. Ich lass uns nicht verlieren«, entgegnete er selbstsicher.

Jessy nickte. Auch wenn sie noch immer sauer auf ihn war, durfte das nicht ihre Zusammenarbeit behindern. Sie brauchte Tay um zu gewinnen. Also machte sie sich in Ruhe daran, ihren Fuchs fertig zu machen.

Sie putzte ihn ausgiebig, prüfte die Hufe und die Gelenke sorgfältiger als sonst. Außerdem warf sie nochmal einen eingehenden Blick auf ihre Ausrüstung.

Als Monsi gesattelt war, führte sie ihn gleich hinunter auf den Reitplatz. Tay folgte ihr mit Legolas. Unten angekommen stieg Jessy in den Sattel und begann Monsi warm zu reiten. Tay lenkte seinen Wallach neben sie. Er betrachtete sie neugierig.

»Mach dir bloß keine Illusionen. Ich bin immer noch sauer. Ich will nur nicht, dass die anderen was merken«, sagte Jessy ungerührt.

»Das dachte ich mir fast. Und du hast auch jedes Recht dazu«, entgegnete Tay ernst.

Jessy war noch immer skeptisch. Sie konnte ihn einfach nicht gut genug einschätzen, um zu wissen, ob das nur Theater von ihm war. Tay war Meister darin, Mädchen mit Worten zu manipulieren. Jessy musterte ihn eindringlich.

Doch gleich darauf kamen die anderen Teams auf den Reitplatz, also mussten sie die Unterhaltung einstellen.

Etwa zwanzig Minuten wurden die Pferde aufgewärmt. Anschließend versammelte sich die ganze Gruppe im Hof, wo Jessys Vater und Tom bereits warteten.

»Also Leute, jedes Team bekommt jetzt eine Karte, auf der euer Weg eingezeichnet ist. Ihr habt zehn Minuten Zeit euch die Route genau anzusehen. Nutzt die Zeit gut, damit ihr unterwegs nicht ständig auf die Karte schauen müsst«, erklärte Jessys Dad.

Alle waren aufgeregt, als Tom die Karten verteilte.

Jessy musste nur einen kurzen Blick auf die Route werfen, um zu wissen, wo sie hin mussten. Sie kannte so gut wie jeden der Geländewege wie ihre Westentasche. Sie prägte sich die Checkpunkte ein und versuchte ungefähr abzuschätzen, wie lange sie zwischen den Punkten unterwegs waren. Es waren fünf Checkpoints gesetzt, beim dritten Stopp wurden die Pferde überprüft. Zwischen den Punkten waren sie etwa eine halbe Stunde unterwegs. Wenn sie also zwischendurch immer wieder kurze Schrittphasen einlegten, dann konnten sie den Großteil der Strecke im Trab zurücklegen.

Damit faltete Jessy die Karte zusammen und steckte sie sich in die Jackentasche. Tay warf ihr einen kurzen Blick zu.

»Ich hab die Route im Kopf. Von mir aus können wir los«, sagte Jessy entschlossen.

Tay nickte. »Alles klar.«

Dann schwang er sich in Legolas' Sattel. Jessy tat es ihm gleich.

Die anderen Teams waren alle noch am Diskutieren. Jürgen und Sam schienen sich gar nicht einig zu werden. Auch Alex und Tanja sprachen sich ziemlich lange ab.

Schließlich rief Jessys Vater dann: »So, die Vorbereitungszeit ist vorbei. Alle auf die Pferde. Es geht gleich los.«

Als alle auf ihren Pferden saßen, sagte Jessys Dad: »Kommt alle bitte zum Tor und stellt euch auf. Die Start- und Zielgerade ist für jedes Team gleich. Da wo der Weg sich gabelt, trennen sich auch eure Wege. Zielpunkt ist der Reitplatz. Das Team, welches als erstes am Reitplatz ankommt, gewinnt. Vorausgesetzt, die Pferde sind in gutem Zustand. Ich wünsche euch allen viel Glück. Tom hat die Ehre euch die Starterlaubnis zu geben.«

Als alle so weit waren, stellte Tom sich neben das Tor und rief: »Auf die Plätze ... fertig ... und *los*!«

Jessy ließ Monsi sofort lostraben. Tay war dicht hinter ihr. Links von Jessy war Pascal und rechts von ihr tauchte Tanja auf. Aber Jessy ließ sich nicht auf ein Wettrennen ein. Die Strecke war lang. Abgesehen davon war Jessy sich ziemlich sicher, dass Tanjas Wallach nicht an Monsis Kondition herankam. Also ließ sie Tanja vorbeiziehen und überließ es Monsi, wie er laufen wollte. Schon bald kamen sie an die Weggabelung und jedes Team bog in eine andere Richtung ab.

»Lass Legolas die Zügel lang«, sagte Jessy, als die anderen außer Hörweite waren.

Tay tat was sie sagte und gab seinem Wallach den Kopf frei. Die erste Zeit ließen sie ihre Pferde schweigend nebeneinander her traben.

Nach einer Weile rief Jessy: »Ok, durchparieren. Gönnen wir ihnen eine kurze Verschnaufpause.«

»Jetzt schon?«

»Sie müssen heute noch weit laufen. Wir sollten ihre Ausdauer nicht gleich am Anfang überstrapazieren.«

»Wie du meinst, Boss«, sagte Tay. Er ließ Legolas zum Schritt durchparieren.

»Hoffen wir, dass es heute nicht zu heiß wird«, meinte Jessy mit einem Blick zum Himmel.

»Hm,« machte Tay. Er wirkte etwas abwesend.

»Wir müssen auf jeden Fall konzentriert bleiben und aufpassen, dass sich keins der Pferde irgendwo verletzt«, sagte Jessy.

Als daraufhin wieder nur ein »Hm« von Tay kam, fragte Jessy ein wenig gereizt: »Hörst du mir überhaupt zu?«

Tay warf ihr einen eindringlichen Blick zu und antwortete: »Ja, ich hör dir zu. Ich finde nur, dass wir die Sache vorher klären sollten.«

Jessy seufzte. Dann erwiderte sie: »Willst du das wirklich jetzt machen?«

»Du hast selbst gesagt, der Wettbewerb basiert auf Teamwork. Aber mit so einer Stimmung funktioniert das nicht.«

Sie atmete einmal tief durch, bevor sie entgegnete: »Schön. Dann klären wir es eben gleich.« Jessy hatte dem Gespräch nicht ohne Grund aus dem Weg gehen wollen, aber es weiter aufzuschieben machte das Ganze wahrscheinlich nur noch unangenehmer. »Wie ernst war deine Entschuldigung gemeint?« Jessy schaute ihm ins Gesicht und versuchte dabei, seine Mimik zu lesen. Sie schaute ihm tief in die Augen, als sie hinzu fügte: »Sei ehrlich.«

Tay lächelte kurz. Dann erwiderte er: »Na schön, Kätzchen. Ich werde dir nichts vormachen. Es tut mir aufrichtig leid, wie die Situation gestern gelaufen ist. Es war der falsche Moment und ich hätte mich nicht so egoistisch verhalten sollen. Aber für den Kuss entschuldige ich mich nicht.«

Jessy konnte den Blick nicht von seinen Augen abwenden. Sie war sich in diesem Moment nicht sicher, was sie empfand. »Du bist wirklich egoistisch«, erwiderte sie dann mit ruhiger Stimme.

Nach einer kurzen Pause fügte sie hinzu: »Aber immerhin ehrlich.«

Tay legte den Kopf schief, während er sie eingehend betrachtete. Dann meinte er: »Ich hab in dem Moment die Kontrolle verloren. Eigentlich hatte ich mir unseren ersten Kuss auch etwas anders vorgestellt.«

Jessy runzelte die Stirn. »Du meinst als Preis für eine Wette?«

Tay grinste. »Du musst zugeben, dass das schon eine ziemlich gute Story gewesen wäre.«

Jessy zog eine Augenbraue hoch und antwortete: »Ich weiß ja nicht. Klingt nicht sehr originell, wenn du mich fragst.«

Tay lachte. »Gut. Wie klingt das? Der gutaussehende Hauptcharakter küsst ohne Vorwarnung die hinreißende Protagonistin und fängt sich dafür eine Ohrfeige ein.«

»Tja, ich würde sagen, die hatte er auch verdient«, entgegnete Jessy entschieden.

»Damit könntest du sogar recht haben. Die Frage ist nur, verzeiht sie ihm sein unüberlegtes Verhalten?«, entgegnete Tay mit einem reumütigen Lächeln.

Jessy seufzte. Sie wartete einen kurzen Moment mit ihrer Antwort. Dann sagte sie schließlich: »Sie verzeiht ihm. Aber nur, weil sie einen Wettkampf zu gewinnen hat und ihn dafür gezwungenermaßen braucht. Und jetzt genug davon. Wir müssen weiter.« Damit trabte sie ihren Fuchs an.

Tay konnte ein erleichtertes Aufatmen nicht unterdrücken, ehe er ihr zügig folgte. Damit war er wieder im Rennen.

Kapitel 30

Sie waren etwa dreißig Minuten unterwegs, als Jessy und Tay an den ersten Checkpoint kamen. Es war eine kleine Lichtung mit einem Jägersitz. Darunter befanden sich zwei Eimer mit Wasser für die Pferde. Daneben war ein Körbchen mit ein paar Getränkeflaschen und belegten Broten. Auch ein kleiner Zettel lag darin, der ihnen wohl ihre Aufgabe erklären sollte.

Jessy lächelte. Sehr verführerisch, um sich hier länger aufzuhalten. »Ok. Wir lassen die Pferde trinken und einen Moment verschnaufen, während wir die Aufgabe lösen«, sagte Jessy.

»Gut. Dann lass mal sehen, was wir machen müssen«, entgegnete Tay und griff nach dem Zettel. »Finde mich«, las er laut vor. Er schaute Jessy mit gerunzelter Stirn an.

»Er hat hier irgendetwas versteckt«, meinte Jessy. Sie schaute sich um.

»Vielleicht oben im Jägersitz«, vermutete Tay.

»Halt mal die Pferde«, erwiderte Jessy.

Ein paar Momente später war sie die Sprossen hochgeklettert. Aber dort oben war nichts. Erst als sie einen Blick aus dem Ausguck warf, erspähte sie ein paar Meter weiter an einem Ast etwas kleines Silbernes.

»Da! An dem Ast hängt was«, rief sie.

»Ja, ich seh es. Kommst du von da oben ran?«, fragte Tay.

»Nein. Es ist zu weit weg.« »Hm. Vielleicht mit einem Zweig oder so.«

»Ja gute Idee. Ich versuch's mal.«

Jessy brach sich einen etwas längeren Zweig von einem der Bäume ab und versuchte damit, nach dem silbernen Ding zu stochern. Aber es war so klein, dass Jessy es mit dem Zweig auf diese Entfernung nicht erwischen konnte.

»Mist. Ich krieg das Teil nicht«, rief Jessy.

»Warte, ich probier mal was aus«, meinte Tay plötzlich. Er schwang sich in Legolas' Sattel und versuchte vom Sattel aus nach dem Ding zu greifen. »Ich komm fast ran. Ein kleines Stück fehlt noch.«

Jessy betrachtete kurz den Abstand. Dann sprang sie die hölzerne Leiter hinunter. »Wenn sich einer von uns aufs Pferd stellt, dann müsste es gehen«, schlug sie vor.

Tay warf ihr kurz einen prüfenden Blick zu, ehe er antwortete: »Na schön. Willst du oder soll ich?«

»Ich mach schon. Bleibt Legolas stehen?«

»Wie ein Baum«, entgegnete Tay.

»Okay.«

Daraufhin stieg Tay aus dem Sattel.

Bevor Jessy sich auf den großen Fuchs schwang, zog sie die Reitstiefel aus, damit sie einen besseren Halt hatte. Als sie im Sattel saß, zog sie vorsichtig ein Bein hoch, um zuerst mit einem Fuß eine stabile Position zu finden. Mit dem Knie stützte sie sich ab. Als sie eine gute Stellung gefunden hatte, warf sie einen Blick auf Legolas.

Der große Fuchs stand seelenruhig da und machte keinerlei Anstalten, sich zu bewegen. Dann ging Jessy zuerst in die Hocke, um anschließend langsam aufzustehen. Sie schaute nach oben. Das silberne Ding hing genau über ihr. Sie griff behutsam danach, um nicht das Gleichgewicht zu verlieren. Dabei hielt sie die Luft an. Schließlich bekam sie das Teil zu fassen.

Erst als ihr Hintern den Sattel berührte, wagte sie wieder zu atmen.

»Puh. Keine Ahnung, wie die Voltigierer das im Galopp schaffen«, meinte sie etwas außer Puste.

Tay lachte. »Du hast aber sehr professionell ausgesehen«, meinte er.

»Ach ja?«, erwiderte Jessy und schnitt eine Grimasse. Dann sprang sie aus dem Sattel. Sie betrachtete das glänzende Etwas in ihrer Hand. Es war ein kleiner silberner Anhänger in Form eines Pferdes.

»Ok, erste Aufgabe gelöst«, sagte Tay.

»Ja und gleich auf zur Nächsten«, meinte Jessy, die sich gerade wieder in ihre Reitstiefel zwängte.

Sie ließen die Pferde noch einmal trinken. Jeder von ihnen schnappte sich eines der Brote, bevor es weiterging. Sie aßen während des Reitens, um keine Zeit zu verlieren. Den Anhänger steckte Jessy sich in ihre Jackentasche, damit sie ihn nicht verlor.

Bis zum nächsten Checkpoint, einer kleinen Wiese, vergingen ein wenig mehr als zwanzig Minuten. Sie lagen sehr gut in der Zeit. Diesmal hatten die Pferde allerdings deutlich mehr Durst. Es wurde auch allmählich wärmer, da es schon auf die Mittagszeit zuging.

»So. Was ist die zweite Aufgabe?«, fragte Tay.

»Diesmal ist es wohl eine Art Rätsel«, meinte Jessy, die den Zettel in der Hand hatte.

»Ließ vor.«

»Auf Feldern und Wiesen bin ich zu finden. Ich bin recht hübsch anzusehen und strahle wie die Sonne zwischen Mai und September. Nicht nur Pferde sollten mich meiden.«

Tay wirkte ziemlich ratlos, nachdem sie den Text vorgelesen hatte. »Hast du eine Ahnung, was das sein soll?«, fragte er.

Jessy las sich die Zeilen noch einmal durch und überlegte kurz. »Auf Feldern und Wiesen. Es kann eigentlich nur eine Pflanze sein«, mutmaßte sie.

»Eine Pflanze? Na das wird ja ein Kinderspiel. Es gibt mindestens dreihundert verschiedene Pflanzen, die auf dieser Wiese wachsen.«

»Sie muss gelb sein.«

»Das grenzt die Zahl dann schon mal auf fünfzig ein«, meinte Tay unbeeindruckt.

»Jetzt hör mit der Unkerei auf und streng mal deinen Grips an«, entgegnete Jessy, während sie nochmals einen Blick auf den Zettel warf. »Pferde sollten mich meiden«, sagte sie nachdenklich, während Tay sich planlos umsah und nur schulterzuckend meinte: »Hier stehen alle möglichen Blumen rum, die gelb sind.«

»Ich habs!«, rief Jessy plötzlich, sodass Tay erschrocken herum fuhr. Er schaute sie mit einer Mischung aus Überraschung und Ungläubigkeit an.

»Sie ist giftig«, entgegnete Jessy und ließ ihren Blick über die Wiese schweifen, bis er an einer Pflanze mit sonnengelben Blüten hängen blieb.

»Da – Zypressenwolfsmilch«, rief Jessy triumphierend.

»Was für ein Ding?«, wollte Tay stirnrunzelnd wissen.

»Das ist eines der wenigen heimischen Gewächse, das nicht bloß für Pferde giftig ist«, erklärte Jessy.

»Woher weißt du sowas?«

»Ich bin viel im Gelände. Da sollte man schon wissen, was giftig ist und was nicht«, antwortete Jessy.

»Ich bin beeindruckt«, sagte Tay mit einem anerkennenden Gesichtsausdruck.

»Heb dir dein Lob für später auf. Noch haben wir nicht gewonnen«, meinte Jessy. Sie zog sich ihre Reithandschuhe an und rupfte eine der Pflanzen aus, um sie zu dem Anhänger in ihrer Jacke zu stopfen.

»Weiter gehts«, rief sie motiviert, als sie sich in den Sattel ihres Fuchses schwang.

Tay nickte, stieg ebenfalls auf. Schon waren die beiden wieder unterwegs.

Sie waren gerade zehn Minuten geritten, als Tay sagte: »Denkst du, die anderen haben die gleichen Rätsel?«

»Möglich. Sam und Anja sind in solchen Dingen ebenfalls ziemlich fit. Und Alex mit Sicherheit auch. Aber wir liegen bis jetzt gut in der Zeit«, antwortete Jessy.

»Auch wenn das nicht gerade mein Verdienst ist«, entgegnete Tay beinahe etwas entschuldigend.

Jessy warf ihm einen Seitenblick zu. »Du kriegst schon noch Gelegenheit deinen Beitrag zu leisten«, erwiderte sie.

»Das will ich hoffen. Sonst fühlt sich der Sieg ziemlich unverdient an«, meinte Tay.

Es war bereits nach halb elf, als Tay und Jessy fast am dritten Checkpoint angekommen waren. Ein paar Kilometer davor parierte Jessy Monsi durch und ließ ihn Schritt gehen.

»Warum lassen wir sie bis zum Checkpoint nicht traben?«, fragte Tay.

»Weil sie dort eine Zeit lang stehen werden. Puls- und Atemkontrolle und so weiter, dann werden sie erst mal ausgiebig trinken. Außerdem haben wir noch die Wartezeit bis wir wieder los können. Also sollten wir sie vorher noch etwas abschwitzen lassen, dann ist unsere Wartezeit nicht so lang. Durch das Schrittreiten verlieren wir höchstens ein paar Minuten und die Pferde kommen etwas ausgeruhter am Checkpoint an. Wenn sie verschwitzt sind, können wir lange warten, bis wir weiter reiten dürfen«, erklärte Jessy. Als sie von Tay daraufhin keine Antwort bekam, schaute sie prüfend sie ihm hinüber.

Er hatte den Kopf leicht schräg gelegt und betrachtete sie mit einem schiefen Grinsen.

»Was?«, fragte Jessy irritiert.

»Du hast das wirklich drauf, Kätzchen. Ohne dich wäre ich in dieser Prüfung chancenlos untergegangen«, gestand er.

Jessy lächelte und meinte: »So schlimm wär's schon nicht geworden. Aber danke. Du kannst es bei der nächsten Prüfung wieder gut machen.«

Kurz darauf kam ihr Kontrollpunkt in Sicht. Jessys Vater und Tom erwarteten sie schon, aber scheinbar waren sie nicht die ersten.

Pascal und Anja waren bereits da, worüber Jessy nicht besonders verwundert war. Anja und ihre Fuchsstute waren extrem fit im Gelände und Pascals Stute Sinfonie war konditionell ebenfalls nicht schlecht. »Wir hätten doch traben sollen«, sagte Tay.

»Wart's mal ab«, meinte Jessy als sie aus dem Sattel stieg. Der Check der anderen war gerade abgeschlossen.

Jessys Vater sagte nach einem prüfenden Blick auf die Werte: »Zwanzig Minuten Wartezeit.«

»Was? So lange?«, rief Pascal. Anja seufzte.

Nun wurden Monsi und Legolas untersucht. Als Jessys Dad einen Blick auf die Werte warf, nickte er anerkennend und meinte: »Zehn Minuten. Dann könnt ihr wieder los.«

Als sie die Pferde dann anschließend trinken ließen, sagte Tay: »Also Kätzchen, ich glaube, dass dir in der Prüfung nicht mal ansatzweise jemand das Wasser reichen kann.«

»Du übertreibst. Und wie gesagt, wir haben noch nicht gewonnen.«

»Noch nicht«, erwiderte Tay mit einem selbstsicheren Lächeln.

Daraufhin verschränkte Jessy die Arme und antwortete: »Na also. Ich hatte mir schon Sorgen gemacht, dass dein Ego irgendwo abhanden gekommen ist.«

Tays Grinsen wurde noch breiter. Plötzlich kam er ihr einen Schritt näher, griff um ihre Taille und zog sie an sich. »Lieb, dass du dir darüber Gedanken machst«, sagte er leise. Dabei schaute er ihr so tief in die Augen, dass Jessy beinahe vergessen hätte zu atmen.

»Immer wieder schön, wenn's dir die Sprache verschlägt«, meinte er grinsend.

Schon holte Jessy aus, aber Tay war schneller und hielt sie am Handgelenk fest.

Als Jessy ihn daraufhin wütend anfunkelte, entgegnete er entspannt: »Ein zweites Mal funktioniert das nicht. Ich hab aus meinen Fehlern gelernt.«

»Offensichtlich nicht«, knurrte Jessy.

»Inzwischen solltest du mich etwas besser kennen, Kätzchen«, sagte Tay grinsend. Bevor sie allerdings etwas darauf erwidern konnte, traf das nächste Team am Checkpoint ein.

Kapitel 31

Es waren Tanja und Alex. Sofort warf Jessy einen Blick auf die Uhr. In zwei Minuten durften sie wieder los. Auch Tay war gleich bei der Sache, als die Konkurrenz auf den Plan trat.

»Wird's nicht langsam Zeit?«, wandte er sich an Jessy.

Sie nickte. Beide legten ihren Pferden wieder die Sättel auf, die sie ihnen während der Pause abgenommen hatten. Dann kam auch schon Jessys Vater zu ihnen herüber, um ihnen die Starterlaubnis zu geben.

»So, dann los ihr zwei. Die zehn Minuten sind um. Viel Glück«, sagte er.

»Danke, Paps«, rief Jessy. Sie ließ Monsi antraben, ohne auch nur einen Blick an Tanja zu verschwenden, die gerade von ihrem Braunen abstieg.

Die Pause hatte auch Jessy gut getan. Der kleine Vorsprung, den sie hatten, beflügelte sie umso mehr.

Innerhalb von fünfunddreißig Minuten waren sie bereits am nächsten Kontrollpunkt.

Ihre Aufgabe dort bestand darin aus fünf verschiedenen Bildern von Brandzeichen, das der Hannoveraner Zucht auszuwählen. Da Jessy sich inzwischen in der Zucht recht gut auskannte, war die Sache schnell erledigt.

Damit hatten sie nur noch eine Aufgabe vor sich. Der Streckenabschnitt zum letzten Checkpoint war etwas beschwerlicher, weil es viel bergauf ging und die Mittagssonne bereits hoch am Himmel stand. Sie mussten mehr Schrittpausen einlegen damit die Pferde nicht überhitzten.

Bis sie den Kontrollpunkt schließlich erreichten war es kurz vor halb zwölf. Es war ein kleiner Teich am Waldrand. Am Ufer unter einem Baum war das Körbchen mit ihrer letzten Aufgabe.

»Dann mal los«, sagte Jessy, als Tay den Zettel aus dem Korb nahm.

»Hol mich aus dem Wasser«, las er vor.

Jessy warf einen Blick auf den Teich. Auf der Wasseroberfläche schwamm ein kleines Gummientchen. Der Teich war zwar nicht riesig, aber groß genug, sodass man nicht so einfach ran kam. Da es hier windstill war, konnte die Gummiente auch nicht ans Ufer geschwemmt werden.

»Toll, wie sollen wir das Ding jetzt daraus bekommen?«, sagte Jessy mit einem fragenden Blick auf Tay. »Vielleicht mit einem Ast … «, schlug sie vor.

»Nein, dazu ist sie viel zu weit weg«, meinte Tay abwinkend.

Sie überlegten beide kurz, während die Pferde ihren Durst löschten.

»So kommen wir nicht weiter. Dafür haben wir keine Zeit«, entgegnete Jessy.

»Na dann eben auf die altmodische Methode«, erwiderte Tay. Daraufhin drückte er Jessy Legolas' Zügel in die Hand mit den Worten: »Halt mal.«

»Was hast du vor?« »Die Ente raus holen«, antwortete Tay und zog sein T-Shirt aus.

»Du willst da rein?«, fragte Jessy ungläubig.

»Wird Zeit, dass ich auch meinen Beitrag zu unserem Sieg leiste«, entgegnete Tay mit einem schiefen Lächeln. Als er seine Reitstiefel mitsamt dem T-Shirt auf den Boden gelegt hatte, machte er ein paar Schritte ins Wasser.

»Du wirst doch klatschnass«, rief Jessy etwas besorgt.

»Bei der Hitze trocknet das sofort wieder«, antwortete Tay. Als er bis zur Hüfte im Wasser stand, stieß er sich nach vorne ab und mit ein paar kräftigen Schwimmzügen war er schon bei dem Gummientchen angelangt. Er hielt es triumphierend in die Höhe. Dann schwamm er zurück zum Ufer.

Als er aus dem Wasser stieg, konnte Jessy nicht verhindern, dass ihr Blick über seinen sehr gut trainierten Oberkörper schweifte.

»Das war's«, sagte er. Damit übergab er Jessy das Entchen.

Sie steckte es zu den anderen Sachen in ihre Tasche und reichte Tay im Gegenzug sein T-Shirt. »Hier. Damit du keinen Schnupfen kriegst.«

»Du bist ja richtig fürsorglich, Kätzchen«, erwiderte Tay grinsend.

»Nur ausnahmsweise«, entgegnete sie lächelnd.

Als Tay sich die Reitstiefel wieder angezogen hatte, schwangen sich beide auf die Pferde und traten den letzten Teil der Strecke an. Es war nur Feldweg, der sich geradeaus zog und dann und wann in eine Richtung abbog.

Inzwischen waren allerdings nicht nur die Pferde erschöpft. Auch Jessy strengte das lange Traben an. Sie hatte auch ziemlichen Durst, obwohl sie am Checkpoint fast eine ganze Wasserflasche ausgetrunken hatte.

»Wir haben es bald geschafft«, sagte Tay, der ihre Erschöpfung wohl bemerkt hatte. Jessy nickte. Das waren mit Sicherheit noch die Nachwirkungen von ihrer Grippe. Aber sie musste durchhalten. Es war nicht mehr weit.

Nach etwas mehr als einer halben Stunde kam endlich der Hof in Sicht. Jessy atmete erleichtert auf. Sie hatten es geschafft. Sie kamen den vertrauten Sandweg neben den Koppeln entlang, auf denen einige der Pferde wieherten, als sie in Sichtweite kamen.

Auf dem Reitplatz wurden sie von Jessys Vater und Tom empfangen. Mit einem Blick auf die Stoppuhr sagte Jessy Dad: »Beeindruckend. Ihr wart wirklich schnell. Dann schauen wir mal, ob ihr auch alles dabei habt.« Damit warf er Jessy einen erwartungsvollen Blick zu.

»Wir haben alle vier Gegenstände«, antwortete Jessy, während sie die Sachen aus ihrer Tasche kramte.

Ihr Vater überprüfte die Gegenstände und nickte anerkennend. »Gut gemacht. Dann wollen wir noch einen Blick auf eure Pferde werfen.«

Mit Tom zusammen überprüfte Jessys Vater noch einmal die Werte. Als er damit fertig war, kam er lächelnd zu Tay und Jessy herüber.

»Damit habt ihr die erste Prüfung gewonnen. Glückwunsch.«

Jessy und Tay warfen sich einen freudigen Blick zu. Auch wenn die Anspannung noch deutlich spürbar war, fiel trotzdem ein Teil der Last von Jessy ab. Der erste Schritt war getan. Für heute hatte sie Tanja geschlagen – und zwar um Längen.

Zufrieden streichelte Jessy ihrem Fuchs den Hals. Monsi und Legolas hatten ihren Job wirklich gut gemacht.

»Du bist einfach der Beste, mein Dicker«, sagte Jessy zu ihrem Wallach.

»Hey, und was ist mit mir?«, fragte Tay.

Jessy drehte sich lächelnd zu ihm um. »Ja, du warst auch nicht schlecht.«

Tay grinste sie schief an, Dann kam er auf sie zu. Als Jessy gerade zurückweichen wollte, hörte man das Geräusch von Pferdehufen.

Sofort schauten sie in Richtung Koppeln. Es waren tatsächlich Anja und Pascal, die angetrabt kamen. Dicht hinter ihnen waren Alex und Tanja. Sie kamen alle relativ zeitgleich am Reitplatz an, sodass wohl die Werte entscheiden würden, welches Team den zweiten Platz gemacht hatte.

Die Pferde wurden begutachtet. Nach der Kontrolle verkündete Jessys Vater: »Die Pulswerte von Sinfonie und Coco sind die besseren.«

Pascal und Anja jubelten und lobten ausgiebig ihre Pferde. Jessys Dad ging anschließend zu Tanja und Alex.

»Cassinis Werte waren sehr gut, aber da wir den schlechteren Wert als Maßstab nehmen müssen, seid ihr leider nur Dritte«, erklärte er.

Tanja sah man die Enttäuschung deutlich an. Jessy konnte sich ein provokantes Grinsen in ihre Richtung nicht verkneifen.

Daraufhin meinte Tanja zu Alex: »Es tut mir Leid. Ich hab mit Calando wohl einfach zu wenig trainiert. Du hättest ohne mich viel besser abgeschnitten.«

Wenn Jessy es nicht besser gewusst hätte, wäre sie sogar glatt auf das Schmierentheater hereingefallen. Aber sie wusste es ja besser.

»Hey, lass den Quatsch. Wir sind ein Team und außerdem sind wir doch Dritte geworden«, erwiderte Alex aufmunternd.

»Das ist lieb von dir. Aber ich fühl mich trotzdem schrecklich«, entgegnete Tanja niedergeschlagen.

»Jetzt mach dich deswegen nicht fertig. Wir haben noch zwei Prüfungen vor uns. Es ist noch nichts entschieden.«

»Danke. Ich bin froh, dass du mir nicht böse bist«, sagte sie lächelnd.

»Warum sollte ich böse sein? Du hast doch nichts falsch gemacht. Die anderen waren heute einfach besser als wir. Das heißt ja nicht, dass wir schlecht waren«, meinte Alex.

»So kann man's natürlich auch sehen«, schaltete sich Tay ein. Er warf Alex einen spöttischen Blick zu.

»Ziemlich große Klappe für jemanden, der an eurem Erfolg wahrscheinlich einen eher geringen Anteil hatte«, gab Alex nur unbeeindruckt zurück.

Tays Augen verengten sich, als er ruhig sagte: »Du musst es ja wissen.«

»Ich glaube, dass Jessy so ziemlich jeden durch diese Prüfung gezogen hätte, weil sie im Gelände einfach mehr Ahnung hat, als wir alle zusammen.«

Bei diesen Worten wurde Jessy ein wenig rot.

Tay verschränkte daraufhin nur die Arme und entgegnete amüsiert: »Spricht da etwa der Neid? Ich kann dich durchaus verstehen. Ich hab mit Jessy als Partnerin einfach den besten Griff gemacht. Mach dir nichts draus.«

Jessy konnte deutlich Tanjas Wut bei diesen Worten sehen.

Doch Alex ließ sich von Tay nicht aus der Ruhe bringen. Stattdessen antwortete er gelassen: »Ruh dich nur nicht zu sehr auf deinen unverdienten Lorbeeren aus.« Damit drehte er sich um und machte sich zusammen mit Tanja auf den Weg hoch zum Stall.

»Na, warte. Unverdiente Lorbeeren«, murmelte Tay leise.

Jessy grinste und meinte: »Seit wann lässt du dich von ihm so provozieren?«

»Ich lass mich nicht provozieren. Er geht mir nur auf die Nerven mit seinem Getue«, entgegnete Tay.

Jessy konnte sich ein Kichern nur mühsam verkneifen.

»Lass uns auch mal die Pferde in den Stall bringen. Die haben sich jetzt wirklich ein wenig Erholung verdient«, entgegnete sie gut gelaunt.

Kapitel 32

Den Rest des Tages verbrachte Jessy damit, sich um Saphir und Hero zu kümmern. Monsi stellte sie noch ein paar Stunden auf die Koppel zusammen mit Mon Chéri.

Am Abend versuchte sie dann ein wenig abzuschalten und setzte sich noch ein paar Stunden vor den Fernseher. Jürgen hatte sich in seinem Zimmer verkrochen, somit hatte Jessy das Wohnzimmer ganz für sich. Er war nach der Prüfung relativ ungenießbar gewesen.

Jürgen und Sam waren Letzte geworden mit fast zwanzig Minuten Abstand. Die beiden hatten Glück, dass Jessys Vater die Ergebnisse mit Punkten bewertete.

Damit hatten Jessy und Tay für ihren Sieg vier Punkte erhalten, Anja und Pascal drei Punkte, Alex und Tanja zwei Punkte und Sam und Jürgen nur einen Punkt.

Sie selbst durfte sich auf ihren zwei Punkten Vorsprung vor Tanja nicht ausruhen. Morgen folgte der Blindenritt, vor dem Jessy die meiste Angst hatte. Da musste sie sich auf Tay verlassen.

Am nächsten Tag longierte sie Monsi ein wenig, damit er keinen Muskelkater bekam.

Am Tag darauf ritt sie ihn etwa zwanzig Minuten locker am langen Zügel. Tay machte mit Legolas leichte Springgymnastik und ging anschließend noch eine kleine Schrittrunde im Gelände.

Mit Saphir absolvierte Jessy anschließend sein wöchentliches Dressurprogramm und mit ihrem Palomino machte sie einen ausgiebigen Spaziergang. Hero mochte es, spazieren zu gehen und es war eine sehr gute Übung, um ihn schonend an das Gelände zu gewöhnen.

Den Nachmittag vor dem Prüfungstag verbrachte Jessy im Zuchtstall, um die Stuten mal wieder ausgiebig zu putzen.

Sie war gerade mit Caprima fertig und wollte sich das nächste Pferd vornehmen, als Tay durch die Stalltür kam.

»Hier bist du. Ich hab dich schon gesucht.«

»Was gibt's denn?«, fragte Jessy.

»Nichts besonderes. Ich wollte nur mal nach dir sehen«, entgegnete er.

Jessy betrachtete ihn stirnrunzelnd. Daraufhin meinte Tay: »Ich weiß, dass dich die Prüfung morgen am meisten stresst und wollte nur sicher gehen, dass du dich nicht verrückt machst.«

»Das tu ich nicht«, antwortete Jessy etwas halbherzig.

»Sicher?« Tay schaute sie prüfend an und sie seufzte.

»Na gut, vielleicht ein bisschen.«

Er zog wohlwissend eine Augenbraue hoch.

Jessy schaute ihn spöttisch an und holte die Fuchstute Fleur aus ihrer Box, um sie in der Stallgasse anzubinden.

»Bild dir bloß nichts drauf ein«, meinte Jessy und bückte sich, um Striegel und Kardätsche aus dem Putzkoffer zu holen.

Plötzlich wurde sie von zwei Armen umfasst und von hinten festgehalten. Vor Schreck ließ sie die Bürsten fallen.

Tay lachte leise. Dann kam er mit dem Gesicht ganz nah an ihr Ohr und flüsterte: »Das würde ich mir nie anmaßen.«

Jessy hörte auf zu atmen. Ihr ganzer Körper kribbelte bei seiner Berührung. Er war ihr so nah, dass sie seinen Atem an ihrem Hals spüren konnte.

»Wann willst du's dir endlich eingestehen?«, fragte er.

Jessy konnte keinen klaren Gedanken fassen. In ihrem Kopf fuhr alles Karussell.

»Atmen, Kätzchen«, hauchte Tay.

Das riss Jessy wieder aus ihrer Starre. »Lass mich los! Das ist nicht witzig«, rief sie wütend.

Tay lachte, gab sie aber frei.

»Was fällt dir eigentlich ein, mich immer … «, setzte Jessy an, als Tay sie unterbrach. »Das kannst du dir ruhig sparen. Du willst einfach nicht wahrhaben, dass du mich magst.«

»Jetzt übertreib mal nicht«, entgegnete Jessy trocken. Tay grinste sie schief an. »Irre ich mich etwa?«

Jessy verschränkte demonstrativ die Arme und entgegnete: »Na schön. Lass es mich mal so ausdrücken. Es gibt tatsächlich manchmal Momente, in denen ich dich nicht sofort erschlagen will. Wenn du das fälschlicherweise mit Zuneigung verwechselst, dann kann ich da wirklich nichts dafür.«

Tays Grinsen wurde nur noch breiter und er legte belustigt den Kopf schief. »Niedlich, wie du es noch immer vehement abstreitest.«

Jessy verdrehte die Augen. Sie wandte sich wieder dem Pferd zu.

Tay lachte und drehte sich um. »Wir sehen uns morgen, Kätzchen«, rief er gut gelaunt. Dann verließ er den Zuchtstall.

In Jessy brodelte gerade eine Mischung aus Ärger und Unsicherheit. *Was wenn er Recht hat?* Sie bekam immer Herzklopfen, wenn er ihr nahe war. Aber Jessy wollte es tatsächlich nicht wahrhaben. Sie war nicht in Tay … *Nein!*

Sie schüttelte den Kopf, um diesen Gedanken loszuwerden. Sie hatte ihn noch nie ausstehen können. Er passte überhaupt nicht zu ihr. Und außerdem konnte sie nicht wissen, ob er es ernst meinte. Er würde ihr mit Sicherheit nur wehtun. Da wäre sie nicht die Erste. Selbst wenn sie Gefühle für ihn hatte – sie würde sich niemals auf ihn einlassen. Basta.

Diese Nacht fand Jessy nicht besonders viel Schlaf. Sie konnte nicht verhindern, dass ihre Gedanken ständig zu Tay wanderten.

Dementsprechend war sie am Wettkampftag alles andere als ausgeruht. Die Prüfung war auf zwölf Uhr angesetzt. Somit konnte sie zwar etwas länger im Bett bleiben, aber sie war trotzdem völlig erschlagen, als sie in den Stall kam.

»Mann Jess, wie siehst du denn aus?«, fragte Anja besorgt, als sie ihre Freundin sah.

»Ich hab nur verdammt schlecht geschlafen«, antwortete Jessy.

»Das sieht man.«

»Danke«, sagte Jessy kühl und holte Monsi aus seiner Box.

Als Tay schließlich mit Pascal zusammen auftauchte, versuchte Jessy, sich besonders auf das Auskratzen von Monsis rechtem Vorderhuf zu konzentrieren. Nachdem sie den Huf abgesetzt hatte und sich aufrichtete, stand Tay vor ihr.

»Du siehst aber nicht besonders ausgeschlafen aus, Kätzchen«, meinte Tay mit gerunzelter Stirn.

»Und wessen Schuld ist das?«, entgegnete Jessy gereizt.

Daraufhin machte sich ein Grinsen auf Tays Gesicht breit und er erwiderte: »Ach. Sag nicht, du hast über unser Gespräch von gestern nachgedacht.«

»Was heißt ›nachgedacht‹? Es hat mich eben geärgert«, meinte sie abwinkend. Anschließend begann sie Monsis Schweif auszubürsten.

»Ich bin ja gern derjenige, der dir schlaflose Nächte bereitet«, meinte Tay amüsiert. »Aber heute wärst du mir ausgeschlafen lieber.«

»Dann nerv mich nächstes Mal nicht einen Tag davor mit so einer blöden Aussage«, antwortete Jessy etwas bissig.

»Ich hatte nicht damit gerechnet, dass dich das so sehr beschäftigen würde. Also hab ich wohl doch einen Nerv getroffen«, erwiderte Tay grinsend.

»Lass das jetzt. Ich muss mich auf den Wettkampf konzentrieren. Das wird heute auch so schon schwer genug.«

Damit lenkte Tay ein. »Wir schaffen das schon. Mach dir keinen Kopf«, meinte er, ehe er sich zur Box seines Pferdes begab.

Jessy seufzte. Wie konnte er nur so entspannt bleiben?

Um kurz vor zwölf durften sie hinunter auf den Reitplatz, um den Parcours zu begutachten.

Jessys Dad hatte es ihnen wie immer nicht leicht gemacht.

Die Gasse mit den Hütchen, die den Weg beschrieb, war schmäler als in ihrem Übungsparcours. An einigen Stellen waren Fähnchen angebracht, an denen die Pferde vorbei mussten. Die Hindernisse bestanden aus einer Wippe, einem Cavaletti, einer Plane über die sie reiten mussten und einem Gestell, an dem rote Absperrbänder wie ein Vorhang angebracht waren, durch den die Pferde durch mussten. An einer Stelle war ein kleines Viereck aus Stangen, in dem sie das Pferd um hundertachtzig Grad wenden mussten.

Jessy wurde immer missmutiger. Ihr Übungsparcours war so viel leichter gewesen. Sie hatte keine Ahnung, wie sie Monsi da durch manövrieren sollte.

Auf dem Weg zurück in den Stall kam Tay an ihre Seite und meinte: »Keine Panik. Du packst das.«

Jessy schaute ihn zweifelnd an.

»Ich reite als Erster, wenn du willst«, bot er an. »Dann kann ich dich auf die schwereren Stellen vorbereiten.«

»Ok«, machte Jessy. Ihre Kehle war trocken und sie hatte einen seltsamen Geschmack im Mund.

Aus Fairnessgründen durften die gegnerischen Teams bei den Durchgängen nicht zusehen, ansonsten hätten die Ersten, die dran waren, einen Nachteil. Sie waren als zweites Team an der Reihe.

Tay hatte sich fertig gemacht und stand mit Legolas an der Startlinie. Als der Gong ertönte, war Jessy voll konzentriert. Sie versuchte ihm die Anweisungen so klar wie möglich zu geben.

An der Wippe zögerte Legolas einen Moment, ging dann aber anstandslos darüber. Die Plane war kein Problem, das hatten sie geübt und auch das Cavaletti machte den beiden keine Schwierigkeiten. Beim Abwenden im Viereck berührte Legolas mit dem rechten Hinterbein eines der Hütchen und der Ball fiel herunter. Auch der Stoffvorhang war dem Fuchs nicht ganz geheuer und

Tay brauchte zwei Anläufe, um ihn durchzubekommen, aber im Großen und Ganzen war die Runde sehr gut gewesen.

Jessy atmete tief durch, als Tay die Augenbinde abnahm und vom Pferd stieg.

»War doch gar nicht so schlecht. Wenn du dir etwas Zeit lässt, dann kommt ihr easy durch«, meinte er locker.

Jessy war sich da allerdings noch nicht so sicher. Die Wartezeit bis sie dran war, kam ihr viel zu kurz vor. Sie fühlte sich wie vor einer Schulaufgabe, auf die sie nicht anständig gelernt hatte.

Sie ritt mit Monsi hinunter zum Reitplatz und am Start wurde ihr die Augenbinde angelegt. Jetzt musste sie ruhig bleiben. Sie durfte nicht hektisch werden. Langsam trieb sie ihren Fuchs vorwärts. Sie versuchte, sich die Form der Gasse in Erinnerung zu rufen. Erst ging es nach rechts und dann nach links.

»Etwas mehr nach rechts, Jessy. Du bist zu nah an den Hütchen.«

Doch Jessy konnte die Nervosität nicht unterdrücken und gab Monsi etwas viel Schenkelhilfe, sodass sie zu weit nach rechts kamen und ein paar Hütchen umfielen.

»Das war ein bisschen viel. Aber alles gut. Schön geradeaus jetzt.« Tays Stimme klang entspannt, das gab Jessy wieder ein bisschen mehr Sicherheit.

An der Wippe zögerte Monsi, doch bevor er stehen bleiben konnte, trieb Jessy ihn vorwärts und er ging zügig darüber hinweg.

»Sehr gut. Jetzt kommt links ein Fähnchen und dann leicht nach rechts abwenden.«

Auf dem Weg zum Cavaletti nahmen sie noch zwei Hütchen mit. Bei der Plane stolperte Monsi, sodass Jessy fast den Halt verloren hätte. Das Umdrehen im Viereck dauerte am längsten, weil sie völlig die Orientierung verlor und Tay sie viermal korrigieren musste, bis sie den Ausgang wieder fand. Als sie durch den Stoffvorhang mussten, zitterten Jessys Hände. Ihre Aufregung übertrug sich so sehr auf ihren Wallach, dass er ihr beinahe hindurch trabte und sie wieder ein Hütchen umwarfen.

Es kam Jessy wie eine Ewigkeit vor, bis sie endlich durchs Ziel kamen. Erschöpft ließ sie sich aus dem Sattel gleiten.

»Das war eine Katastrophe«, sagte sie zerknirscht.

»Ist schon okay. So schlimm war es auch wieder nicht«

»Du musst mich nicht aufmuntern. Ich hab's voll versaut.«

Tay legte ihr tröstend den Arm um die Schulter. »Mach dir nichts draus, Kätzchen. Erst mal abwarten, wie die anderen sich geschlagen haben«, meinte er. Dann ging er zusammen mit Jessy hoch in den Stall.

Dort warteten sie die letzten zwei Durchgänge ab und die Zeit, die ihr Vater zum Auswerten der Ergebnisse brauchte.

Anschließend versammelten sich alle im Hof und warteten gespannt auf die Bekanntgabe der Platzierungen.

»So meine Lieben. Dann fangen wir mal mit dem vierten Platz an. Den hatten heute leider wieder Samantha und Jürgen.«

»Siehst du! Das ist alles deine Schuld!«, fauchte Sam Jürgen an.

»Genau, jetzt bin ich wieder schuld. Du hast sie wohl nicht mehr alle. Nimm dich mal an der eigenen Nase!«, gab Jürgen aufgebracht zurück.

»Beruhigt euch wieder ihr beiden. Es geht hier um Teamwork – vielleicht solltet ihr das mal etwas beherzigen«, meinte Jessys Vater und fuhr fort: »Der dritte Platz geht an Tay und Jessy.«

Jessy senkte niedergeschlagen den Blick. Da war ihre Führung dahin.

»Zweite sind Pascal und Anja. Damit sind die heutigen Sieger Tanja und Alex. Glückwunsch!«

Tanja jubelte und umarmte Alex. Dieses Bild versetzte Jessy sofort einen Stich in die Brust.

»Damit sieht der Gesamtpunktestand folgendermaßen aus: Samantha und Jürgen liegen mit zwei Punkten auf dem vierten Platz. Alle anderen Teams sind im Moment gleichauf mit sechs Punkten. Das heißt also, die letzte Prüfung am Samstag dürfte ziemlich spannend werden.«

Jessy seufzte leise. Das konnte er laut sagen.

Kapitel 33

Der Rückschlag in der letzten Prüfung hatte Jessy einen ziemlichen Dämpfer verpasst. Auch wenn Tay sein Bestes tat, um sie wieder aufzubauen. Doch Jessys Bedenken wegen der Pferdewechselprüfung wollten einfach nicht verschwinden. Tay hatte Monsi zwar inzwischen recht gut im Griff, aber die Kommunikation zwischen den beiden stimmte noch immer nicht so richtig. Wenn ihr Fuchs einen schlechten Tag hatte, konnte das Übel enden.

Am Freitag machten sie noch ein paar Übungen an einzelnen kleineren Hindernissen – Tay mit Monsi und Jessy mit Legolas.

Am Abend saßen sie anschließend noch zusammen im Wohnzimmer, um verschiedene Szenarien und einige Feinheiten durchzugehen.

»Und vergiss nicht, wenn du in die Kombination reitest, so langsam wie möglich – versuch nicht, ihn vorwärts zu treiben«, mahnte Jessy Tay noch einmal.

»Schon gut. Ich werd dran denken. Und du hörst jetzt auf, dir den Kopf zu zerbrechen. Dein Füchschen und ich, wir machen das schon«, erwiderte Tay entspannt.

Jessy seufzte. Sie hoffte wirklich, dass er Recht hatte.

Als er ihre Besorgnis sah, lehnte Tay sich nach vorne und sagte: »Nimm endlich dieses zerknirschte Gesicht ab und sei mal ein bisschen positiv. Das steht dir viel besser.«

Jessy versuchte sich ein Lächeln abzuringen, was allerdings nicht so ganz funktionierte.

»Zu viel über etwas nachzudenken macht einen nur unsicherer«, erwiderte er und in dem Moment war Jessy sich nicht mehr sicher, ob das nur auf die Prüfung morgen bezogen war.

Als sie ihn etwas verwirrt anschaute, lachte Tay und meinte: »Schon gut, lassen wir das. Ich glaub, ich geh jetzt besser. Ich will schließlich nicht, dass du wieder die ganze Nacht nicht schläfst.« Daraufhin erhob er sich und ging zur Tür. »Gute Nacht, Kätzchen. Bis morgen«, verabschiedete er sich und verließ das Wohnzimmer.

»Gute Nacht.« Jessy schaute ihm nachdenklich hinterher. Irgendetwas in ihr wünschte sich, dass er wieder zurückkam. Sofort gab Jessy sich eine innerliche Ohrfeige dafür.

Sie stand auf und ging hoch in ihr Zimmer. Sie musste jetzt schlafen, damit sie morgen fit war. Da gab es noch eine Rechnung, die sie zu begleichen hatte.

Die Springprüfung sollte um ein Uhr mittags beginnen. Ihr Vater und Tom hatten den Parcours schon am Vormittag aufgebaut und ihn zur Besichtigung freigegeben.

Jessy hatte ihn schon begutachtet. Er war nicht übermäßig schwer, aber auch nicht zu unterschätzen. Es waren insgesamt elf Hindernisse – zwei zweifache Kombinationen, drei Oxer, einmal überbautes Wasser und der Rest normale Steilsprünge. Ganz klassisch also. Ihr Vater hatte natürlich etwas Rücksicht auf Sam, Anja und wohl auch Tanja genommen, die in den anspruchsvolleren Springprüfungen noch kaum Erfahrung hatten.

Aber es waren doch einige Schwierigkeiten eingebaut, wie zum Beispiel, die Distanz vom dritten Hindernis auf die erste Kombination oder die Wendung nach dem dritten Oxer, die man recht eng reiten musste, um passend auf den nächsten Steilsprung zu kommen.

Ihre Mädels waren sehr aufgeregt, als sie ihre Pferde fertig machten.

»Oh Mann, vor dem Springen hab ich echt Panik«, meinte Anja.

»Nicht nur du«, sagte Sam.

»Ihr schafft das schon«, munterte Jessy die beiden auf.

»Ich hoff's«, antwortete Anja zerknirscht.

Zwischendurch warf Jessy ein paar verstohlene Blicke zu Tanja, die das Flirten mit Alex gerade eingestellt hatte und verbissen das Fell ihres Pferdes bearbeitete. Sie war also auch nervös.

Jessy grinste schadenfroh. Dann sattelte sie Monsi und ging mit ihm hinunter in die Halle, um ihn aufzuwärmen.

Tay war schon da und machte mit Legolas gerade ein paar Probesprünge. Jessy ließ ihren Fuchs im Schritt auf den Hufschlag marschieren.

Nach und nach kamen auch die anderen in die Halle.

Eine halbe Stunde später kam Jessys Vater, um das erste Team aufzurufen.

Diesmal durften die anderen zuschauen, also versammelten sich alle vor dem Reitplatz. Als erster war gleich Alex mit seinem Schimmel dran. Da brauchte Jessy nicht lange spekulieren. Es war so gut wie klar, dass Alex Null gehen würde. Und sie behielt Recht. Die beiden legten eine fehlerfreie Runde hin.

Jetzt war Tanja an der Reihe. Sie und Calando waren nicht besonders schnell unterwegs, aber der braune Wallach trug sie sicher über jedes Hindernis. Allerdings war ihre Zeit nicht gerade atemberaubend.

»Was für ein Selbstläufer«, meinte Tay unbeeindruckt.

Jessy nickte zustimmend.

Der nächste war Jürgen. Er und Sultan hatten auch keine Probleme mit dem Parcours. Sie kamen ebenfalls mit einer Nullrunde zurück.

Sam hatte nicht ganz so leichtes Spiel mit ihrem Rappwallach. Smaragd war etwas unsicher und machte am überbauten Wasser einen Fehler. Die beiden nahmen also vier Zeitstrafpunkte mit, die bei Smaragds relativ hohem Tempo aber nicht sonderlich ins Gewicht fielen.

Dann kam Anja mit ihrer Fuchsstute. Sie war sehr nervös und hatte gleich beim ersten Hindernis einen Abwurf. Coco wurde dadurch ebenfalls unsicher. Am Ende des Parcours hatten sie sechzehn Strafsekunden – also vier Abwürfe – zu verzeichnen.

Pascal lächelte ihr aufmunternd zu, als sie aus dem Parcours kam und meinte: »Kein Ding. Ihr habt euch gut geschlagen.« Anschließend war er dran und legte mit seiner Rappstute ebenfalls eine Nullrunde hin.

»Da merkt man eben, wer Turnierreiter ist und wer nicht«, sagte Tay und fing sich sofort einen scharfen Blick von Jessy ein.

»Was denn? Das war rein auf die Parcourserfahrung bezogen. Wir wissen eben, worauf wir achten müssen«, entgegnete er verteidigend.

Jessy runzelte nur die Stirn. sagte aber weiter nichts drauf, denn Tay war der Nächste. Auch bei ihm war die Nullrunde sicher.

Jetzt kam es auf Jessy an. Sie ritt in den Parcours und ließ Monsi angaloppieren. Er war heute sehr energiegeladen, ließ sich aber recht gut unter Kontrolle halten. Damit hatte Jessy keine großen Probleme. Sie musste nur lenken und aufpassen, dass sie zwischen den Hindernissen zum Reiten kam.

Beim letzten Sprung drückte ihr Fuchs ein bisschen früh ab, aber den Wallach störte das nicht weiter. Er machte einen mächtigen Satz über den Steilsprung und schon waren sie durch.

Dann bekamen die Pferde eine kurze Verschnaufpause. Nach zehn Minuten begann die zweite Runde. Die Reiter tauschten ihre Pferde aus und bekamen noch zehn Minuten Zeit, um ein paar Probesprünge zu machen.

Schließlich ging es los. Diesmal begann Tanja mit Cassini. Der Schimmel war kein solcher Selbstläufer wie ihr Brauner, aber trotzdem sehr brav. Sie musste ihn nur richtig an den Sprung führen. Die kleinen Fehler in der Distanz glich der Wallach mit seinem Springvermögen aus. Ein paarmal war etwas Glück mit dabei, aber sie kamen fehlerfrei aus dem Parcours.

»Purer Stuss«, murmelte Jessy.

Tay grinste. »Jetzt wissen wir, warum Alex den Schimmel und nicht seinen Hengst genommen hat.«

Als nächstes kam Alex mit Calando, wobei hier das Ergebnis für Jessy auch vorher klar war – und Alex den Braunen um Einiges schneller durch den Parcours brachte als Tanja zuvor. Die beiden hatten jetzt also vier Nullrunden. Aber da Tanja zweimal nicht besonders schnell gewesen war, sagte das noch gar nichts aus.

Sam, die als nächstes dran war, kam mit Sultan relativ gut klar. Sie schaffte diesmal auch eine fehlerfreie Runde.

Jürgen und Smaragd harmonierten allerdings etwas weniger. Sie hatten am Schluss zwei Abwürfe und eine Verweigerung.

Das nächste Paar waren Pascal und Coco, die ohne Fehler durchkamen. Allerdings war Anja, die ohnehin so nervös war, mit der übersensiblen Stute von Pascal sichtlich überfordert. Die ersten drei Hindernisse schafften die beiden noch einigermaßen ordentlich, doch bei der Kombination war Schluss. Sinfonie haute dreimal die Bremse rein. Das bedeutete sechzig Strafsekunden und damit waren sie und Pascal in der Teamwertung aus dem Rennen.

Anja tat Jessy wirklich leid. Sie wusste, wie sehr sich ihre Freundin angestrengt hatte. Aber zum Glück war Pascal ein besserer Teampartner als Jürgen, der mit Sam schon wieder lauthals am Streiten war.

Als Anja nach ihrer Runde wie ein Häuflein Elend aus dem Sattel stieg, nahm Pascal sie erst einmal in den Arm. Bei dem Anblick konnte Jessy sich ein kleines Grinsen nicht verkneifen, vor allem als sie bemerkte, wie Anja sofort rot anlief.

»Die beiden wären echt süß zusammen«, meinte sie. Tay warf ihr einen stirnrunzelnden Blick zu.

»Dann wär zumindest eine von euch endlich mal unter der Haube«, entgegnete er und fing sich gleich den nächsten bösen Blick von Jessy ein.

»Jessy, du bist jetzt dran«, rief Tom.

»Auf geht's, Kätzchen. Mach Legolas keine Schande.«

»Noch mehr Schande als du?«, gab Jessy frech zurück und lenkte den großen Fuchs in den Parcours.

Sie galoppierte ihn an und ritt den ersten Sprung an. Legolas war einfach traumhaft. Zwar nicht so rasant wie Monsi, aber auch nicht langweilig. Sie musste nur konsequent am Reiten bleiben und der große Fuchs hielt den Rhythmus wie von allein. Er erinnerte sie ein bisschen an Mon Chéri.

Spielend nahmen sie die Hindernisse und legten abermals eine Nullrunde hin. Jetzt wurde es spannend.

Tay kam mit Monsi in den Parcours. Jessy war bei ihm nervöser als bei ihrem eigenen Durchgang.

Tay ließ Monsi sofort ein zügiges Tempo gehen und Jessy betete, dass er nicht die Kontrolle verlor. Aber er hatte sich ihre Tipps offenbar gut eingeprägt.

Vor der Kombination nahm er den Fuchs wieder etwas zurück. In der scharfen Wendung nach dem Oxer bekam er Monsi gut an die Hilfen. Jetzt kam der letzte Sprung und Jessy hielt die Luft an. Sie waren drüber. Daraufhin konnte sich Jessy ein Jubeln nicht verkneifen.

Als Tay ihr entgegenritt fragte er grinsend: »Na, wie waren wir?«

»Ihr wart spitze«, entgegnete Jessy lachend. Endlich war der Druck verschwunden.

Auch Jessys Vater war herübergekommen. Mit anerkennendem Blick sagte er: »Hut ab, Tay. Außer Jessy hat den Burschen noch keiner so problemlos durch einen Parcours bekommen.«

»Das war auch gar nicht so leicht«, antwortete Tay und fügte hinzu: »Eigentlich hab ich das auch nur mit Jessys Hilfe hinbekommen.«

»Genau so soll es sein«, meinte Jessys Dad zufrieden. »Na dann wollen wir mal die Ergebnisse bekanntgeben. Kommt bitte alle zu mir«, rief er.

Als sich die Mannschaft versammelt hatten, gab Tom Jessys Vater die Auswertung.

»Mit insgesamt vier Punkten auf dem vierten Platz sind Jürgen und Samantha.« Der Applaus der darauf folgte, war mehr höflichkeitshalber. Sam und Jürgen sagten zwar nichts, warfen sich aber bitterböse Blicke zu.

»Die drittplatzierten mit sieben Punkten sind Pascal und Anja.«

Auch wenn sie noch immer niedergeschlagen wegen dem Springen war, freute sich Anja trotzdem. Auch Pascal wirkte nicht besonders unglücklich.

»Und nun wird es spannend. Es war sehr knapp und es ist nur ein Punkt Unterschied. Aber gewonnen haben ... Tay und Jessy!«

Jetzt brach der Jubel aus Jessy heraus. Das Gesicht von Tanja war unbezahlbar und aus lauter Euphorie fiel Jessy Tay sogar um den Hals, wobei er in dem Moment wohl überraschter war als sie.

Sofort löste sich Jessy von ihm und wich etwas erschrocken zurück. Was hatte sie denn da geritten? Tay schaute sie mit einem breiten Grinsen an und Jessy war froh, dass in dem Augenblick Sam und Anja kamen, um sie zu beglückwünschen.

Alle brachten ihre Pferde anschließend hoch in den Stall. Jessy versuchte, Tays Blicken so gut es ging auszuweichen.

Tanja war eine der Ersten, die sich nach der Siegerehrung verabschiedete. Kurz darauf machte auch Jürgen einen Abflug. Die Anderen blieben noch eine Weile im Stall und unterhielten sich über den Wettkampf.

Anschließend machte Jessy Saphir für das Training fertig. Hero hatte heute Ruhetag und durfte sich auf der Koppel entspannen.

Als Jessy eine dreiviertel Stunde später mit ihrem Schimmel wieder hoch in den Stall kam, war nur noch Alex da.

»Ganz schön aufregende Woche, was?«, meinte er, als Jessy Saphir in der Stallgasse angebunden hatte.

»Allerdings«, stimmte Jessy zu.

»Ich hätte nicht gedacht, dass du und Tay als Team so gut zusammen arbeiten würdet«, sagte Alex.

»Ich ehrlich gesagt auch nicht«, erwiderte Jessy.

Alex schaute sie etwas nachdenklich an. »Wirklich? Es sah eigentlich so aus, als würdet ihr euch sehr gut verstehen.«

Daraufhin warf Jessy ihm einen ungläubigen Blick zu. »Danach hat es ausgesehen?«

»Ja, für mich schon. War es denn nicht so?«

Jessy überlegte kurz, wie sie ihm darauf antworten sollte. »Gut verstehen, würde ich das nicht unbedingt nennen. Er ist mir tierisch auf die Nerven gegangen, aber gemeinsame Ziele scheinen doch irgendwie zu verbinden«, entgegnete sie.

»Und ich dachte schon, er hätte dir eine Gehirnwäsche verpasst«, sagte Alex lachend.

»Nein, aber ich ihm eine Ohrfeige«, gab Jessy grinsend zurück.

»Im Ernst? Na, die hat ihm bestimmt nicht geschadet.«

»Du bist schon der Zweite, von dem ich das höre. Ich glaube, da ist noch ein Nachschlag fällig«, feixte Jessy und beide begannen zu lachen. Es tat gut, mal wieder unbeschwert mit Alex reden zu können.

Als er sich anschließend verabschiedete, war Jessy viel leichter ums Herz. Gut gelaunt ging sie anschließend zur Koppel, um ihren Palomino zu holen.

Sie hatte ihn gerade in seine Box gestellt, als sie Tay bemerkte, der in der Stalltür lehnte.

»Du warst heute wirklich fabelhaft, Kätzchen«, sagte er und kam zu Jessy herüber, die gerade Heros Halfter an der Halterung vor der Box aufhängte.

»Danke. Aber du warst auch nicht übel«, antwortete sie, ohne ihn anzuschauen.

Als sie sich umdrehte, stand er direkt vor ihr. Jessy wollte zurückweichen, doch er fasste mit einem Arm um ihre Taille und zog sie an sich.

»Was soll das werden?«, fragte Jessy. Ihre Stimme zitterte vor Anspannung.

»Das weißt du genau«, entgegnete Tay. Er wirkte ungewöhnlich ernst. Doch plötzlich wurde sein Blick sanft und er strich eine wirre Haarsträhne aus Jessys Gesicht. Als er ihr anschließend langsam näher kam, hielt Jessy die Luft an und drehte den Kopf zur Seite.

»Ich weiß, dass du Gefühle für mich hast. Warum lässt du es nicht einfach zu?«, wollte er wissen.

Jessy schüttelte den Kopf. Ihre Kehle war wie zugeschnürt.

Tay fasste unter ihr Kinn und drehte ihr Gesicht sanft nach vorne, sodass sie ihm direkt in die Augen sah.

»Wovor hast du Angst?«, fragte er.

Jessy schluckte, ehe sie leise murmelte: »Ich werde mich nicht auf jemanden einlassen, der mir nur weh tun wird.« Zärtlich strich Tay ihr über die Wange. Dann sagte er: »Ich werde dir nicht weh tun.«

In diesem Moment hätte Jessy nichts lieber getan, als ihm einfach zu glauben. Doch ihre Zweifel waren zu groß. Dafür kannte sie Tays Vergangenheit zu gut.

»Zu wie vielen Mädchen hast du das schon gesagt?«, fragte sie mit einem bitteren Lächeln.

»Das hab ich noch zu keiner gesagt«, antwortete Tay ernst.

»Erwartest du, dass ich dir das glaube?« Jessy versuchte, ihn von sich wegzuschieben, doch er hielt sie fest.

»Das erwarte ich nicht.«

Bei diesen Worten hielt Jessy inne. Sie schaute ihn verwirrt an.

Tay seufzte. »Ich kann jetzt sowieso nichts sagen, was dich überzeugen würde«, sagte er leise. Daraufhin strich er noch einmal sanft über ihre Wange. Dann gab er sie frei. Wortlos wandte er sich um und verließ den Stall.

Einige Momente später stand Jessy noch immer wie angewurzelt da. Ihre Gefühle spielten vollkommen verrückt, aber in ihrem Kopf herrschte gähnende Leere. Alle Gedanken waren verstummt. Es war plötzlich so still.

Langsam ging Jessy ins Haus. Sie zog ihre Stiefel aus, stieg die Treppen hoch in ihr Zimmer und setzte sich auf ihr Bett. Gedankenverloren betrachtete sie die Rosen auf ihrem Nachttisch, die bereits ziemlich verwelkt waren.

Ein Blütenblatt löste sich und fiel ganz sacht Boden. Jessy hob es auf und schaute es an. Da fiel ihr ein Sprichwort ein, das sie einmal irgendwo gelesen hatte: Keine Rose ist ohne Dornen. Ob das auch für die Liebe galt?